프라그마티즘 미학

힙합하는 예술, 살아있는 아름다움

저자 **리처드 슈스터만** Richard Shusterman

전 Ben-Gurion University of the Negev 교수
전 Temple University 교수
현 Florida Atlantic University 석좌교수

주요 저서로는 14개 국어로 번역된 *Pragmatist Aesthetics* 외에도 *Practicing Philosophy*, *Performing Live*, *Body Consciousness*, *Thinking through the Body*, *Adventures of the Man in Gold* 등이 있다.

역자 **김진엽**

전 홍익대학교 미술대학 예술학과 교수
현 서울대학교 인문대학 미학과 교수

주요 저서로는 《예술에 대한 여덟 가지 답변의 역사》, 《다원주의 미학》 등이 있고, 주요 역서로는 《휴머니즘 강의》, 《프라그마티즘 미학》, 《삶의 미학》, 《미술을 넘은 미술》 등이 있다.

프라그마티즘 미학
힙합하는 예술, 살아있는 아름다움

초판 인쇄 2020년 6월 1일
초판 발행 2020년 6월 5일

지은이 리처드 슈스터만 | **옮긴이** 김진엽
펴낸이 이찬규 | **펴낸곳** 북코리아 | **등록번호** 제03-01240호
전화 02-704-7840 | **팩스** 02-704-7848
이메일 sunhaksa@korea.com | **홈페이지** www.북코리아.kr
주소 13209 경기도 성남시 중원구 사기막골로 45번길 14 우림2차 A동 1007호
ISBN 978-89-6324-701-4 93600

값 17,000원

프라그마티즘 미학

힙합하는 예술, 살아있는 아름다움

리처드 슈스터만 지음 · 김진엽 옮김

북코리아

한국어판 서문

프라그마티스트 미학은 그 개념 자체가 역설적인 듯이 보인다. 프라그마티스트라는 개념은 실천적(practical)이라는 개념과 밀접하게 연관되는데, 실천적이라는 개념은 무관심하고 무목적인 것으로 규정되어온 미적이라는 개념과 대립한다. 이 책의 기본적 목적 중의 하나는 실천적/미적이라는 전통적인 대립에 도전을 제기함으로써 그리고 미적이라는 개념을 좁은 영역과 역할로부터 확장시킴으로써 이러한 역설을 경감하는 일이다. 미학은 실천적인 것을 포괄하고 사회적이고 정치적인 문제들에까지 확장될 때 더 중요하고 의미 있다.

미적인 것의 확장은 예술을 더욱 자유롭게 재규정하는 일과도 연관된다. 즉, 예술을 삶과 분리시키는 그리고 문화적 표현의 대중적 형식과 대립시키는 고상한 수도원으로부터 벗어나는 일과도 연관된다. 예술, 삶, 그리고 대중문화는 모두 이러한 전통적 대립을 겪고 있다. 그리고 예술을 이른바 고급 순수 예술과 동일시하는 편협함을 겪고 있다. 대중예술의 미적 정당성에 대한 필자의 옹호 그리고 윤리학을 삶의 예술로 보는 필자의 설명은 예술을 더욱 확장적이고 민주적으로 재규정하려는 일을 목표로 한다.

프라그마티즘은 예술과 미적인 것을 다시 생각하면서, 또한 철학의 역할을 다시 생각하기도 한다. 철학은 개념들을 충실하게 표상하려는 중립적인 목표를 지닐 것이 아니라 우리에게 잘 봉사하도록 그 개념들을 재규정하는 데 적극적으로 참여해야 한다. 그러므로 미학 이론의 임무 또한 예술에 대한 관례적 이해의 진리를 포착하는 일이 아니라 예술의 역할과 감상이 증진될 수 있게끔 예술을 재규정하는 일이다. 비록 진리와 지식이 필요하긴 하지만, 궁극적인 목적은 지식이 아니라 개선된 경험이다. 마찬가지로, 예술 철학의 전통적 문제들을 무시해서는 안 되지만, 프라그마티스트 미학은 전통적인 아카데믹한 문제들에 한정될 수 없으며, 오늘날의 살아있는 미학적 논점들과 새로운 예술적 형식들을 언급해야 한다. 그러므로, 이 책은 미적 경험, 유기적 통일성, 해석과 평가의 논리, 예술에 대한 정의 등과 같은 고전적 주제들을 살필 뿐만 아니라 대중문화, 랩 음악, 육체를 강조하는 예술과 실천 등에도 상당한 주목을 한다.

이론을 예술에 대한 경험에 근접시켜 양자 모두를 심화하고 개선하기 위해, 프라그마티스트 미학은 전통적 철학의 추상적 논증과 일반화된 스타일에 한정되어서는 안 된다. 프라그마티스트 미학은 구체적 예술 작품들과 함께 작업할 필요가 있다. 이들 작품들이 간략하게 언급되는 예들로서만이 아닌 지속적인 미적 분석의 중심으로서 다루어져야 한다. 이 책에서 필자는 이러한 작업을 T. S. 엘리어트의 시와 Stetsasonic의 랩 노래에 대한 자세한 해석을 통해 시도하였다. 고급 모더니즘과 힙합 간의 이러한 결합이 포스트모던적 절충주의의 가장 나쁜 징후로 보일 수도 있다. 그러나 필자는 이를 고급 예술과 저급 예술이 억압적으로 서열화되지 않은 상태에서 스스로를 표현하고 받아들여지는, 그리고 지배와 모욕

없이 다름을 인정받는 사회문화적 이상의 상징이라고 생각한다.

* * *

프라그마티즘은 분명히 미국의 철학이다. 따라서, 이 책이 독자들에게 너무 미국적인 것으로 비추어질 수도 있다. 개인적으로, 이 책은 필자가 이십 년 동안 외국에서 이루어진 배움과 가르침을 마치고 미국의 삶과 문화로 귀환했음을 상징한다. 프라그마티즘은 예루살렘과 옥스퍼드에서 필자가 행한 공부의 부분이 아니다. 필자가 배우고 가르쳤던 것은 분석철학이다. 프라그마티즘은 1985년 미국으로 돌아와 템플대학교(Temple University)에서 가르치기 시작하면서 필자에게 철학적 지평으로 출현하였다. 이 책을 가능케 한 프라그마티스트 미학으로의 필자의 개종은 1988년 가을에서야 이루어졌다. 그 당시 필자는 철학, 문학, 무용 등을 전공하는 다양한 대학원생들이 참여하는 미학 세미나를 지도하였다. 필자는 그들에게 여기에 기록할 수 없을 정도의 많은 빚을 졌다. 세미나에서 듀이를 언급한 원래의 의도는 아도르노의 미학과 비교하기 위해서였다. 그때만 해도 필자는 아도르노의 미학이 듀이의 미학보다 훨씬 더 뛰어나다고 생각하였다. 그러나 교실에서 상이한 논증들을 고찰해보고 몇 가지 논점들을 무용실에서 검증해본 결과, 세미나가 끝날 즈음에 필자는 아도르노의 금욕적이고 비관적이고 엘리트적인 맑시즘을 듀이의 세속적이고 낙관적이고 민주적인 프라그마티즘으로 대체할 수밖에 없었다.

이 책은 처음 출판된 이후 여러 나라에서 번역되었고 또 논란을 불러일으켰다. 필자는 이 책에 대한 비판에서 많은 점들을 배웠고, 두 번째 영어판 서문에서 비판의 몇 가지 논점들에 대한 답변을 하였다. 그러나 이 책의 주요 논증들을 파악하여 비판적 반응을 개진하게 될 한국인 독자들의 몫을 훼손시킬 수 있기 때문에 여기에는 수록하지 않았다. 랩 뮤직에 관한 새로운 글들을 추가하는 일도 삼갔다. 필자는 다른 책에서 랩 음악의 폭력성과 상업성이 지닌 문제점들을 다루었다. 이에 대해서는 필자의 *Practicing Philosophy: Pragmatsim and the Philosophical Life* (New York: Routledge, 1997), 5장과 Rap Remix: Pragmatism, Postmodernism, and Other Issues in the House, *Critical Inquiry* 22 (1955), 그리고 Pragmatism, Art, and Violence: The Case of Rap in T. Yamomoto (ed.), *Philosophical Designs for a Socio-cultural Transformation* (New York: Rowman & Littlefield, 1998)을 참고하기 바란다. 랩이 지닌 장점과 잠재력에 대한 필자의 옹호가 랩이 범하는 모든 해악과 무절제를 용인하는 것으로 이해해서는 안 된다. 그리고 필자가 펼치는 프라그마티스트 미학의 주요 관심사가 랩만은 아니다. 랩은 예술에 대한 프라그마티스트적 접근의 한 좋은 예일 뿐이다. 최근의 글에서 필자는 컨트리 뮤직, 영화, 도시 환경, 설치 미술 등의 다른 장르에도 적용을 한 바 있다.

문맥의 다양성을 존중하는 일이 미국 프라그마티즘의 주요 특징이며, 이 책에서 이루어진 미국 철학과 대중 예술의 결합이 그 특징을 보여준다. 미국 대중 문화가 전 세계적으로 지나칠 정도로 너무 강력한 영향을 끼치고 있기 때문에, 지식인들의 상당한 비판을 불러일으키기도 하였다. 대중 예술에 대한 필자의 입장은 대중 예술의 약점을 인정하면서도 그 강점과 잠재력을 평가하자는 쪽이다. 대중 예술에 대한 철학적 비판은 대중 예술을 개선시켜 나가기보다는 분노에 찬 논박에 대개 할애되어 있다. 분석 철학과 유럽 철학으로부터 나온 전통적 전략들은 대중 예술을 깊이 있게 평가하기 적당치 않은 듯하다. 그것들은 너무 추상적이고 정의를 내리는 게임에 너무 얽매여 있고, 구체적 형식들에 너무 눈감고 있다. 그것들은 대중 예술을 움직이는 목표, 정신, 사회문화적 현실성에 이데올로기적으로 너무 낯설거나 적대적이다. 예컨대, 데카르트의 이원론과 칸트의 미학은 랩을 평가하기에 적당한 방법이라고 할 수 없다.

미국 철학에 바탕을 둔 미학 이론을 미국 대중 문화를 이해하는 적절한 방법으로 제시하는 일이 문화 제국주의와 쇼비니즘의 표현으로 오해받을 수도 있다. 프라그마티즘과 미국 흑인 문화를 융합시켰기 때문에, 필자의 이론이 수세기 동안의 유럽 지배에서 벗어난 피지배층들의 복수로 희화화될 수도 있다. 그러나 대중 예술을 위해 프라그마티스트 미학을 추천하는 일은 문화적 문맥의 차이를 철학적으로 인정하는 일로 간주되어야 한다. 문맥의 차이에 대한 철학적 인정이 모든 일반화를 배제하는 희망 없는 상대주의에 빠지지는 않는다. 왜냐하면 우리의 다양한 문맥들은 상호 겹치는 공통점들을 많이 지니기 때문이다. 미국의 흑인 빈민가에서 가장 두드러지기는 하지만, 다른 빈민가들에서도 가난과 사회문화적 억압에 대한 유사한 경험들이 존재한다.

* * *

여러 차례의 한국 방문을 통해, 필자는 프라그마티스트 미학의 정신과 공명하는 것이 한국의 정신 속에 있다고 느꼈다. 미국과 마찬가지로, 한국도 다양한 철학적 전통들을 혼합해 놓은 생산적인 다원적 문화를 지니고 있다. 미국의 프라그마티즘이 영국과 유럽 대륙의 사상들을 결합하듯이, 한국도 중국과 일본의 다양한 전통들을 혼합하여 발달시켰다.

한국 예술은 한국 자연의 안온하고 자율적인 그러나 질서로운 리듬을 보여준다. 필자는 한국 예술에서 인공성이 결여되어 있음을 그리고 기술적 완벽성에 대한 과도한 관심이 결여되어 있음을 발견하였다. 생명력과 자율성을 강조하는 한국 예술의 이러한 특징들은 프라그마티스트 미학이 옹호해나가는 특징이기도 하다. 그리고 많은 한국 예술들은 실제적 기능을 지닌 수공예품이다. 그러므로 한국 독자들은 미적인 것과 실용적인 것, 옛 것과 새로운 것, 자연적인 것과 기술적인 것이 결합되어야 한다고 주장하는 프라그마티즘을 잘 이해할 수 있을 것이다. 역자께 깊은 감사를 드린다.

차례

1장

프라그마티스트 미학

1

20세기 영미미학은 두 가지의 상이한 철학적 원천에서 비롯한 두 가지의 특징적인 형태를 드러냈다. 그 두 가지의 원천 중 하나는 영국에서 태동한 분석철학이고, 다른 하나는 철학에 대한 미국의 독자적인 공헌을 대변하는 프라그마티즘(pragmatism)이다. 분석미학은 번성하였으나, 프라그마티스트 미학은 사실상 소멸하였다. 그러나 놀랍게도 그 태동기는 반대의 현상이 더 개연적이었음을 시사해 준다.

미학은 프라그마티즘에 대해 가장 적극적이고 영향력 큰 인물이었던 존 듀이(John Dewey)의 주된 관심사였다. 그러나 무어(Moore), 러셀(Russell), 비트겐슈타인(Wittgenstein) 등의 대표적인 분석철학자들에게는 미학이 단지 부수적인 중요성을 지닐 뿐이었다. 러셀은 미학적 주제에 관해 사실상 어떤 언급도 하지 않았다. 무어와 비트겐슈타인의 미학적 논의들은 아주 귀중하기는 하지만 그 영역과 구체성에서 다소 제한되어 있다. 무어의 미학적 논의는 자신이 쓴《윤리학 원리》(*Principia Ethica*)

의 약 열두 절(section)가량에 한정되고, 비트겐슈타인의 미학적 관점들은 매우 영향력 있기는 하지만 그럼에도 불구하고 너무 도식적이고, 느슨하고, 편지글에서 모은 필사본 유고에 기본적으로 의존한다.[1] 즉, 분석미학의 원로들 그 어느 누구의 미학에도 듀이의 《경험으로서의 예술》(*Art as Experience*, 1934)이 지닌 포괄적 지식, 구체적 논증 그리고 정열적 힘에 견줄 만한 것이 들어 있지 않다.[2] 그러나 이 책이 처음에는 상당한 관심을 불러일으켰지만,[3] 미래의 미학이론을 위한 전도유망한 원천으로 간주되기는커녕 오늘날 거의 연구되고 있지도 않다. 이미 1950년대 후반에 프라그마티스트 미학은 분석적 예술철학에 의해 거의 완전히 쇠퇴해 버렸다. 그 이후 줄곧 분석적 예술철학은 영미 미학에서 유일한 주된 전통을 형성하여 왔다.

그러나 변화의 징후들이 보인다. 분석철학이 영미 미학에서 차지하고 있던 헤게모니가 해석학, 후기 구조주의, 그리고 마르크시즘 등에 근거한 유럽 대륙의 이론에 의해 심각한 도전을 받고 있다. 전통적 분석철학과는 대조적으로 그러나 프라그마티즘과는 유사하게, 이 철학들은 사

1 필자는 무어의 미학을 그리고 무어의 미학이 이후 분석미학과 맺은 관계를 다음의 졸고에서 다루었다. "Analysing Analytic Aesthetics" in Richard Shusterman 편, *Analytic Aesthetics* (Oxford: Blackwell, 1989), 1-19. 미학과 관련된 비트겐슈타인의 저작들과 영향에 대한 개괄적인 이해를 위해서는 필자의 졸고 "Wittgenstein and Critical Reasoning," *Philosophy and Phenomenological Research* 47 (1986), 91-110을 참고하기 바란다. 또한 Richard Eldridge, "Problems and Prospects of Wittgensteinian Aesthetics," *Journal of Aesthetics and Art Criticism* 45 (1987), 251-61을 참고하기 바란다.

2 필자는 새로 편집되어 출판된 *Late Works of John Dewey*의 제10권 (Carbondale: Southern Illinois University Press, 1987)을 사용한다. 참고한 페이지는 *AE*라는 약호와 함께 괄호 속에 표시된다.

3 이 책은 철학을 넘어서 Robert Motherwell, Thomas Hart Benton, Jackson Pollock 등의 예술가들에게도 영향을 끼쳤다. Stewart Beuttner의 "Dewey and the Visual Arts," *Journal of Aesthetics and Art Criticism* 33 (1975), 383-91을 참고하기 바란다.

유와 사유대상의 가변성, 문맥성 그리고 사회역사적인 실천적 구성을 강조하면서 토대론적 구분과 비역사적인 실증적 본질에 반대한다. 더욱이, 콰인(Quine), 굿맨(Goodman) 그리고 데이빗슨(Davidson) 등의 최근 분석미학적 저작들은 많은 분석철학의 토대론적 전제나 구분들, 예컨대 원자론적 검증이라는 전제나 분석적/종합적, 범주/내용, 세계/세계 기술(description) 등의 구분들을 훼손하면서 대륙적 주제들의 일부와 만난다. 아직 하나의 새로운 미학을 명확히 보여주지는 못할지라도, 프라그마티즘이 분석철학의 단호한 자기비판과 유럽 대륙 이론의 호소력에 호응하면서 미국 철학에서 부흥을 경험하고 있다는 점은 놀랄 만한 일이 아니다.

정교화의 예비단계로서 프라그마티스트 미학을 철학적 문맥 속에 그리고 다른 경쟁이론들과의 관계 속에 자리매김하는 작업이 필요하다. 이러한 작업을 하기 위해 그리고 프라그마티즘이 왜 분석철학에 의해 질식되었는가를 설명하기 위해, 이번 장에서는 듀이가 대변한 전통적 프라그마티스트 미학과 분석미학 사이의 주요한 대비를 탐구해 나갈 것이다. 이러한 대비를 통해, 분석미학을 상대적으로 궁색하게 보이게 만든 현대 유럽대륙이론의 몇몇 풍부한 주제들이 어떻게 듀이에게서 강력하게 나타나는지를 볼 수 있을 것이다. 이러한 주제들을 듀이는 때로는 더욱 명확하고 고무적으로 표현한다. 분석미학과 대륙미학의 사이에 위치하면서, 즉 대륙미학의 통찰 및 광범위한 관심을 분석미학의 경험적 정신 및 실제적 감각과 결합하면서, 프라그마티즘은 현대 예술철학을 재 인도하고 재활시키기에 아주 좋은 위치에 있다. 프라그마티즘을 분석적 전통과 대륙적 전통 사이의 전도유망한 중간 길과 매개로 바라보는 이러한 관점이 듀이의 미학과 관련하여 이번 장에서 개진되겠지만, 이 관점은 필자의 책 대부분을 구성한 동인이기도 하다.

왜 듀이의 미학이 영미철학자들에게 다소 제한되고 짧은 호소력을 지녔었는지에 대해서는 많은 이유가 존재한다. 한 가지 명백한 이유는 분석철학이 프라그마티즘을 널리 압도한 것이지만, 여기서 그에 대한 충분한 설명을 시도하는 것은 적절치 않다. 가장 광범위하고 상상적인 차원에서 생각하면 그리고 오스카 와일드(Oscar Wilde)의 예술에 대한 통찰력을 빌리면, 철학에서의 정복은 강한 새로운 개성이나 새로운 매체의 산물이라고 볼 수 있다. 무어와 러셀의 거만한 개성과 러셀의 새로운 기호논리 속에서 분석철학은 이 두 조건을 충분히 만족시킨다. 프라그마티즘은 하나의 방법으로 존재한다고 스스로 말함에도 불구하고《수학의 원리》(*Principia Mathematica*)에서 나타나는 논리만큼이나 강력히 과학적인 어떠한 특별한 방법이나 매체를 그 어느 곳에서도 보여주지 못한다. 더욱이, 모든 프라그마티스트들이 과학과 과학의 방법을 칭찬하고 퍼스(Peirce)와 제임스(James)는 분명 과학적 인물들이지만, 프라그마티즘은 과학철학을 철학이 할 수 있는 또는 해야만 하는 모든 것으로 바라보지 않았다. 과학이 대학교과들의 왕이자 모범인 전문적 기술의 시대에, 프라그마티즘이 일편단심의 과학적 프로그램인 분석철학에 패배했다는 것은 놀랄 만한 일이 아니다.

프라그마티스트 미학이 분석철학에 쉽게 편입될 수 있는 것도 아니다. 왜냐하면 프라그마티즘의 경험적, 실제적 정신에 공감하기는 하지만, 분석철학은 진리, 지식, 경험 등에 대한 프라그마티즘의 가장 중심적 교설과 항상 깊게 대립한다. 이러한 대립의 일부를 전체론(holism)과 반토대론(anti-foundationalism)이란 헤겔(Hegel)적 주제에 대한 분석철학의 적대감에서 분명히 살펴볼 수 있다. 이러한 헤겔적 주제는 프라그마티즘, 특히 듀이에게서 중심적이기도 하다. 분석철학이 그 당시의 정통 주류였던 브래들리(Bradley), 보장케(Bosanquet), 맥태가트(McTaggart) 등의 신헤겔주의를 격렬히 공격하고 실권시킴으로써 이룩되었다는 점을 기억해야만 한다. 헤겔주의에 대한 무어와 러셀의 공격이 지닌 핵심은 내적 연관과 유기적 통합성이라는 전체론의 교설에 대한 비판이었다. 그 교설에 따르면, 성분이나 개념은 하나의 독립적 정체성이나 본질을 지니는 것이 아니라, 자신이 속한 전체 속에서 다른 성분들 및 개념들과 상호관계를 맺으면서 띄는 하나의 기능이다. 분석철학의 프로그램은 논리 원자론(logical atomism)의 비호 아래 추진되었다. 논리 원자론에 따르면, 실재, 진리, 지시 등에 대한 불변의 토대를 구성하는 그리고 우리의 개념적 체계를 통해 경험 속에서 어떠한 방식으로든 우리에게 표상되는 어떤 논리적으로 독립된 사실이나 사물들이 비록 감각 자료(sense- data)로서 일망정 세계 속에 존재한다. 칸트(Kant)적인 노동의 분화 속에서는 철학이 개념들을 분석하는 특별한 임무를 지녔기 때문에 과학과 구분되었다. 개념들을 통해 논리적으로 독립된 사실들이 나아가 모든 경험적 사실들이 표상되고 알려진다. 철학은 또 다른 이름의 경험적 진리를 제공하는 것이라기보다는 필연적으로 알려질 수 있는 그리하여 지식에 대한 모든 주장들을 위한 토대로 기능할 수 있는 비경험적인 개념적 진리를 공표하는 것이다.

리처드 로티(Richard Rorty)는 분석철학과 프라그마티즘 사이의 인식론적 그리고 형이상학적 갈등이 칸트와 헤겔 사이의 다툼을 반영한다는 점을 시사하였다. 필자는 이 점이 거치나마 미학에도 확대될 수 있다고 생각한다.[4] 듀이의 미학은 전체론, 역사주의, 유기론(organicism) 등이라는 점에서 헤겔적이었고, 심지어 듀이의 프라그마티스트 계승자들에게도

4 Richard Rorty의 *Philosophy and the Mirror of Nature* (Princeton: Princeton University Press, 1979), 130-69 그리고 "Dewey's Metaphysics," in *Consequences of Pragmatism* (Minneapolis: University of Minnesota Press, 1982), 72-89를 참고하기 바란다. Nicholas Wolterstorff는 분석미학이 신 칸트주의의 일종임을 적절히 보여주었지만 프라그마티스트 미학은 고찰하지 않았다. N. Wolterstorff의 "Philosophy of Art after Analysis and Romanticism," in Shusterman (ed.), *Analytic Aesthetics*, 32-58을 참고하기 바란다.

지나치게 헤겔적이었다.[5] 더욱이, 듀이의 미학은 크로체의 미학과 흡사하였다. 크로체의 미학은 헤겔의 관념론과 관련을 맺고 있었으며, "관념주의 미학"에 대한 분석적 비판의 초점이 되었다.[6] 우리가 보게 될 것처럼, 듀이 미학이 지닌 몇몇 헤겔적 측면들은 분석적 예술철학의 칸트적 전제, 방법, 관심 등과 대조를 이루었다. 그리하여 분석철학의 스타일 내에서 작업한 영미미학의 계승자들과 듀이의 미학은 돌이킬 수 없이 어긋나게 되었다.

그렇지만 필자의 목적은 여기서 칸트/헤겔, 분석철학/프라그마티스트의 대칭을 옹호하는 데 있지 않다. 필자의 목적은 분석철학자들이 왜 듀이의《경험으로서의 예술》을 "모순적 방법들과 훈련받지 않은 사변들의 뒤범벅"이라고 경시했는지에 대한 이유를 이해시켜 주기 위하여 프라그마티스트 미학과 분석미학을 대비하는 데 있다.[7] 대비를 분명히 하기 위해, 필자는 분석미학을 실제 역사에 확고히 근거하기는 하겠지만 다소 대범하고 단순화된 베버(Weber)적인 "이상적 유형(ideal type)"의 필치로 특징화할 것이다.

---

5 듀이의 미학이 지닌 헤겔적 유기론에 대한 비판의 예로는 Stephen Pepper의 "Some Questions on Dewey's Aesthetics," in P. A. Schilpp, *The Philosophy of John Dewey* (La Salle, Ill.: Open Court, 1989), 369-89를 참고하기 바란다. 이러한 비판으로부터 듀이를 옹호하려는 현대적인 시도는 Thomas Alexander의 *John Dewey's Theory of Art, Experience, and Nature: The Horizons of Feeling* (Albany: Suny Press, 1987), 1-13을 참고하기 바란다.

6 예컨대 W. B. Gallie의 "The Function of Philosophical Aesthetics," in William Elton (ed.), *Aesthetics and Language* (Oxford: Blackwell, 1954), 13-35를 참고하기 바란다. Elton의 이 선집은 크로체에 대한 많은 다른 비판들을 담고 있다. 크로체주의와의 대립을 통하여 이루어진 분석미학의 초창기 발달에 대한 일반적 설명은 졸고 "Analytic Aesthetics, Literary Theory, and Deconstruction," *Monist* 69 (1986), 22-38을 참고하기 바란다.

7 Arnold Isenberg의 "Analytical Philosophy and the Study of Art," *Journal of Aesthetics and Art Criticism* 46 (1987), 128을 참고하기 바란다.

2

(1)

듀이 미학이 지닌 가장 중심적 특징들 중의 하나는 육체적 자연주의(somatic naturalism)이다. 《경험으로서의 예술》의 첫 장 제목은 "생물(The Live Creature)"이다. 그리고 이어지는 모든 다른 장들과 마찬가지로, 첫 장도 미학의 뿌리를 인간 유기체의 자연적 필요, 구조, 활동에서 찾는 데 할애되고 있다. 듀이는 "미적 경험과 정상적 삶의 과정, 양자 간의 연속성을 회복하는 것"을 목표로 하였다(*AE* 16). 미적 이해는 예술(art)과 아름다움의 뿌리가 "기본적인 생명기능"에, 인간이 "금수"와 공유하는 "생물적 평범함"에 있다는 점으로부터 시작해야 하며, 그리고 결코 이 점을 잊어서는 안 된다(*AE* 19-20). 듀이에게서 모든 예술은 살아 있는 유기체와 그 유기체를 둘러싸고 있는 환경 사이에, 피동과 능동 사이에 이루어지는 상호작용의 결과이다. 그러한 상호작용은 에너지, 행동, 자원들을 재조직한다. 미감적 예술(fine art)이 점점 더 정신화되었다고 할지라도, "유기적 기초는 힘차고 깊은 토대"로, 예술이 지닌 정서적 에너지를 떠받치는 근원으로 남아 있다(*AE* 30-1). 이 정서적 에너지는 예술이 삶을 강화시키는 것을 가능케 한다. 그렇지만 유기적 기초라는 본질적인 생리적 층이 예술가에게만 한정되지는 않는다. 감상자 또한 예술을 감상하기 위해서는 자신의 생리적인 감각 반응뿐만 아니라 자신의 자연적 감정과 에너지도 끌어들여야 한다. 듀이에게서 예술을 감상한다는 것은 감상자가 어떤 대상을 미적 경험 속에서 예술로 재구성하는 것을 의미한다. 그러므로 반응의 그러한 통로들에 대한 예비적 훈련은 "미적 교육의 커다란 일부이다. 추구하는 바를 그리고 그것을 바라보는 방법을 안다는 일은 운동기관(motor equipment)에 의한 순발적 사태이다." 비록 "앞서의 경험에서 나온 의미들과 가치들"로 채워진 저장고를 필요로 하기도 하지만 말이다(*AE* 103-4).

미적 경험과 예술적 대상들을 표준적으로 특징짓는 것은 형식의 존재이다. 그러나 회화와 조각에서조차도 형식은 정적인 공간의 관계가 아니라 "축적, 긴장, 보존, 기대, 그리고 완수" 등을 드러내는 성분들의 역동적인 상호작용이며, 그러한 성분들은 정서적 강렬함과 더불어 하나의 미적 경험을 정의하는 특성들이다. 그리고 그러한 "형식적 조건들은 …… 세계 그 자체 속에 깊이 뿌리 내리고 있다." 즉, 우리 자신의 생물학적 리듬들과 자연의 더 큰 리듬들 속에 뿌리 내리고 있다. 그러한 리듬들은 점차 신화와 예술의 리듬들 속으로 그리고 과학의 리듬적 "법칙들" 속으로 투영되고 정교화된다(*AE* 152). 그리하여 듀이는 다음과 같이 주장하였다. "생물이 그 자신의 환경과 맺는 관계의 기본적 유형이 …… 모든 예술의 그리고 모든 예술작품들의 리듬 밑바닥에 깔려 있다." 그러므로 "자연에 대한 가장 넓고 깊은 의미에서의 자연주의는 모든 위대한 예술에 필수적이다"(*AE* 155-6). 왜냐하면 자연의 역할은 어떤 순수한 천상의 경험을 성취하기 위해 인간의 자연적, 유기적 뿌리와 욕망을 부정하는 것이 아니라, 만족스럽게 통합된 표현을 우리의 신체적 그리고 지적 차원 모두에 제공하는 것이기 때문이다. 듀이는 우리가 이 양 차원을 분리하는 뼈아픈 잘못을 범해왔다고 생각한다. 예술의 목적은 "전체 생물의 통합된 생명력 속에서 전체 생물을 위해 이바지하는 것이다"(*AE* 122).

분석미학의 요점은 자연화된 예술과 미적 가치에 첨예하게 대립된다. 무어(G. E. Moore)는 가장 전형적인 분석미학자라고는 할 수 없지만 자연주의의 오류(the naturalistic fallacy)라는 자신의 학설을 통해 이 문제에 대한 주요한 분석적 전략을 제공하였다. 자연주의의 오류는 "선에 대해서와 마찬가지로 미에 대해서도 아주 흔히 범해져 왔던 오류이다."[8] 우리는 미를 어떤 자연적 성질과 단순히 동일시할 수 없다. 왜냐하면 우리는 그러한 성질을 지닌 어떤 대상이 사실상 아름다운가라는 질문을 항시 의미있게 던질 수 있기 때문이다. 만일 미가 그러한 자연적 성질과 동일하다면, 이 질문은 전혀 무의미할 것이다. 이 "열린 질문(open-question)" 논증이 지닌 호소력이 크게 약화되어버린 때조차도, 분석미학자들은 미적 성질들을 자연적 성질들과 동일시하는 것을 나아가 자연적인 지각적 성질들에 의해 논리적으로 수반되는 것으로 간주하는 것을 거부하였다. 이 점이 맥도널드(Margaret Macdonald)가 "예술작품들은 비밀스러운 대상들이다"라고 주장한 이유이다. 그리고 이 점이 시블리(Frank Sibley)의 큰 반향을 불러일으킨 논문인 "미적 개념들(Aesthetic Concepts)"의 요점이다. 이 논문은 미적 개념들이 자연적인 감각적 지각과 지성에 근거해서는 올바로 사용될 수 없고, 특별한 취미의 기관을 필요로 한다고 주장하였다. 그러한 취미는 시블리가 보기에는 법칙에 의해 지배되는 것도 또는 인간본성의 자

8 G. E. Moore, *Principia Ethica* (Cambridge: Cambridge University Press, 1903; repr. 1959), 201.

연적 천성으로서 모두에게 공통적인 것도 아니다.[9]

법칙에 지배받지 않는 취미의 기관이라는 개념은 분명히 칸트로의 회귀이지만, 혹자는 취미의 기준이 "인간본성 속에 ……, 즉 우리가 모든 사람이 가졌으리라고 짐작하는 그리고 모든 사람에게 요구하는 인간본성 속에" 근거하고 있다고 주장하면서 취미에 대한 칸트의 미학이 확연한 자연주의라고 간주할 수도 있다.[10] 그러나 칸트의 미학적 자연주의는 크게 보아 환상이다. 미적 판단에 대한 그의 설명은 특수한 문화적 조건과 계급적 특권을 전제로 하고 있을 뿐만 아니라,[11] 그가 미적 판단의 타

---

9 Margaret Macdonald의 "Some Distinctive Features of Arguments Used in Criticism of the Arts," in Elton (ed.), *Aesthetics and Language*, 114. Sibley의 논문은 *Philosophical Review* 68 (1959), 421-50에 처음 실린 후 여러 선집에 널리 실렸다.

10 Immanuel Kant, The Critique of Judgement, J. C. Meredith역 (Oxford: Oxford University Press, 1952), 116. 그리고 이 문단의 다른 인용들은 64, 65, 67, 212-13에서 따왔다.

11 칸트에게서 미적 판단은 기본적으로 형식에 대한 무관심적 주목이다. 여기서 무관심은 "욕망"으로부터의 자유를 전제한다(*Critique of Judgement*, 49). 그러나 누가 무관심할 수 있는 여유가 있는가? 누가 시간과 노고를 바쳐 형식에만 국한하여 대상들을 음미할 수 있으며 그리고 자신의 욕망과 필요를 만족시키는 대상들의 도구성을 무시할 수 있는가? 그렇게 할 수 있는 안정, 여유 그리고 수단을 지니고 있는 사람들, 기본적인 욕망이나 필요가 가장 적절히 충족되는 사람들, 즉 사회-경제적으로 그리고 문화적으로 특권화된 사람들뿐임에 틀림없다. 예술에 대한 취미가 올바른 교육을 필요로 할 뿐만 아니라, 자연에 대한 미적 감상조차도 칸트에게서는 올바른 사회-문화적 조건들과 훈련에 근거하고 있음이 판명된다. 숭고는 자연의 "두려운" 파괴로부터 안전한 거리를 확보하지 않고는 그리고 우리 문화가 "도덕적 이상들의 발전"을 이루지 않고는 감상될 수 없다. 그러므로 "문화는 숭고에 대한 판단에서 (미에 대한 판단에서 보다 더) 필수적이다"(115-16). 그러나 자연미에 대한 감상조차도 문화화 되지 못한 사람들에게는 "사실상 상식적이거나" 자연적이지 "못하다". "자연미에 대한 감상은 사유의 습관이 이미 선에 대하여 훈련받았거나 그러한 훈련에 현저히 민감한 사람들"에게 (160) 그리고 형식에 대한 취미가 자연의 정서적 감각적 매력들, 즉 취미에 대한 판단을 불순케 하는 그러한 매력들을 무시할 수 있는 사람들에게 (65) "고유한 것이다".

다양한 "관심적"인 반응들과의 구분 속에서 무관심성의 개념을 도입하면서 칸트가 취미와 사회문화적 특권 및 차이와의 연관을 명확히 강조하는 인물들을 채택한다는 점에 주목할 만하다. 궁전에 대하여 무관심적인 미적 태도를 취하지 못하는 사람들은 "파리에는 요리점보다 더 마음에 드는 것은 없다고 말한 이로쿼이 족의 추장"이며, "백성의 땀을 그처럼 불필요한 것에 낭비하는 왕후의 허영에 반대"함으로써 하류계층에 관심을 가진 "루소와 같은 사람"이며, 그리고 사

당성에 대한 기반으로 삼기 위해 의존하고 있는 인간의 본성은 우리가 이해할 수 있는 바로서의 본성의 영역을 넘어선 것, 즉 "(오성의 어떤 개념으로도 획득할 수 없는) 모든 주관들의 초감각적 기체(基體)"이다. 그러한 초감각적 기체는 신념의 형이상학적 항목으로 설정되어 있다. 이 초감각적인 것으로의 비상은 칸트의 미적 자연주의가 인간본성에 대한 매우 천상적이고 무력한 개념을 대변하고 있다는 사실을 보여주는 것이다. 전체 생물에 대한 듀이의 고려와는 대조적으로, 칸트의 미적 판단은 형식의 지적인 속성들에만 좁게 집중하고 있다. 인식능력 …… 의 활력"으로부터 비롯된 쾌만이, 즉 "감각 속에서 만족된 쾌가 아니라 감각의 형식에 의해 즐겨진" 쾌만이 미적이다. 정감과 감각적 쾌로부터 이끌어진 자연적 만족은 관심과 욕구를 함축하고 있다는 근거에서 거부된다. 그러므로 칸트에게서는 "어떤 것을 아름답다고 기술하는 판단에 매력이나 정감이 개입하면 항시 결함이 존재하게 된다." 그리고 그러한 만족을 옹호하는 취미는 "미개함으로부터 아직 벗어나지 못한 것이다."

(2)

무관심성에 대한 칸트적 개념은 분석적 예술철학에서 많이 등장하며, 프라그마티스트 미학과의 두 번째 대비이다. 미는 선과 마찬가지로 순수한 내재적 가치, 즉 그 자체로 비도구적 목적이며, 수단으로서는 잘못 생각되거나 잘못 적용될 수 있을 뿐이

회로부터 완전히 격리되어 자신의 사회적 지위를 취미판단을 통해 다른 사람들에게 주장할 기회를 박탈당한 "무인도"에 사는 사람이다(43). 칸트의 자연주의에 반대하는 필자의 논증은 "Of the Scandal of Taste: Social Privilege as Nature in the Aesthetic Theories of Hume and Kant," *Philosophical Forum* 20 1989), 211-29에서 한층 상세히 개진되었다.

라는 주장은 무어(Moore)의 관점만은 아니다. 비도구성과 무보상성(無補償性)으로 정의되는 무엇으로서 예술을 특징화하는 한층 더한 주장이 존재한다. 스트로슨(Strawson)은 예술에 대한 우리의 관심을 "예술이 할 수 있는 또는 예술이 하여야만 하는, 또는 우리가 예술을 통해 할 수 있는 것에 대한 어떠한 관심도" 완전히 결여한 것으로, "나아가 예술이 우리 속에서 산출할 특정한 반응 (즉, 흥분이나 마취)에 대한 관심조차 아닌 것으로" 정의함으로써 예술을 위한 어떠한 일반적 규칙도 불가능함을 설명하였다. 이와 마찬가지로 햄프셔(Stuart Hampshire)도 "예술작품은 무상적이다," 즉 "무상적으로 만들어지거나 행해지는 것, 그리고 제안된 문제에 대한 반응으로 이루어지지 않는 것"이라고 말하였다.[12] 예술을 어떤 기능성으로부터도 순화시키려는 이러한 시도들에 깔린 동기는 예술을 가치 없이 무용한 것으로 격하시키려는 것이 아니라 예술의 가치를 도구적 가치의 영역으로부터 분리하여 그 위에 두려는 것이었다. "예술을 위한 예술"의 잔재인 이러한 전략은 예술이 도구적 가치의 측면에서는 적절히 경쟁될 수 없다는 염려를 바탕으로 하여 폭압적인 공리주의적 사고와의 불공평한 경쟁으로부터 예술의 자율성을 보호하려는 것이었다. 이 전략의 바람은 인간 정신의 특정영역을 미련스럽게 지독히 계산된 수단-목적의 합리성(means-end rationality)으로부터 보호하려는 것이었다. 이러한 합리성은 세상을 계몽시켰을 뿐만 아니라 기능화된 산업화의 얼룩으로 물들여 황폐화시켰다. 미적인 것은 자유의 독자적 영역을 대변할 것이다. 예술은 기능, 용도, 그리고 문제해결 등으로부터 자유로울 것이다. 용도로부터의 이러한 자유는 예술의 정의적(定義的), 귀족적 특징일 것이다.

---

12 Peter Strawson의 "Aesthetic Appraisal and Works of Art," in *Freedom and Resentment* (London: Methuen, 1974), 187 그리고 Stuart Hampshire의 "Logic and Appreciation," in Elton (ed.), *Aesthetics and Language*, 162, 164를 아울러 참고하기 바란다.

이러한 모든 점은 듀이의 프라그마티스트 미학과는 낯설다. 듀이 또한 미적인 것을 옹호하고 미적인 것의 대체될 수 없는 가치를 입증하는 데 진력하였지만, 그는 이러한 작업을 예술의 위대한 그러나 범세계적인 도구적 가치를 강조하면서 수행하였다.[13] 어떠한 것이 인간적 가치를 지니려면, 그것은 어떤 방식으로든 필요를 충족시켜야만 하고 인간 유기체의 삶과 발전을 주변환경과의 조우 속에서 증진시켜야만 한다. 칸트적 전통의 오류는 다음과 같은 점을 전제하는 데 있다. 즉, 예술만이 잘 수행할 수 있는 어떤 특정한 고유의 기능도 예술이 지니고 있지 못하기 때문에, 예술은 용도와 기능을 완전히 넘어섬으로써만, 순순히 내재적 가치를 지님으로써만 옹호될 수 있다는 점을 전제하는 데 있다. 이러한 오류는 다음과 같은 생각, 즉 전제된 수단-목적 이분법으로 인하여 그리고 도구성과 "저급하지는 않을지라도 협소한 효율 사무소(office of efficacy)"와의 결합으로 인하여 도구성이 내재적 가치와는 여하튼 대립한다고 여기는 생각에 의해 종종 증폭된다(*AE* 144).

듀이의 수정은 수단-목적의 구분을 재해석함으로써 도구적 가치와 내재적 가치 사이의 대립을 거부하는 것에 그치지 않았다(*AE* 143-6, 201-4). 듀이의 수정은 예술의 특별한 기능과 가치가 어떤 **특수화된** 특정 목적에 있는 것이 아니라 생물을 더욱 범세계적인 방식으로 만족시키는 데 있다고 주장하는 지점까지 나아갔다. 그러한 만족은 다양한 목적들에 기여함으로써, 그리고 무엇보다도 우리를 기운생동케 하는 우리의 직접적 경험을 증진시키고 그리하여 우리가 추구하는 상위 목적들에 대한 성취를 북돋아줌으로써 이루어진다. 그러므로 예술은 도구적으로 가치 있으

13 듀이에게서, "예술철학은 그것이 우리에게 경험의 다른 양태들과의 관계 속에서 예술의 기능을 일깨우지 못한다면 척박한 것이다"(*AE* 17).

면서 동시에 그 자체로 만족스러운 목적이다(*AE* 144). "단순한 유용성이라는 것은 …… 특정하고 제한된 목적만을 만족시킨다. 미적 예술작품은 많은 목적들을 만족시킨다 …… 그것은 삶의 정의되고 제한된 양태를 규정한다기보다는 삶에 기여한다"(*AE* 140). "우리는 일상적 경험의 상황과 긴급사태에 대한 갱신된 태도를 취하게 된다." 예술의 도구성은 "지각의 직접적 행위가 멈추었을 때라도 중단되지 않는다. 그것은 간접적인 경로 속에서 지속적으로 작용한다"(*AE* 144). 추수의 들녘에서 불리는 노동요는 추수하는 사람들에게 만족스러운 미적 경험을 제공하는 데 그치는 것이 아니다. 그 노동요가 지닌 풍취는 추수하는 사람들의 노동에 전해져 그 노동을 생동케 하고 증진시키며 노래와 노동이 끝난 이후에도 오랫동안 남는 연대의 정신을 심어 준다. 유사한 광범위한 도구성이 고급예술작품들에서도 발견될 수 있다. 고급예술작품들은 특별한 미적 경험을 산출하기 위한 정제된 일련의 도구들이 아니다. 그것들은 지각과 소통을 변화시키고 명료화하는 작용을 한다. 그것들은 활기를 돋우어 영감을 준다. 왜냐하면 미적 경험은 항시 흘러 넘치고 우리의 다른 활동들 속으로 통합되어, 그 활동들을 증진시키고 심화시키기 때문이다(*AE* 101, 110, 138, 248-9, 335, 348-9).

그리하여 예술은 "일반적 세계를 충만한 상태에서 경험하게 하는 힘을 계속 살아 있게 만든다"(*AE* 138). 그리고 예술은 어떤 "만족스러운 통일감"을 세계에 대한 경험 속에 들여옴으로써 세계와 그 세계 속에서의 우리의 현존을 더욱 의미 있고 견딜 만한 것으로 만든다(*AE* 199). 즐거운 의미의 형식과 전체를 존재에 제공함으로써 존재를 정당화하는 예술의 위와 같은 깊이 있는 역할은 듀이의 미학을 "이 세상은 오직 미적 현상으로써만 정당화될 수 있다"라는 니체의 관점과 짝 맞추어 준다. 이러한 관점은 "존재의 미학(aesthetics of existence)"이라는 푸코(Foucault)의 그리스적 이상 속에서 다시 나타난다. 더욱이, 충만하게 구현된 미적인 것을 옹호하고 칸트적 무관심성을 반박한다는 점에서 듀이는 "미학의 '생리학'"에 대한 그리고 그것이 지닌 "'관심'의 …… 자극"에 대한 니체의 깨달음과 일치한다.[14] 듀이는 이러한 육체적(somatic) 니체의 주제를 푸코(Foucault) 및 바타이유(Bataille)와 공유한다. 일탈, 사회문화적 왜곡 그리고 극단에 대한 푸코 및 바타이유의 급진적인 강조는 듀이를 건전하게 또는 순진무구하게 보이도록 만든다. 좋든 나쁘든, 자연적 에너지에 대한 듀이의 낙관적인 미학은 계몽적 유럽의 지식인들보다는 희망에 찬 "신세대(New Age)" 개척자들을 더 고취시킬 것이다. 그러나 여하한 경우든 듀이의 미학은 신체를 미학의 본질적인 주제로 포착한다. 이는 분석미학에서 결여되었던 주제이며, 유럽 대륙이론에서는 점차 중요하고 매혹적이 되어가는 주제이다. 듀이의 육체적 관점은 살아 있는 육체에 대한 메를로 퐁티(Merleau-Ponty)의 기본적인 강조와 한층 밀접히 호응할 것이다. "회화와 예술로 증폭되는 것은 가장 작은 지각에서 시작된 육체의 표현적 작용이다"라는 메를로 퐁티의 주장은 그러했던 것은 아니지만 《경험으로서의

14 니체에 대한 인용은 그의 *Birth of Tragedy* 그리고 *The Genealogy of Morals* (New York: Doubleday, 1956), 143, 240, 247에서 하였다. 푸코는 "존재의 미학"을 *The History of Sexuality*, vol. 2 (New York: Vintage, 1986), 89-93에서 말하였다. 미적 삶에 대한 그의 관점은 이 책의 5장에서 논의될 것이다. 역사의 사회적 구조가 신체에 그리고 즐거움에 대한 신체의 양태에 얼마큼 중요한 영향을 끼치는가를 듀이의 자연주의가 무시했다고 비판할 수는 없다. 듀이에게서 그러한 구조는 환경적 자연에 속한다. 환경적 자연은 환경적 자연과 상호작용하는 인간 유기체를 형성하는 데 도움을 준다. 어떻게 사회적 그리고 역사적 요소들이 우리의 미적 지각을 형성하는지, 어떻게 "인류의 제도적 삶"이 "우리의 상이한 감관들"에 영향을 끼치는지에 대한 듀이의 깨달음은 이후에 필자가 논의할 예술의 박물관적 개념에 대한 듀이의 사회사적 비판을 부분적으로 형성한다(*AE* 26-7). 어떠한 편협한 물리적 자연주의와도 달리, 듀이는 다음과 같이 주장한다. "야만인도 문명인도 때 묻지 않은 구조에 의해 존재하는 것이 아니라 그가 참여하는 문화에 의해 존재한다"(*AE* 347).

예술》에서 곧장 추론될 수도 있었다.[15]

(3)

예술의 범세계적 기능성에 대한 듀이의 깨달음은 대부분의 분석철학자들과 첨예하게 대비되는 또 다른 관점과 연관된다. 그것은 예술과 미적인 것에 대한 문화적 으뜸성과 철학적 중요성이다. 미적 경험은 "전체 생물을 생동케 하는 그리고 가장 생동케 하는 경험"이기 때문에 듀이는 "그러므로 철학자는 경험이 무엇인지를 이해하기 위해서 미적 경험에 다가가야만 한다"라고 주장하였다. 듀이에게서, 미적 경험을 파악하는 특정 철학의 능력은 "경험 그 자체의 본성을 파악하는" 특정 철학의 역량에 대한 시금석이다. "예술과 미적인 것에 대한 특정 철학의 대응보다 특정 철학의 일면성을 확실히 드러내는 시금석은 없다"(*AE* 24-5, 33, 278). 한 걸음 더 나아가 듀이는 "문화의 질에 대한 최종적인 척도는 …… 만개하는 예술이다"라고 주장하였다(*AE* 347). 이에 반해, 분석철학자들에게는 인간업적의 이상과 전범은 과학이다.

분석철학이 과학철학을 모범으로 삼았기 때문에, 예술과 미적인 것은 주변부적 지위가 부여되었고 과학적 이해의 영역을 넘어선 가망 없는 것으로 종종 의도적으로 회피되었다. 분석미학은 적어도 그 시작단계에서는 과학철학의 논리적으로 엄격하고 정확한 방법을 예술의 변덕스럽

15 Maurice Merleau-Ponty의 *Signs* (Evanston: Northwestern University Press, 1964), 70을 참고하기 바란다. 듀이의 다음과 같은 주장과 비교해보라. "개인적 육체의 운동은 물질적인 것에 대한 전면적 재형성 속으로 들어간다 …… 생기 있는 자연적 표현이 지닌 리듬의 무엇인가는 …… 새기기, 그림그리기, 상(象)만들기, 건물설계하기, 그리고 이야기 쓰기 등 속으로 가야만 한다"(*AE* 231-2). "그러므로 예술은 삶의 모든 과정 속에 이미 형성되어 있다"(*AE* 30).

고 희미한 영역에 적용하려고 시도하였다. 그리고 그를 통해 예술의 흐릿한 개념들을 그리고 예술이 이해되고 감상되는 해석과 평가의 혼란스러운 방법들을 명료히 하려고 하였다. 과학을 그리고 과학이 문명에 내린 혜택을 매우 높이 평가하기는 하지만, 듀이는 과학적 경험을 예술보다 빈약한 것으로 간주할 수밖에 없었다. 왜냐하면 예술은 인간유기체와 더욱 의미 있는 그리고 직접적으로 만족스런 방식으로 관계 맺기 때문이다(*AE* 90-1, 126, 278). 이러한 관계는 고도의 복합적인 사유를 포함한다. "진정한 예술작품의 생산은 그 스스로를 '지식인'이라고 뽐내는 사람들 사이에서 진행되는 이른바 사유 중에서 최상의 사유가 요구하는 것보다도 더 지성을 요구한다(*AE* 52)." 그러므로 듀이는 "직접적인 즐거움을 통해 소유할 수 있는 의미들로 충전된 활동의 양태인 예술은 자연의 완벽한 절정이며 과학은 이러한 행복한 산물의 예의바른 시녀로서 자연적 사태들을 안내한다"라고 주장하였다.[16]

필자는 이러한 다소 지나친 주장 또는 미적 경험이 "경험 그 자체의 본성"을 철학적으로 이해하기 위한 필수적인 열쇠라는 주장을 입증할 명확한 방도를 알지 못한다(*AE* 278). 그리고 어느 정도 미적 경험이 철학적 용어로 분석되어야 하는지를 확신하지 못한다. 비록 필자가 듀이를 연구하고 응용하면서 이를 충분히 논의할 것이지만 말이다. 그렇지만 두 가지 점은 명확하다. 근본적으로 자연주의적 그리고 경험주의적 철학적 기초에서 예술을 과학보다 우위에 둔 듀이의 행위는 점점 더 기술화되어 가는 세계 속에서, 지배적인 문화적 영웅이 과학인 세계 속에서 용기 있고도 치유적인 몸짓이었다. 둘째, 예술뿐만 아니라 예술이론이 문화에

16 John Dewey, *Experience and Nature* (La Salle, Ill: Open Court, 1929), 290. 다음부터는 *EN*이라는 약호를 사용할 것이다.

대한 우리 스스로의 이해를 위해서 철학적으로 가장 중요하고 값지다고 간주될 때, 미적 탐구가 가장 잘 이루어질 듯이 보인다. 여기서 다시 듀이의 프라그마티즘은 대륙철학과 발맞추어 분석미학보다 우위를 누리게 된다.

(4)

견고한 사유가 과학에서 만큼이나 예술에서도 더 중요하다고 주장하면서도, 듀이는 과학 그 자체가 감정과 상상력을 결여한 순수한 사유보다 우위에 있다는 점을 그리고 "미적 성질이 …… 과학적 저작 속에 내재해 있을 수도 있다"는 점을 깨달음으로써 곧바로 보완을 하였다(*AE* 202). 왜냐하면 과학적 탐구는 모든 인간기능들의 "질서 있고 조직적인 운동을 통한 내부적 통합과 완성(에서 나오는) …… 만족스러운 정서적 질"을 제공하기 때문이다. 이러한 정서적 질은 예술과 미적인 것에 대한 듀이적인 보증서이다(*AE* 45). 듀이는 예술과 과학이 고대나 원시문화에서는 거의 구분되지 않았다는 점에 주목하면서 이 양자가 경험과 조화롭게 조우하는 깊은 유사성을 지녔음을 강조하려고 애썼다(*AE* 153-4). 듀이는 "과학 그 자체는 다른 예술들의 생성과 활용에 예비적인 기본적 예술이다"는 점을 그리고 과학과 철학은 양자 모두 그 종사자들에게 미적 경험을 제공할 수 있다는 점을 선언하는 데까지 나아갔다(*AE* 125-6).

상이한 분과의 모든 이러한 연결과 통합은 미학과 다른 영역에서 듀이가 가장 중요시하는 주제들 중의 하나를 암시해준다. 그것은 흔히 연속성의 논제(the continuity thesis)라 부르는 주제이다. 분석철학과는 대조적으로 듀이는 구분보다는 연결을 이루는 데 전념하였다. 이는 아마도 또 다른 Kant/Hegel의 대립을 반영하는 것일 터이다. 듀이는 인간경험과 활동의 여러 측면들을 연결하는 데 예민하였다. 그러한 여러 측면들은 특수화되고 구획화된 사유에 의해 나뉘었으며, 나아가 그런 단편화된 분과적 사유를 재강조시키고 재강화시키는 특수화되고 구획화된 제도들에 의해 더욱 더 야만적으로 찢어졌다. 그러므로 어떤 면에서 듀이는 분과적 권력을 더욱 정교하게 분석하는 푸코를 예고한다. 그리고 듀이는 관료적인 분리화와 획일화를 통해 통치되는 우리 관리사회의 사회적이고 개인적인 분열에 대해 더욱 따갑게 비판하는 아도르노를 예고하기도 한다. 구별의 공고화가 증진시켰던 경험의 고통스러운 파편화를 탄식하면서, 듀이는 그 파편화의 전형적 원천이자 지속적 결과인 참을 수 없는 사회적 분화와 문화적 모순에 반대하였다. 사유와 경험의 사회 · 역사적 조건을 항시 의식하면서, 듀이는 다음과 같은 점을 깨달았다.

스스로를 경험의 다른 양태들로부터 절연시켜 자신만의 고유한 영역에 놓음으로써, 예술과 예술에 대한 감상을 고립되게 만드는 이론들은 그 자체의 주제 속에 내재해 있는 것이 아니라 명시가능한 외재적 조건들로 인해 비롯된다. 제도들 속에 그리고 삶의 관습들 속에 그대로 각인되어 있는 이 조건들은 아주 무의식적으로 기능하기 때문에 효과적으로 작용한다. 그러므로 이론가는 그 조건들을 사물들의 본성 속에 각인되어 있는 것으로 가정한다. 그렇지만 이들 조건들의 영향은 이론에 한정되지 않고 ……, 삶의 활동들에 깊은 영향을 끼쳐 행복의 필수적인 요소인 미적 지각을 몰아내거나 보상적이고 일시적인 쾌락적 자극의 수준으로 떨어뜨린다(*AE* 16).

인류의 제도적 삶은 탈조직화에 의해 특징 지워진다. 이러한 무질서는 제도적 삶이 계층으로의 정적인 분화의 형태를 취한다는 사실에 의해 종종 은폐되며, 이 정적인 분리는 공공연한 갈등을 산출하지 않는 것으로 고정되고 용인되는 한 질서의 핵심으로 받아들여진다. 삶은 구획화되며 그리고 제도적 구획들은 높은 것과 낮은 것으로 분류된다. 제도적 구획들의 가치들은 세속적인 것과 정신적인 것으로, 물질적인 것과 이상적인 것으로 분류된다. 관심들은 외연적으로 그리고 기계적으로 상호 연관된다. …… 종교, 도덕, 정치, 경영 등은 각각에 걸맞은 그 자신의 고유한 구획을 지니고 있기 때문에, 예술도 또한 그 자체의 독특하고 사적인 영역을 지니고 있어야만 한다. …… 그러므로 경험의 해부학을 쓴 사람들은 이러한 분화들이 인간본성의 핵심적 구조 속에 내재해있다고 생각한다……. 현재의 경제적 · 법적인 제도조건들 아래서 실제로 영위되고 있는 우리 경험의 대부분 경우, 유감스럽게도 위와 같은 분리가 유지되고 있다(*AE* 26-7).

"미적 경험과 삶의 정상적 과정 사이의 연속성을 회복"시키려고 하는 듀이의 미적 자연주의는 "미감적 예술(fine art)에 대한 구획화된 개념"이 쌓아놓은 숨 막히는 감옥을 부수려고 하는 그의 노력의 일환이다. 미적인 것에 대한 낡고 제도적으로 공고화된 철학적 이데올로기, 즉 예술을 실제 삶과 날카롭게 구분하여 박물관, 극장, 연주장 등의 "분리된 영역"에 가두는 이데올로기를 부수려고 하는 그의 노력의 일환이다(*AE* 9, 14, 16).

그러나 연속성에 대한 듀이의 미학은 예술과 삶을 연결시키는 데서 한 걸음 더 나아간다. 듀이의 미학은 일군의 전통적인 이분법적 개념들, 즉 오랫동안 전제된 대립을 통해 철학적 미학의 대부분을 구성해왔던 전통적인 이분법적 개념들이 근본적인 연속성을 지녔음을 강조한다. 즉, 미감적 예술 대 응용 또는 실제적 예술(*AE* 11-12, 33-4, 87), 고급예술 대 대중예술(*AE* 191), 공간예술 대 시간예술, 인식적인 것(*AE* 45, 52, 80, 202)

및 실제적인 것(*AE* 45-7, 265-7)과 대조되는 미적인 것,[17] 예술가 대 예술가의 청중을 구성하는 "일반"사람(*AE* 54, 60, 80) 등의 이분법적 개념들이 근본적인 연속성을 지녔음을 강조한다. 미학 속에서 그러한 연속성을 확보하기 위하여, 듀이는 예술에 대한 우리 경험의 분리화와 파편화를 강조하고 강화하는 한층 기본적인 이원론을 훼손시키는 데까지로 이분법적 사유에 대한 공격을 확대시켜 나아갔다. 이러한 이원론의 주요한 것들로는 육체와 마음, 물질적인 것과 관념적인 것, 사유와 감정, 형식과 내용, 인간과 자연, 자아와 세계, 주관과 객관, 수단과 목적 등 사이의 이분법이다.

지금 여기서 모든 이러한 이원론에 대한 듀이의 비판을 언급할 수는 없다.[18] 그러나 연속성에 대한 듀이의 강조가 얼마나 근본적으로 분석적 방법과 대조되는가를 주목하는 것이 중요하다. 분석적 방법은 그 이름 자체가 부분들로의 분화를 함축하며 그 스스로 자신이 하는 구별의 명료함과 엄격함을 긍지로 삼는다. 분석미학은 애초에 덥수룩하고 텅 빈 일반화를 공격하면서 자신을 나타냈다. 덥수룩하고 텅 빈 일반화는 예술과 미적인 것을 우리가 유익하게 일반화할 수 있는 하나의 연속적인 전체로 보고 접근함으로써 생긴 결과인 듯하다. 분석미학의 주요한 비판표적은 듀이가 아니라 크로체였다. 크로체는 예술을 자유롭게 창조적인 직관-

17 미적인 것을 실제적인 것과 인식적인 것으로부터 구별하는 칸트적 생각에 명확히 반대하여, 듀이는 다음과 같이 주장하였다. "미학의 적들은 실제적인 것도 지적인 것도 아니다. 미학의 적들은 지루함, 허술한 목적이 지닌 느슨함, 실행과 지적 과정에서 관습에 대한 복종 등이다"(*AE* 47).

18 이러한 이원론에 대한 듀이의 비판을 추적하는 데 관심이 있다면, 육체/마음에 대해서는 *AE* 26-8, 267을, 물질적/관념적에 대해서는 34, 38, 109를, 사유/감정에 대해서는 40, 125, 161, 251-2, 263을, 형식/내용에 대해서는 112-14, 123, 133을, 인간/자연에 대해서는 152-5, 163, 190, 336, 341을, 자아/세계에 대해서는 109, 252, 254, 274-5, 286을, 주관/객관에 대해서는 251, 281, 292를, 수단/목적에 대해서는 201-2를 참고하기 바란다.

표현(intuition-expression)으로 정의하면서 모든 장르구분의 타당성을 부정하였고, 예술가와 청중 사이의, 이른바 예술과 다른 표현 사이의 어떠한 기본적 구분도 부정하였으며, 그리고 미적인 것을 언어적인 것으로 사실상 명백히 혼동하였다. 분석미학자들의 주된 논증은 미적 연속성에 의탁하는 일은 다음과 같은 거대이론을 낳는다는 것이다. 즉, 너무 모호하고 탄력적이어서 사실상 텅 빈 거대이론을 낳거나, 그렇지 않고 좀더 규정되었을 경우에는 특정예술들을 보편적 이론에 맞추기 위하여 그 특정 예술들의 독특한 특징을 왜곡시키는 거대이론을 낳는다. 보편적 미학의 덥수룩한 "따분함(dreariness)"과 왜곡에 대한 치유책으로 분석미학자들은 "냉혹한 구분"과 한층 전문화된 분과적 접근을 옹호한다. 심지어는 "미학은 존재하지 않지만 문학비평, 음악비평 등의 원리들은 존재한다," 그리고 보편적 미학은 "개별적 예술들에 대한 응집된 특수한 연구"를 위해 반박되고 포기되어야 한다라는 주장이 제기되었다.[19]

다양한 예술들과 그 비평에 대한 세밀한 분석에 구획적 초점을 맞추어 미학적 탐구를 해나가는 일이 어떤 면에서는 매우 생산적일 수 있다. 그리고 분석미학의 가치 있는 노력이 이 일에만 국한되어 있지도 않다. 분석미학은 상징화와 재현에 대한 보편적 이해에 중요하게 기여하기도 하였다. 그러나 세 가지 점이 언급될 필요가 있다.

첫째, 개별적 예술들에 대한 구획화된 전문적 연구는 이 예술들에 대한 전문적 아카데미 비평의 급속한 성장에 기인한 바 크다. 그리고 제도적으로는 대학의 개별적 학과들과 분과적 정기간행물들에 기초하고 있다. 직업적 정당화의 압력이 전문화에 대한 옹호를 거역할 수 없게 만

19 여기서의 인용은 John Passmore, "The Dreariness of Aesthetics," in Elton (ed.), *Aesthetics and Language*, 50, 55에서 했다. 이 점은 필자의 "Analytic Aesthetics, Literary Theory, and Deconstruction"에서 구체적으로 논의되었다.

들었다.

둘째, 이러한 개별적 연구들이 예술들은 — 그 명백하고 강조된 차이에도 불구하고 — 어느 정도 (최소한 역사적으로라도) 연결되어 있다는 모호한 개념 아래에서 주로 진행되었을 경우라도, 분과적 전문화가 낳은 변함없는 결과는 그리 만족스러울 수 없었을 것이다. 왜냐하면 오늘날 우리는 예술에 대한 통합분과적(interdisciplinary) 연구를 옹호하는 파고를 목격하고 있기 때문이다. 문화연구를 하는 새로운 정기간행물과 학과의 점증은 전체적 통합으로 나아가는 전도유망한 전환을 반기는 제도적 표현이며 지원이다.

셋째, 구분화의 필요성에 대한 분석미학자들의 강력한 논증, 즉 담화를 구성하는 구분이 없다면 어떤 생산적 탐구도 가능하지 않다는 논증은 듀이에게서도 완벽히 용인될 수 있다. 왜냐하면 듀이는 성향을 나타내고 통찰을 제공하는 유연하면서도 일시적인 도구로 구분과 정의를 기꺼이 받아들였기 때문이다. 듀이는 분류와 평가를 신성불가침의 원리로서 받아들이는 것을 거부할 뿐이다. 즉, 사물들 사이의 필연적이고 메울 수 없는 간극에 대한 표식으로서 분류와 평가를 받아들이는 것을 거부할 뿐이다. 왜냐하면 구체적 경험 속에서는 그 사물들이 깊고 풍부하게 연결되어 있거나 연결될 수 있기 때문이다. 듀이 자신은 미적 경험을 다른 경험과(*AE* 61), 미적 정서를 일상적 정서와(*AE* 85) 구분하였으며, 그리고 여러 다른 예술들을 그것들이 지닌 여러 다른 매체들을 통해 구분하였다(*AE* 111, 231). 그러나 예술 또는 미적인 것을 정의하는 하나의 단일한 특별한 성질이나 경험, 즉 "하나의 단일한 **근본적 분절점**"을 추구하는 전형적인 분석적 방법과는 대조적으로,[20] 듀이의 구분은 연관된 특성들

---

20 J. O. Urmson, "What Makes a Situation Aesthetic?," in F. J. Coleman (ed.),

의 복합적 성좌 속에서 두드러진 또는 "중요한 성향"을 통해 이루어졌다(*AE* 221, 227, 287). 미적 경험은 어떤 특별한 요소를 독특하게 소유함으로써 차별화되는 것이 아니라 일상적 경험의 모든 요소들을 한층 완전하고 풍부하게 통합함으로써 차별화 된다. 그러한 통합은 "아주 다양한 상태에 있는 요소들로부터 하나의 전체를 만들며," 그리고 경험의 주체에게 세계 속에서의 통일과 질서에 대한 한층 더 거대한 느낌을 제공한다(*AE* 199, 278). "미적 경험은 일상적 경험 속에서 발생하는 것보다 더 많은 모든 심리적 요소들을 하나의 단일한 반응으로 환원하지 않고 한층 더 크게 포용하는 특징을 지닌다"(*AE* 259).

듀이의 전체론(holism)에 따르면, "대상의 전체 경험 속에서 한 가닥"을 분리하여 미적인 것을 정의하려는 시도는 (그 가닥이 감각적이든, 정서적이든, 형식적이든 간에) 분석적 오류이다. 이른바 미적 가닥이 "자신이 기여하는 그리고 자신이 흡수되는 전체유형으로 인해 바로 그 미적 가닥이 되는" 경우에, 위와 같은 시도를 하는 것은 분석적 오류이다(*AE* 259). 마찬가지로, 예술들 간의 그리고 그들 매체들 간의 구분이 확연히 날카로운 것은 아니다. 혼합매체로 이루어진 명백한 작품들의 예를 들지 않더라도, 우리는 은유나 다른 문학적 특성들을 회화, 조각, 무용 등에서 발견할 수 있다. 그리고 인쇄된 시의 텍스트 속에 미적으로 형성된 그래픽적 시각성이 존재한다.[21] 그러므로 듀이에게서 "시적, 건축적, 극적, 조각적, 회화적, 문학적 등의 단어들은 …… 어느 정도 모든 예술에 속하는 성향

Contemporary Studies in Aesthetics (New York: McGraw-Hill, 1968), 359, 368.

21 필자는 텍스트에서의 미적 시각성을 "Aesthetic Blindness to Textual Visuality," *Journal of Aesthetics and Art Criticism* 41 (1982), 87-96; "The Anomalous Nature of Literature," *British Journal of Aesthetics* 18 (1978), 317-29; 그리고 "Ingarden, Inscription, and Literary Ontology," *Journal of the British Society for Phenomenology* 18 (1987), 103-19에서 논의한 바 있다.

들을 지칭한다. 왜냐하면 그러한 단어들은 모든 완벽한 경험을 수식하는 반면에, 어떤 특정한 매체는 기껏해야 그 성향을 뚜렷이 만들게 조정되기 때문이다"(*AE* 233). (형식과 내용 사이 또는 상이한 장르들 사이 등의) 구분은 문맥 의존적이다. 그 구분의 가치와 "실제 역할은 구체적 재료의 변화하는 움직임에 접근하는 도구로서이지 그 재료를 엄격한 불변성에 묶어 두는 일이 아니다"(*AE* 137, 229). 구분의 위험은 우리가 구분을 숭상하고, "그것을 구획적 분할로 확립"하고 마는 데 있다(*AE* 257).

미학에서의 분류적 구분에 반대하는 듀이의 실제논증은 매우 개략적일 뿐 분명치 못하다. 논증 중의 하나는 다음과 같은 듯싶다. 하나의 두드러진 전체로 경험 속에 존재하는 것을 분리하고 독립적으로 탐구함으로써, 우리는 그러한 경험된 전체를 하나의 전체로 파악하는 우리의 이해를 왜곡시키고 빈곤하게 만든다. 왜냐하면 듀이가 지지하는 유기적 통일성(organic unity)의 원리에 의하자면 모든 미적 전체는 전체의 부분들이 고립된 부분들의 상태에서 지니고 있는 성질들의 총합보다 더 크다. 부분들이 전체 속으로 통합되지 않는다면 부분들은 그 자체로는 지금의 자신의 모습을 취할 수 없다. 구획화가 전체로부터 부분들을 분리해 놓은 것이다(*AE* 43-4, 140-1, 166, 196).

사물들을 분리된 것으로보다는 통일된 것으로 바라보는 것이 한층 더 풍부하고 만족스럽다는 점이 이와 연관된 논증인 듯싶다. 그리고 이 점은 다음과 같은 생각에 의해 설명될 수 있을 것이다. 인간능력, 관심, 대상들을 엄격하게 분리함으로써 우리는 인간생물을 그 스스로에 반하여 분리하게 되며, 자연적으로는 함께 작용하는 (정서적 · 지적 · 감각적) 능력들 중에서 강요된 하나의 선택을 하게 되고, 그 결과 내적 모순을 그리고 스스로의 부분으로부터 소외된 느낌을 낳게 된다(*AE* 26-8, 34, 252-3). 더욱이, 해체론보다 이미 오래 전에 듀이가 말한 것처럼, 구분은 가치적

색채를 취하는 경향이 있으며, 그리고 한 조건을 다른 조건보다 특권화함으로써 "최상"의 가치에 본질적인 진정한 가치를 희미하게 하거나 평가절하한다. 조건들과 조건들이 산출한 "제도화된 구획들은 높고 낮게 분류된다. 조건들의 가치는 세속적이고 정신적인 것으로, 물질적이고 이상적인 것으로," 감각적이고 지적인 것으로 분류된다. "그러한 상황 아래에서는 감각과 육신은 악명을 얻으며," 우리는 이들이 삶의 충만함에 기여하는 바를 무시한다. 이들의 기여는 대체할 수 없는 것이다. 그리고 이들의 기여는 심지어는 도덕적, 지적인 차원에서도 이루어진다(*AE* 26-7).

분류적 구획에 반대하는 듀이의 가장 중요한 논증은 아마도 다음과 같은 주장일 것이다. 분류적 구획은 사유와 지각을 고정된 판박이로, 즉 미리 결정된 통로와 길들여진 한계를 지닌 규격화된 자동적 회로로 굳혀버린다. 이는 지각의 융통성과 풍부함을 가로막고 창조성을 방해하며, 경험에 대한 개방성을 제한한다. 듀이는 경험에 대한 개방성을 발견에 그리고 삶의 증진에 기본적인 것으로 간주하였다. 미적 장르 "분류"의 고정성은 "지각을 제한하며 …… (그리고) 창조적 활동을 규제한다 …….어떤 경우에든 순수한 표현을 가로막는 장애들이 충분히 존재한다. 분류에 수반되는 규칙들은 또 다른 장애를 더한다"(*AE* 229-230).

듀이의 전체론과는 대조적으로, 분석미학은 구분화에 대부분 집중하였다. 그리고 미적인 것을 비미적인 것으로부터, 예술을 비예술로부터, (넬슨 굿맨의 저작에서 두드러지듯이) 특정한 예술작품을 (위조품 그리고 충실치 못한 텍스트와 퍼포먼스 같이) 그 예술작품을 재현하는 양 거짓시늉을 내는 다른 대상들로부터 명확히 구분하는 데 큰 노력을 기울였다. 그러나 영향력 있는 분석미학자 중 적어도 한 명은 예술의 분류적 정의가 지닌 가치에 의문을 제기하면서 듀이에 매우 근접하였다. 그가 모리스 와이츠(Morris Weitz)이다. 그는 논리적으로 열려진 개념인 예술에 (본질을 통한 또는 필요충분한 조건을 통한) 진정한 정의를 제공하는 것은 논리적으로 불가능하다고 주장하였다. 나아가 그는 논리적으로 열려진 개념인 예술을 정의하기 위해 예술이란 개념을 닫으려 하는 데는 아무런 유익도 없다고 말하였다. 그러한 닫음은 "예술 속에 있는 창조성의 직접적 조건들을 …… 배제하거나" 제한할 뿐일 것이다.[22]

다른 한편으로, 와이츠는 매우 영향력 있는 한 가지 구분을 고안한 책임이 있다. 이 구분은 분석미학을 빈곤하게 만든 제한된 이분법으로 굳어져버렸다. "예술"이란 말은 분류적 기술과 칭찬의 용어라는 두 가지 용도로 사용된다는 와이츠의 관점은 조지 디키(George Dickie)에 의해 예술의 개념이 두 가지 상이한 "의미"로, 즉 기술적 또는 분류적 의미 대 평가적 의미로 구획화된다는 점으로 전개되었다. 그리고 전자는 평가적 내용을 결여한 그리하여 논쟁에서 벗어난 것으로써 객관적으로 정의될 수 있다고 주장되었으며, 예술에 대한 가치중립적인 제도적 정의의 중심이 되었다. 의문의 여지없는 "객관적" 방식으로 예술을 구분하고 식별하려는 엄격한 탐구는 예술을 그것이 지닌 가치와 분리된 텅 빈 형식적 방식으로 정의하는 결과를 낳는다. 단순히 예술작품은 "예술계"라 불리는 제도에 의해 예술의 지위가 부여되는 인공품이며, 그 인공품이 예술로 간주될 만한 가치가 있는지의 여부는 중요하지 않다.

22 Morris Weitz, "The Role of Theory in Aesthetics," *Journal of Aesthetics and Art Criticism* 16 (1955), 27-35; repr. in Coleman (ed.), *Contemporary Studies*, 90.

(5)

예술의 기술적 의미와 평가적 의미의 이러한 분리 그리고 그 결과로 나타나는 기술적 의미에 대한 집착은 평가의 문제를 꺼리는 분석미학의 일반적 경향과 통한다. 분석미학의 이러한 경향은 과학적 철학이 되고픈 바람과 가치중립적 진리를 과학으로 간주하는 생각이 낳은 결과이다.[23] 자기 스스로를 메타비평(metacriticism)이라고 생각하는 분석미학의 지배적 특성은 이러한 경향을 더욱 명확히 만든다. 그 목적은 기존하는 비평의 개념과 활동을 분석하고 명료화하는 것이지, 그것들을 어떤 실질적 의미에서라도 개정하는 것이 아니다. 그 목적은 예술에 대한 우리의 개념을 올바로 설명하는 것이지, 그것을 변화시키는 것이 아니다. 이와는 명백히 반대로, 듀이의 미학은 진리를 위한 진리에 관심을 기울이지 않고, 한층 풍부하고 한층 만족스러운 경험을 성취하는 데, 가치를 경험하는 데 관심을 기울인다. 여기서 언급된 가치란 이 가치가 없이는 예술이 아무 의미나 목적을 지니지 못하는 그러한 가치, 이 가치가 없이는 예술이 거대현상으로서 정의는 물론이거니와 존재나 이해도 될 수 없는 그러한 가치를 말한다. 듀이의 프라그마티즘에서는, 진리보다는 경험이 최종적인 기준이다. 심지어는 "이상적인 것들의 가치도 이상적인 것들이 낳는 경험에 놓여 있다"(*AE* 325). 듀이의 인식론은 진리나 지식 그 자체가 아닌 더 나은 경험 또는 경험된 가치를 모든 과학적 또는 미학적 탐구의 궁극적 목적으로 상정한다. 지식의 가치는 "행동을 조정함으로써 직접적 경험을 풍부하게 하는 데 있으며"(*AE* 294), 듀이에게서는 미적 경험의 풍부한 직접성에 견줄 수 있는 것은 아

---

23 넬슨 굿맨이 평가적인 것에 대한 집착이 "미적 탐구의 위축과 왜곡"을 유발시킨다고 불평하는 경우에서처럼, 비(非)평가적인 것에 대한 지향이 때론 아주 명백하게 드러난다.

무 것도 없다.

가치에 대한 이러한 급진적인 경험적 기준으로부터 과학이 예술보다 하위에 놓인다는 점이 도출된다. 그렇지만, 미적 가치가 예술이론이나 비평에 의해 영구히 고정될 수 있는 것이 아니라 경험 속에서 지속적으로 검증되어야만 하며 그리고 변화하는 미적 지각의 법정에 의해 전복될 수도 있다는 점이 또한 도출된다. "대상이 고정되고 변할 수 없는 가치를 지닌다는 생각은 예술이 벗겨버리고자 했던 바로 그 선입견이다." 왜냐하면 "푸딩에 대한 증명은 예술작품"의 경우에서와 마찬가지로 어떤 "선험적 규칙"이나 비평적 원리에 있다기보다는 "먹는 데 결단코 있기" 때문이다(*AE* 100-1).

(6)

그러나 이러한 경험적 기준이 낳은 한 걸음 더 나아간 그리고 한층 더 급진적인 결과가 존재한다. 그 결과란 예술 그 자체의 개념을 포함하여 우리의 미적 개념들은 최상의 경험을 제공하지 못할 경우 도전받고 개정될 필요가 있는 도구일 뿐이라는 점이다. 이 점이 예술과 미적인 것에 대한 우리의 개념을 급진적으로 개혁하는 데 전념한 듀이의 분명한 시도를 설명해줄 수 있다. 그리고 이 시도는 분석미학이 지닌 기본적으로 용인적이고 분류적인 정신과는 낯설다. 분석미학은 예술의 개념을 "고급" 미감적 예술 (그리고 이와 연관된 숭고와 천재)의 개념과 동일시함으로써 예술의 가치와 자율성을 옹호하는 낭만적 그리고 근대적 전통을 따르고 있는 반면, 듀이는 이러한 엘리트적 전통을 개탄하였다. 그는 이러한 전통을 "예술에 대한 박물관적 개념" 그리고 "미감적 예술(fine art)에 대한 기괴한 관념"이라는 딱지를 붙여 공격하였다(*AE* 12, 90).

예술의 정신화된 분리에 대한 듀이의 반대는 그의 자연주의와 연관되어 일찍부터 언급되었다. 그러나 그가 펼치는 공격의 주된 동기는 자연주의적 연속성과 출현에 대한 존재론적 성찰로부터 비롯되지 않았다. 그 주된 동기는 우리의 직접적 경험을 사회문화적 변형을 통해 개선시키는 도구적 목적이다. 여기서 예술은 더 많은 사람에게 더 풍부하고 더 만족스러운 것이 된다. 왜냐하면 예술은 사람들의 최상의 생기적 관심에 더욱 가까워질 것이며, 그들의 삶 속으로 더 잘 통합될 것이기 때문이다. "아득한 주춧대 위에 놓인," 다른 인간 노력의 재료와 목적으로부터 격리된 고상한 "독립영역"으로 예술을 구획화하고 정신화하는 일은 예술을 우리 대부분의 삶으로부터 멀게 하며, 그 결과 우리 삶의 미적 질을 궁핍하게 만들었다(*AE* 9-15). 결과적으로 예술은 자유롭고 임의적인 접근과는 거리를 유지하는 박물관, 음악당, 교실, 연극공연장에 격리된다. 예술을 고급예술과 동일시하는 엘리트적 등식은 미감적 예술에서 만족을 찾는 것을 어렵게 하고 억압한다. 그리고 그뿐만 아니라 많은 사람들이 즐기는 "영화, 재즈 음악, 만화 등"의 이른바 "저급(low)"예술이나 오락이 지닌 예술적 정당성과 잠재력을 깨닫지 못하게 한다. 그러므로 많은 사람들은 세련된 예술적 감수성에 절망하게 되며, 그 보상으로 점점 더 "천박하고 …… 조잡한" 것들 속에서 만족을 추구한다(*AE* 11-12). 그러므로 예술을 미감적 예술의 고급전통과 동일시하는 일은 자신의 계층적 우월성을 주장하고 강화하려는 억압적인 사회문화적 엘리트를 위해 봉사할 수 있다. 그리고 이는 열등한 일반인의 감각을 끄집어내어 강조함을 통하여 예술이 (적어도 규범화된 양태의 감상 속에서는) 일반인의 취미와 범위 너머에 있다는 점을 확실히 함으로써 이루어진다.

더욱이, 듀이에게서는 문화 엘리트들의 경험조차도 미감적 예술에 대한 정신화 되고 기괴한 개념에 의해 궁극적으로는 궁핍화되고 제한된다. 문화적 엘리트들도 생존하고 번성하기 위해서는 유미주의자를 넘어선 능동적 개인으로 삶에 참여하여야 하기 때문에, 예술에 대한 그들의 감상도 삶의 경험과 밀접히 연관되고 그리고 삶의 경험을 증진시킬 때 더 풍부하고 더 만족스러울 수 있다. 심지어는 예술가도 삶과 구분되고 삶보다 위에 있는 예술의 개념을 통해서 좌절된다. "능동적 관심의 주요 흐름으로부터" 직업적으로 고립되어 있는, "사회적 임무의 정상적 흐름 속에 이전보다 덜 통합되어 있는," 청중을 구성할 수 있는 아주 많은 사람들로부터 단절되어 있는, 예술가들은 예술창작에 도움을 줄 수 있는 경험적 소재들과 원천들에 대한 접근이 한층 제한된다. 그들은 또한 (다른 전문가들과의 그리고 심지어는 다른 예술가들과의 날카로운 차이를 표방케 만드는 전문화와 독창성의 논리에 의해) 아주 예민한 개성을 발달시킬 것을 강요받는다. 이러한 개성은 그들 작품에 대한 깊이 있게 만족스러운 음미와 감상을 점점 더 어렵게 만든다(*AE* 15).

예술 이외의 것들도 예술의 정신화 된 격리에 고통을 받는다. 예술의 구획화가 즐거움을 확보하고 순화하려는 유미주의자들에 의해서만 그리고 그러한 유미주의자들을 위해서만 이루어진 것은 아니었다. 예술과 미적인 것이 자유, 상상력, 즐거움 등으로 구획되는 하나의 독립된 영역이라는 생각은 일상적 삶이 무미건조하고 상상력이 메말라버린 강요된 삶일 수밖에 없다는 우울한 전제와 상응한다. 이는 미적 즐거움과 상상적 자유의 즐거움을 바라는 자연스런 인간의 욕구에 야만적으로 등 돌린 채 우리의 일상적 삶을 구축하는 권력과 제도에 변명을 제공한다. 그러한 즐거움은 실재의 삶에서 추구되는 것이 아니라 예술 속에서 추구되는 것이다. 예술이 행하는 실재와의 대비와 실재로부터의 도피는 고통 받는 우리 인간들에게 일시적인 위로와 평안을 제공한다. 예술과 미적인 것을 우리가 실재로부터 단절하였을 때 향유되는 무엇으로 구획화함으로써, 우리 문명의 가장 추악하고 억압적인 제도와 관습들은 합법성을 얻게 되며 필연적인 실재인 냥 더욱 깊이 공고화된다. 그러한 제도와 관습들은 실재의 원칙에 의해 예술과 미가 따라야 하는 필연적인 것으로 확립된다. 설상가상으로, 그렇게 완고하고 잔혹하게 분할된 제도적 실재들은 우리의 문명이 그러한 실재들을 넘어서고 회피하고자 하는 와중에서 생산해낸 고급예술을 통해 오히려 스스로를 정당화하고 찬양한다. 듀이의 신랄한 표현에 따르자면, 예술은 문명의 추악한 공포와 야만을 번지르르한 미적 표면으로 덮은 "문명의 미용원"이 된다. 듀이에게서 문명의 추악한 공포와 야만에는 속물계층, 제국주의, 자본주의 등이 행하는 이윤추구의 압박, 사회적 해체 그리고 노동의 소외가 포함된다(*AE* 14-16, 345-7).

여기서 다시 우리는 프랑크푸르트 학파로부터 수입된 요즘의 영향력 있는 주제들을 예고하는 듀이를 발견한다. 우리들의 가장 고급스러운 문화의 뒷면은 가장 저급한 야만성이라는 벤야민(Benjamin)과 아도르노(Adorno)의 불만은 예술을 "문명의 미장원"이라고 간주한 듀이의 관점에서 이미 울려 퍼지고 있다. 문명의 미장원에서 "문명은 문명적이지 못하다"(*AE* 339, 346). 듀이를 미학에서의 "진정한 해방적인 사상가"로 칭찬했던 아도르노는 듀이가 언급한 것과 동일한 야만적인 실재에 대해 탄식하였다. 그 곳에서 "사치스러운" 부르주아 예술은 "직접적인 감각경험의 영역 속에서는 진정한 희열을 박탈당한" "금욕적" 삶에 대한 보답이 된다.[24] 그러나 아도르노는 예술은 결단코 삶으로부터 거리를 유지해야 한

---

24 T. W. Adorno, *Aesthetic Theory* (London: Routledge & Kegan Paul, 1984), 19, 460. "문화와 야만의" 얽혀진 "변증법"에 대한 아도르노의 주장은 벤야민의 유명한 발언인 "문명의 기록 중에서 동시에 야만의 기록이지 않는 것은 존재하지 않는다"를 상기시킨다. T. W. Adorno,

다고 주의 깊게 강조하였다. 그는 타락한 세계에 의한 오염을 피하고 그리하여 추악한 실재에 대한 순수한 비판을 지속하기 위해서는, 예술이 자신의 신성화되었지만 결함 있는 자율성과 고급예술에 국한된 좁은 정체성을 유지해야 한다고 보았다. 반면에 듀이의 프라그마티즘은 야심에 찬 긍정적인 생각을 지니고 있다는 점에서 마르크스(Marx)에 가까운 듯이 보인다. (철학의 역할과 마찬가지로) 예술의 역할은 실재를 비판하는 것이 아니라 실재를 변화시키는 것이다. 그리고 예술이 은둔의 영역에 남아 있다면 변화를 낳을 수 없다. 그러므로 듀이는 비미적인 세계에 의한 타락한 유용의 위험에도 불구하고 예술은 자신의 신성화된 구획화로부터 벗어나 일상적인 삶의 영역으로 들어와야만 한다고 주장하였다. 일상적이 삶의 영역 그 곳에서, 예술은 실재에 대한 수입된 장식품이나 희망하는 상상적인 대체물에 그치지 않고 건설적 개혁을 위한 지침, 규범, 자극으로 한층 효과적으로 기능할 수 있을 것이다.[25] 아도르노보다는 벤야민의 정신에 더 가깝게, 듀이는 고급예술이 지닌 선험적 권위의 전제적 아

Prisms (Cambridge, Mass: MIT Press, 1981), 34, 그리고 Walter Benjamin, *Illuminations: Essays and Reflections* (New York: Harcourt, Brace & World, 1968), 256.

25 듀이가 편협한 정치적 또는 도덕적 예술을 권유하고 있는 것은 아니다. 아도르노와 마찬가지로 듀이는 그러한 예술을 싫어한다(*AE* 186, 194, 348-51). 그러나 예술과 예술의 미적 원리를 일상적 삶의 영역에 도입한다는 것이 듀이에게서 구체적으로 정확히 어떤 의미인가? 이는 충분히 명확치는 않은 듯싶다. 답변의 일부는 (사회적 · 실천적 · 기술적 예술들을 포함한) 삶의 다양한 실제적 예술들에 대한 정력적이고 집중적인 연마일 것이다. 이 때 실제적 예술들이란 멀리 유예된 그리고 외적으로 연관된 즐거움에 대한 단순한 희망 아래서가 아닌 직접적 만족과 함께 더욱 많은 삶의 활동들이 추구되게 조화의 질, 창조성, 상상력을 강조하고 수단과 목적을 한층 잘 통합하는 그러한 예술들을 말한다(*AE* 87). 또 다른 일부는 통일성에 대한 자신의 미학적 개념을 통해 우리의 윤리적 · 사회적 · 정치적 삶을 재구성하는 일일 것이다. 그의 통일성에 대한 개념에 따르자면, 통합적 전체를 구성할 때 "부분들의 자기 동일성에 대한 어떠한 희생도 존재하지 않는다"(*AE* 43). 이는 다시 한번 아도르노가 옹호한 이상이기도 하다. 예술과 일상적 삶의 통합에 대한 이러한 해명이 여전히 너무 모호하게 보인다면, 대중예술과 미적 삶에 대한 필자의 천착(7-9장)이 이에 대한 더 구체적인 상세한 논의를 하려는 시도로 간주될 수 있을 것이다.

우라(aura)를 개선된 삶의 그리고 풍부해진 이해 공동체의 현세적이고 민주적인 광휘로 대체하고자 하였다. 즉, 듀이에게서는 예술에 대한 우리의 개념은 우리 사회개혁의 한 부분과 한 덩어리로써 개혁될 필요가 있다. 우리 사회의 지배적인 제도, 서열구분, 그리고 계층분화는 예술이란 개념을 깊이 형성하였으며, 그리고 그 역으로 예술이란 개념에 의해 자신들도 어느 정도 강화되었다.[26]

(7)

여기서 듀이의 미학과 분석미학 사이에 이루어지는 차이는 엘리트적 미적 구획화에 대한 듀이의 공격 속에 그리고 명료화보다는 개혁에 대한, 즉 활동을 설명하거나, 근거세우거나, 정당화하려기보다는 변화시키려는 이론에 대한 듀이의 관심 속에 놓여 있다. 그리고 그뿐만 아니라 양자의 차이는 듀이의 이론이 지닌 역사적 · 사회문화적 두터움 속에도 놓여 있다. 듀이는 예술과 미적인 것이 이들이 지닌 사회문화적 차원에 대한 완전한 평가 없이는 이해될 수 없다고 주장하였다. 이는 듀이의 헤겔적인 역사적 전체론을 반영하는 것이며, 그의 사상을 유럽 대륙미학의 마르크스적 전통과 조율시키는 것이다. 상당히 최근까지만 해도 대부분의 분석미학자들은 이러한 배경적 차

26 "유용한 것과 미감적인 것 사이의 단절과 궁극적인 날카로운 대립이 엮어놓은 이야기는 산업발전의 역사이다. 산업발전에 따라, 생산이 유예된 삶의 형태가 되었으며, 그리고 소비가 다른 사람의 노동결실에 대한 상위의 즐거움이 되었다"(*AE* 34). 산업생산과 미적 향유 사이의 이러한 고통스러운 균열, 즉 예술과 실제적 삶 사이의 개념적 간극을 표현하는 이러한 고통스러운 균열에 대한, "영구적인 해결책은 급진적인 사회적 변혁 이외에는 가능하지 않다. 이 경우 사회적 변혁은 노동자가 자신이 생산하는 상품에 대한 생산과 사회적 분배 과정에서 차지하는 참여의 등급과 종류에 영향을 끼친다"(*AE* 345).

원을 부적절한 것으로 무시해버렸다. 왜냐하면 전통적으로 미적 경험은 그것이 직접적 만족을 준다는 이유에서뿐만 아니라 추론적 사유보다는 직접적 지각에 속한다는 이유에서도 직접성에 속하는 것으로 여겨져 왔다. 어쨌든, 무어는 모든 미적 감상에 "절대적 독립의 방법"을 권유하였다. 이는 다양한 미적 대상들을 "마치 절대적 독립 속에서 그 스스로 존재하는 것처럼" 직관적으로 평가하는 방법이다. 분석미학의 전통에 초석을 놓은 예술이론가인 벨(Clive Bell)은 역사적 문맥에 대한 경시를 무어와 유사하게 드러냈다. "나는 예술 또는 여타의 것에 대한 역사가가 아니다. 나는 대상들이 언제 만들어졌는지 또는 왜 만들어졌는지를 거의 염두에 두지 않는다. 나는 그것들이 우리에게 지닌 정서적 의미를 염두에 둔다. 역사가에게는 모든 것이 어떤 다른 수단들을 위한 수단이다. 나에게는 중요한 모든 것은 정서를 위한 직접적 수단이다." 이러한 탈역사적 경향은 정감적 오류에 대한 그리고 (의도적 오류를 포함한) 발생적 오류에 대한 비어즐리(Monroe Beardsley)의 이론을 통하여 더욱 뒷받침되었다. 그의 이론은 미적 대상을 생산과 수용의 더 큰 역사적 맥락들로부터 명백히 독립시켰다.[27]

예술감상이 지닌 제거할 수 없는 사회역사적 차원을 분석미학에 최초로 주목케 만든 이론가는 아서 단토(Arthur Danto)일 것이다. 뒤샹(Duchamp)의 *Fountain*과 워홀(Warhol)의 *Brillo Box*와 같은 작품들에 반응하면서, 단토는 1964년 다음과 같이 썼다. "어떤 대상을 예술로 바라보

27 다음을 참고하기 바란다. Moore, *Principia Ethica*, 187-8; M. C. Beardsley, *Aesthetics: Problems in the Philosophy of Criticism* (New York: Harcourt, Brace, 1958), 457-61; 그리고 Clive Bell, *Art* (New York: Capricorn, 1958), 73. 신비평가인 윔사트(William K. Wimsatt)와 같이 쓴 비어즐리의 "오류"이론은 신비평의 공공연한 반역사적 이데올로기를 형성하였다. 신비평은 오십 년대와 육십 년대를 풍미하였고, 그 비평적 활동은 이후 분석미학을 위한 모범으로 그리고 정당화의 근거로 기여하였다.

는 것은 눈이 찾아낼 수 없는 무엇인 예술적 이론의 분위기, 예술사의 지식, 즉 예술계를 필요로 한다".[28] 단토의 예술계 개념은 예술에 대한 디키(Dickie)의 제도적 정의로 변형되었지만, 다른 한편으로 단토, 볼하임(Wollheim) 등의 분석가들은 예술과 미적인 것에 대한 개념을 우리가 형성할 때 예술사가 중요한 역할을 한다는 점을 강조하였다. 그러나 예술을 사회적 · 역사적으로 이해하려는 그러한 분석적 시도들은 듀이의 시도와 비교해보았을 때는 매우 좁고, 내재적이고, 설익다. 왜냐하면 듀이에게서 예술계는 추상적이고 자율적인 미적 개념이 아니라 실제 세계 속에 물질적으로 관련된 그리고 실제 세계의 사회경제적 · 정치적 요소들에 의해 의미심장하게 구조화된 무엇이다. 듀이는 예술사를 그러한 요소들에 의해 유사하게 조건화된 것으로 보았다. 단토와 그의 분석미학적 동료들에 의해 그려진 본질적으로 자율적인 "내적 발전"으로 본 것은 아니다.[29] 더욱 중요하게는 듀이는 다음과 같은 점을 깨달았다. 즉, 우리가 이론화하는 예술과 미적인 것이라는 개념들뿐만 아니라 이론과 철학이라는 바로 그 개념들도 우리의 삶과 사유를 채워주는 사회적 활동들과 제도들에 의해, 그리하여 그러한 구조화하는 활동들과 제도들을 일정방식으로 형성하는 역사의 우연성과 투쟁에 의해 그 자체로 구조화되고 조건화된다는 점을 깨달았다.

예술과 삶의 통합을 옹호하기 위해, 듀이는 양자 간의 용인된 대립은 어떤 필연적인 부정합성의 산물이 아니라는 점을 주장하여야만 했

---

28 Arthur Danto, "The Artworld," *Journal of Philosophy* 61 (1964), 581을 참고하기 바란다.

29 Arthur Danto, *The Philosophical Disenfranchisement of Art* (New York: Columbia University Press, 1986), 97-111, 204, 그리고 Roger Scruton, *The Aesthetic Understanding* (London: Methuen, 1983), 166-78을 참고하기 바란다.

다. 그러나 그는 이러한 점을 머리 한 가닥을 양단하는 듯한 개념적 분석을 통해서가 아니라 역사정치적 그리고 사회경제적 계보학을 통해서 주장하였다. 활동적인 것과 미적인 것 사이의 균열은 필연적인 악이 아니라 역사적 재앙이다. 그러므로 듀이는 한층 미적으로 통합된 고대 그리스 사회에 호소함으로써 자신의 이론을 펼치기 시작한다. 그 사회에서는 선한 행위들이 아름답기도 한 것으로 묘사되었으며(*kalon-agathon*; *AE* 46) 그리고 예술은 "공동체의 에토스와 제도들이 하나로 통합된 부분이므로 '예술을 위한 예술'이라는 생각은 이해될 수조차 없었을 것이다"(*AE* 13-14). 그리고 그는 "미감적 예술이라는 구획화된 개념"을 그 탄생 당시의 부패를 통해 약화시키기 위해 매우 간결하고 일반적인 어투로 그 개념이 대두하게 된 몇 가지 "역사적 이유들"을 제시해나간다.

> 미감적 예술들의 작품들이 옮겨지고 보관된 우리의 현재 박물관들과 미술관들은 예술을 사원, 광장 그리고 연합된 삶의 다른 형태들 등의 동반자로 발견하기보다는 그로부터 분리된 것으로 만들었던 몇 가지 원인들을 보여 준다……. 나는 꽤 많은 두드러진 사실들을 지적할 수 있다. 특히 대부분의 유럽 박물관들은 민족주의와 제국주의 대두의 기념물들이다. 모든 수도들은 그림, 조각 등을 위한 고유의 박물관을 한편으로는 자신들이 지닌 예술적 과거의 위대함을 전시하기 위해, 다른 한편으로는 다른 국가들을 정복한 군주가 수집한 약탈물을 전시하기 위해 가지고 있어야 했다. 루브르에 있는 나폴레옹의 약탈물들이 후자의 예이다. 이것들은 예술의 근대적 분리와 민족주의와 군국주의 사이의 연관을 입증한다(*AE* 14).

예술에 대한 박물관 개념을 생성시키고 공고화시키는 사회역사적 요소들은 정치적일 뿐만 아니라 경제적이기도 하다.

자본주의의 성장은 예술작품 고유의 집으로서의 박물관을 발달시키는 데, 그리고 예술작품이 일상적인 삶과 떨어져 있다는 생각을 증진시키는 데 강력한 영향을 끼쳤다. 자본주의 체계의 중요한 부산물인 벼락부자는 자신의 주변에 귀하면서도 비싼 예술작품을 두어야 한다는 강박관념을 느꼈다. 일반적으로 말해, 전형적인 수집가는 전형적인 자본가이다. 더 고급문화의 영역 속에 좋은 자리를 차지하고 있다는 점을 입증하기 위해, 그는 그림, 조각, 예술적 장신구들을 모은다 ……. 개인들뿐만 아니라 공동체와 국가들까지도 오페라 하우스, 미술관, 박물관 등을 지음으로써 문화적으로 좋은 취미를 입증한다. 이러한 것들은 한 공동체가 물질적 부에 전적으로 흡수되지 않음을 보여준다. 왜냐하면 예술을 후원하는 데 자신의 이윤을 기꺼이 쓰기 때문이다 ……. 이러한 것들이 탁월한 문화적 지위를 반영하고 확립시키기는 하지만, 그 반면에 나타나는 일상적 삶으로부터의 분리는 이러한 것들이 토착적이고 자율적인 문화의 일부가 아니라는 사실을 반영한다.

…… (그러므로 미감적 예술은) 공동체의 시간과 에너지를 대부분 흡수하는 이윤과 직업보다 …… 신성하다는 선민의식을 (반영할 수 있다)(*AE* 14-15).

계속하여 듀이는 어떻게 국제적 자본주의와 산업화가 예술의 생산과 소비를 변화시키는 데 일조하여 예술을 자신만의 은둔된 세계로 만들었는가에 대하여 논증해 나갔다.

경제체계로 인한 무역의 그리고 인구의 이동은 예술작품들과 그 작품들이 자연적으로 표현한 바 있던 기풍 사이의 연결을 약화시켰거나 파괴시켰다. 예술작품들이 고유의 지위를 상실함에 따라 새로운 지위를, 즉 미감적 예술 바로 그 자체의 표본으로서의 지위를 획득하였다 ……, 이것은 다른 품목들과 마찬가지로 시장에서 팔리기 위해 이제 생산된다(*AE* 15).

예술가에게 알려진 개인들로부터 또는 교회와 같은 기관들을 근거로 한 공동체로부터 이루어진 과거의 경제적 후원과는 대조적으로, 예술적 생산은 "세계시장의 익명성"에 내팽개쳐지고 일반공중과의 (심지어는 일반공중에 대한 지식과의) "친근한 사회적 연관"은 박탈된다. 그리하여 예술가는 "사회의 일반흐름"으로부터 점차 주변화되고 고립화되며, 작품고유의 특수성을 강조함으로써 자신의 작품에 주목하게 몰고 나가게 된다. 더욱이, 우리 사회가 금전적 이윤에 의해 지배당하기 때문에, 예술가가 사회적 고립을 자신의 예술에 본질적이고 자신의 예술 속에 필연적으로 표현되어야 하는 것으로 간주하는 것은 당연하다. 그리하여 예술은 한층 더 구획적으로 특수화되고, 멀고, "난해한" 것이 된다(*AE* 15).

모든 이러한 요소들이 일반적 사회적 조건들 — 자유로운 즐김과 "외적으로 강요된" 노동 사이를, 상상적인 정서의 만족과 기계적인 무미건조한 생산 사이를, 그리고 더욱 "일반적으로는 현대사회 속에서의 생산자와 소비자 사이를" 가르는 사회적 조건들 — 과 더불어 결합되었을 때, 우리는 예술과 미적인 것에 대한 지배적인 철학이론들을 구축하는 뜻밖의 배경을 지닌다. 우리는 "일상적인 경험과 미적 경험 사이의 간극"을, 실제 세계 속에서 능동적으로 활동화되는 삶과 그러한 세계로부터 박물관, 극장, 연주장으로 도피되어 감상되는 예술 사이의 심연을 지닌다(*AE* 15-16, 285).

듀이는 예술에 대한 자신의 간략한 계보학이 경제에 의해 예술이 완전히 결정된다는 입장을 지지하는 것은 아니라고 경고하였다. 그리고 피에르 부르디외(Pierre Bourdieu)의 저작이 밝혔듯이, 부와 사회적 계층 사이의 그리고 경제적 자본과 문화적 지위 사이의 관계들은 듀이가 제시하는 것보다 훨씬 더 복잡하다.[30] 문화적 지위와 계층적 속물근성은 예술의 성골화된 대상들을 소유하고 숭상함을 통해서뿐만 아니라 그 대상들을 사용하는 특수하게 유지되는 양태들을 통해서도 얻어진다. 스스로를 일상적 경험 및 경험자들로부터 특권적으로 분리시키기 위해, 그러한 지위와 근성은 비평적 유행을 통해 부단히 변할 수 있는 기반 위에 놓일 수도 있다. 즉, "스스로를 경험의 다른 양태들로부터 절연시켜 자신만의 고유한 영역에 놓음으로써, 예술과 예술에 대한 감상을 고립되게 만드는 이론들"은 사물들의 참되고 필연적인 본질을 바라보는 순수 이성의 절대적인 발견들이 아니라 "제도 속에서 그리고 삶의 관습 속에서" 사회적으로 새겨진 "명시할 수 있는 외적 조건들"의 결과이다(*AE* 16). 역사적으로 그리고 조건적으로 구성되었기 때문에, 그러한 이론들과 그 이론들의 개념들은 개혁적 재구성으로부터 면제된 특권화된 진리의 지위를 주장할 수 없다. 그런데 듀이의 미학이론은 개혁적 재구성을 목표로 한다.

더욱이, 듀이에게서 이론의 사회역사적 구성은 미학에 국한되지 않는다. 윤리이론에서의 수단과 목적의 엄격한 분리 그리고 전통적 심리철학의 "날카로운 심리학적 구분"은 고대 그리스에서 "분배와 계층 간에 발견되는 차별형태"의 산물이라고 볼 수 있다(*AE* 252, *EN* 298-9). 철학이 초시간적인 개념적 진리가 아니라 "사상 속에 포착된 자신의 당대"[31]에 대한 역사적으로 형성된 표현이며 그리고 더 나은 사상뿐만 아니라 더 나은 시대를 창조하기 위한 비판이라는 헤겔-프라그마티스트 관점은 분석철학에는 확연히 낯설다. 듀이 미학이론의 전반을 지배하고 있는 그리

---

30 Pierre Bourdieu, *Distinction: A Social Critique of the Judgement of Taste* (Cambridge, Mass.: Harvard University Press, 1984)를 참고하기 바란다.

31 G. W. F. Hegel, *Philosophy of Right*, trans. T. M. Knox (Oxford: Oxford University Press, 1952), 11.

고 듀이가 의도한 이론적 · 사회적 개혁에 사회주의적 경향을 불어넣고 있는 자본주의에 대한 반감 또한 분석철학에는 확연히 낯설다. 비록 듀이 미학의 쇠퇴와 경시를 설명하는 데 무리가 있기는 하지만, 헤겔과 마르크스의 이러한 결합은 듀이의 이론이 분석미학이 급속히 성장한 1950년대 매카시(McCarthy) 시기에 미국 철학을 위한 선택이 되는 것을 어렵게 만들었다.

(8)

분석미학의 지배적 전제에 대한 듀이의 반대가 현대 대륙철학의 강력한 흐름과 유망하게 수렴되는 지점인 또 다른 논점을 검토함으로써 듀이에 대한 서론적 설명을 마무리 짓도록 하겠다. 우리의 관습적 사유가 예술작품으로 동일시하는 — 그리하여 상품화하고 물신화하는 — 고정된 물질적 대상보다 역동적인 미적 경험을 우위에 두는 일은 듀이의 가장 중요한 미학적 주제일 것이다. 듀이에게서, 예술의 본질과 가치는 우리가 전형적으로 예술이라 간주하는 단순한 인공품 속에 있는 것이 아니라 그 인공품을 창조하고 지각하는 역동적이고 발전적인 경험적 활동 속에 있다. 그러므로 듀이는 "예술생산품" — 일단 창조된 이후에는 "인간의 경험으로부터 떨어져", "외적으로 그리고 물리적으로" 존재할 수 있는 그림, 조각, 인쇄된 텍스트 등과 같은 대상들 — 과 "그 생산품이 경험과 더불어 그리고 경험 속에서 행하는 것인 실제 예술작품" 사이를 구분하는 데 착수한다(*AE* 9, 167). 생산품보다 미적 과정을 우위에 둠으로써, 예술은 대상들의 집합이나 그러한 대상들에 의해서만 공유된 실체적 본질로 정의되기보다는 "경험의 질"로 정의된

다. 그리하여 미적 경험은 예술철학의 초석이 된다.[32]

듀이는 예술의 물질적 대상이 지닌 중요성을 부정하지 않는다. 아도르노와 마찬가지로, 듀이는 "대상화에 대한 필요성", 즉 합리적으로 고정되어 미적 경험의 창조를 이끌고 구축하는 데 질적으로 도움이 되는 무엇인가에 대한 필요성이 불가피함을 주장하였다.[33] 듀이에게서, "대상과 동떨어진 미적 경험은 존재할 수 없으며, 그리고 …… 어떤 대상이 미적 감상의 내용이 되기 위해서는 그러한 대상적 조건들이 만족되어야만 한다. 그러한 조건들이 없이는 …… (미적 경험의 필요조건들)은 불가능하다" (*AE* 151). "아이디어들이 부유하기를 멈추고 대상 속에 구현될 때만 하나의 미적 생산품이 열매 맺는" 것처럼, 우리의 "이미지와 정감들이 대상과 결부될, 그리고 …… 대상의 질료와 융합될" 때만 미적 경험으로서의 예술작품이 열매 맺는다(*AE* 280). 그러나 예술의 고정된 대상이 필요함에도 불구하고, 듀이는 아도르노가 이후에 "미적 경험의 그리고 예술작품의 과정적 본질"이라고 기술한 바를, 즉 "예술작품은 실제(actu) 속에서만", 역동적 경험 속에서만 "존재한다는" 사실을 우위에 둔다.[34]

---

32 듀이에게서, 예술은 실체적 종류나 경험의 구획적 범주라기보다는 경험의 질적인 양태이다. "예술은 하나의 경험에 스며드는 질이다. 예술은 비유법일 경우를 제외하고는 경험 그 자체가 아니다"(*AE* 329). 듀이는 빈번히 예술을 "행위의 질" 또는 "행동의 질"이라고 언급한다(*AE* 218, 227, 233). 그러나 행위와 행동은 경험의 형태들이기 때문에, 이 점이 그의 이론과 부합하지 않은 것은 아니다.

33 Adorno, *Aesthetic Theory*, 263.

34 Ibid. 252, 253. "예술작품은 행동의 양태이다"(257)라는 아도르노의 관점은 예술이 "행위의 질" 또는 경험의 질이라는 듀이의 정의와 명백히 비슷하다. 그러나 그럼에도 불구하고 아도르노는 듀이보다 예술의 대상화에 대해 훨씬 더 우호적이다. 이는 고급예술의 성골화된 대상들이 예술의 구획적 개념을 유지하는 데 도움을 주기 때문이며, 그리고 듀이와는 극히 대조적으로 아도르노는 예술에 대한 이러한 개념을 삶으로부터의 분리를 유지하는 그리하여 삶의 불순함에 대한 더욱 효과적인 자유로운 비판을 유지하는 영역으로 보존하는 데 열중하였기 때문이다.

예술을 미적 경험으로 정의하는 듀이의 주된 목적은 예술에 대한 박물관적 개념의 숨 막히는 지배를 부수는 것이다. 그러한 지배의 힘은 미감적 예술의 성골화된 대상들에 대한 지나친 집착에 의해 강화된다. 왜냐하면 미적 경험은 미감적 예술과 그 대상들의 한계를 명백히 넘어서기 때문이다. 그러나 경험으로의 듀이의 전환은 미감적 예술에 대해서도 증진된 감상을 제공할 것을 요구한다. 그리고 몇 가지 점에서 그러한 요구는 신뢰할 수 있다. 첫째, 정적인 대상이 아닌 생생한 경험을 통한 미감적 예술에 대한 이해는 예술을 매혹적으로 생동화시키는 힘과 감동적 정신에 더 잘 부합한다(*AE* 181, 197). 왜냐하면 미적 경험은 이른바 정적인 예술들을 관조하는 미적 경험인 경우에서마저도 항상 능동과 피동이 시간적으로 진행하는 과정이기 때문이다. 그러한 과정이 이루어지는 곳에서 경험은 점증적으로 발달하여 완성에 이른다. 그리고 그 곳에서 창조적 예술가와 같은 지각자는 자기 스스로가 참여하고 기여하는 에너지 — 참여하고 몰입함으로써 만족과 생명력을 발견하는 에너지 — 를 통해 그러한 완성에 사로잡히고 그러한 완성을 추구해나간다(*AE* 57-62, 70-1, 142-3, 165-6, 178-81). 둘째, 예술의 본질적이고 직접적인 가치에 대한 요구는 예술이 자본주의적인 상품 대상이 아니라 미적 경험으로 여겨질 때 훨씬 더 설득력이 있고 훨씬 덜 사회적인 반감을 산다. 셋째, 구획적으로 고립되고 분리된 대상들로부터 그 대상들이 경험 속에서 지닌 역할과 역사로의 전환은 예술의 복합적인 사회역사적 문맥성을 포용하는 데 필요한 더 나은 기초를 제공한다. 작품은 작품 창작자의 경험된 세계 속에서 이루어진 원래의 생산으로부터도, 또는 다른 사람의 경험 속에서 이루어지는 작품에 대한 다양하고 변화하는 수용으로부터도 논리적으로 분리될 수 없기 때문에, 작품이 지닌 원래의 사회역사적 조건과 작품에 대한 해석과 평가에서 나타나는 이후의 변화, 양자 모두 작품의 의미와 가치에 속한다. 그리하여 작품의 의미와 가치는 그 작품에 대한 우리의 경험을 조건 짓는 변화하는 실재 및 활동과 더불어 변화할 수 있다(*AE* 113, 325-7, 334). 아도르노가 동의하였듯이, "예술작품들은 영원히 고정되어 있는 것이 아니라 유동하는 것이다 …… 그 과정적 질로 인하여 역사적 존재를 지닌다 …… (그리고) 역사적으로 변하는 사람들의 태도에 따라 변한다." 그러나 그러한 변화가 동일한 예술작품에 대해 유의미하게 이야기하는 것을 저해할 만큼 클 필요는 없다.[35]

예술에 대한 듀이의 경험적 정의가 지닌 목적, 장점, 문제점 등은 예술의 정의와 관련된 논쟁 및 이론의 역할에 집중하는 그리고 나의 프라그마티스트 이론이 그 뿌리인 듀이의 이론과 어떻게 다른지를 그리는 다음 장에서 길게 다룰 것이다. 그렇지만 이번 장에서는 왜 분석철학이 프라그마티즘과는 대조적으로 예술대상을 예술대상에 대한 미적 경험보다 우위에 두었는가를, 그리고 왜 미적 경험이라는 개념이 분석미학에 의해 종종 회피되고 공격당했는가를 탐구할 것이다.

한 가지 이유는 심리주의에 대해 지니고 있는 전통적 분석철학의 염려이다. 즉, 경험의 어떠한 개념도 경험하는 주체의 사적인 주관성에 완전히 오염되기 때문에 미적 경험을 통해 예술을 생각하는 것은 예술을 극히 사적으로 만들고 그리하여 예술로부터 어떤 진정한 소통가능성이나 공적 비판을 박탈해 버린다는 걱정이다. 듀이의 효과적인 반응은 그러한 염려는 경험을 경험에 대한 단지 하나의 좁은 철학적 개념, 즉 본질상 주관적이고 원자적인 감각이나 감정과 동일시하는 데서 비롯된다는 것이다. 듀이가 경험주의에서 그리고 내적 삶에 대한 낭만주의적 옹호에서 그 뿌리를 찾은 이러한 개념은 역사적으로 제한되고 철학적으로 편협

35 Ibid. 255-6.

할 뿐만 아니라 경험적으로 거짓이기도 하다.[36] "그리스인들에게, 경험은 활동적 행동들의, 고통들의, 기술(skill) …… 로 점차 구축되어 가는 지각의 축적이 낳은 결과였다 ……. 경험에 대한 단지 개인적이거나 주관적인 것은 없다"(*EN* 189). 이러한 옛 개념은 오늘날에도 여전히 남아 있고, 기예적인 철학의 바깥에서 경험에 대한 우리의 가장 상식적인 개념을 핵심적으로 형성하고 있다. 우리가 경험 있는 개인에 대해 말할 때 또는 우리가 어떤 사람이 어떤 직업에 대한 필요한 경험을 지니고 있는 지의 여부를 물어볼 때, 우리는 그 사람이 사적인 감각들이나 올바른 "무가공의 느낌들"을 지니고 있는지에 관심을 기울이지 않는다.

그러나 듀이가 주장하는 미적 경험의 핵심을 이루는 것은 "경험"에 대한 또 다른 상식적 의미이다. 즉, 삶의 단조로운 흐름으로부터 "내적 통합과 완성"에 의해 "하나의 경험"으로 우뚝 솟은 기억할 만하고 극히 만족스러운 삶의 삽화적 사건(episode)을 지칭한다. 내적 통합과 완성은 일정 종류의 "만족스러운 정서적 질"을 제공하는 의미들과 에너지들의 발전적인 조직화를 통해 달성된다. 듀이에게서, 특유하게 미적인 경험은 "하나의 경험"이 지닌 만족스러운 요소들과 질들이 "지각의 입구 너머로 상승되고" "그것들 스스로를 위해" 감상되는 그러한 때에 존재한다(*AE* 42, 45, 63).[37] 그러나 정서적 만족을 도입하는 것이 하나의 경험을 사적으

36 듀이는 원자적 경험주의는 경험 속에 주어진 것에 대한 경험주의의 분석과 경험되어 경험 속에 실제로 주어진 것을 잘못 혼돈한다고 논증하며, 그러한 혼돈을 "주지주의적 오류"라고 비판한다(*EN* 18-23). 동료 프라그마티스트인 제임스와 마찬가지로 듀이는 어떤 부가적인 정신적 능력을 통해 차후에 대상들과 연관되고 대상들 속으로 종합되는 개별적 · 독립적 감각들이 아니라 전체 사물들과 그것들의 관계들을 우리가 경험한다고 생각하였다.

37 단순한 경험과 "하나의 경험"에 대한 듀이의 구분은 유럽 해석학적 이론에 공통적인 *Erfahrung*과 *Erlebnis*에 대한 딜타이(Dilthey)의 구분과 명백히 평행한다. 그렇지만 듀이가 *Art as Experience*에서 딜타이를 참고한 것은 아니다.

로 또는 아주 주관적으로 반드시 만드는 것은 아니다. 왜냐하면 비록 그 경험들이 우리의 다양한 인성들과 역사를 통해 언제나 다소 다양하게 굴절된다고 할지라도 전문적인 철학적 회의주의자들을 제외하고는 그 누구도 우리가 그러한 기억할 만한 경험들을 어떤 방식으로든 공유할 수 있다는 점에 대해 전혀 의심하지 않기 때문이다. 그러한 고양된 경험들은 공유된 것으로서 뿐만 아니라 공유되었기 때문에 종종 기억된다. 확실성에 대한 철학의 완고한 집착만이 개인적 오해의 골치 아픈 반복과 지속적인 가능성에 주목하면서 미적 경험을 공유된 정서적 경험을 가로막는 사적인 것의 감옥에 가둔다.

나아가 듀이는 이른바 사적인 정신적 경험조차도 심리적인 프라이버시를 항시 능가한다고 주장한다. 왜냐하면 언제나 경험은 "(정신적 주체를 그 자체로 항시 능가하는) 유기체와 유기체를 둘러싼 환경 — 물리적일 뿐만 아니라 인간적이기도 한 그리고 국지적 상황들뿐만 아니라 전통과 제도의 자료들까지도 포함한 환경 — 사이의 상호작용"이기 때문이다(*AE* 251). 우리의 가장 사적인 생각들은 공유되고 공적인 언어 속에 항시 존재한다. 이는 우리의 감각적 경험이 생리적인 그러나 언어적으로 그리고 문화적으로 굴절된 구조에, 문화 속에 사는 "모든 정상적인 개인들에 (많든 적든) 공통된 구조"에 기반하고 있기 때문에 어느 정도 공유되는 것과 마찬가지이다(*AE* 250).

미적 경험에 대한 듀이의 강조를 분석철학자들이 혐오했던 두 번째 이유는 그러한 경험이 중요한 냥 강변될 뿐만 아니라 사라지기 쉽고 파악하기 힘들기 때문이었다. 구분되어 확고히 유지될 수 있는 그리고 오스틴(Austin)이 "중간 크기의 건물류(middle-sized dry goods)"에 대한 철학의 존재론적 편견이라고 부른 것에 부합하는 예술의 대상과는 대조적으로, 미적 경험은 분석과 구분을 위해 안정된 실체나 명확히 정의 가능한 현상으로 정립되어 있지 않았다. 미적인 또는 예술적인 것으로 일상적으로 분류되지 않는 경험들, 예컨대 운동, 대화, 성찬 등이 가져다주는 즐거움들과 같은 것들로부터 미적 경험을 분리하는 일 또한 가망 없이 어려운 듯이 보였다. 역으로, 미적 경험은 예술의 명작들 앞에서 어김없이 나타나는 것이라는 신뢰를 얻을 수 없었다. 그러나 미적인 모든 것에 공통적이고 고유한 하나의 경험으로서가 아니라면, 하나의 특유한 미적 경험이 존재한다고 우리가 어떻게 말할 수 있는가? 미적 경험은 분석적 정의에도 본질적으로 거슬리는 듯이 또한 미적인 것과 비미적인 것 그리고 예술과 비예술을 구분하는 우리의 공고화된 관습과도 맞지 않은 듯이 보였기 때문에 무용하고 혼돈된 형이상학적 "허깨비"라고 비난받았다.[38] 미적 경험을 정의하고 적용하는 어떤 잘못된 방식들에 대해서 분석적 비판이 부분적으로는 정당하게 반응하였지만, 미적 경험이 정의 불가능하다는 점과 미적 경험이 전통적인 비미적인 것으로 유입된다는 점으로부터 미적 경험의 존재에 대한 그리고 예술철학에서 미적 경험의 중요성에 대한 부정이 논증되지는 않는다. 정의적(定義的) 한계를 비웃는 그리하여 외피적인 관습적 분할의 속박을 부수는 미적 경험의 바로 그 힘이 듀이의 미학과 같은 개혁적 미학에서 미적 경험을 중요하게 만든다.

예술의 대상을 미적 경험보다 우위에 두는 (더 일반적으로는 예술의 개념을 미적인 것보다 우위에 두는) 세 번째 이유는 미적 경험을 즐거움, 감각성, 정서 등에 대한 사소한 관심에 의해 지배되는 것으로, 예술의 활동적 · 정치적인 잠재력뿐만 아니라 기본적인 인식적 · 정신적 힘을 곡해하는 것으로 간주하는 일반적 개념이었다. 왜냐하면 단토가 불평했듯이 "미적"

38 George Dickie의 "Beardsley's Phantom Aesthetic Experience," *Journal of Philosophy* 62 (1965), 129-36을 참고하기 바란다. 이 논문은 듀이 또한 미적 경험을 어떤 관념적인 "형이상학적인" 것으로 다루었다고 비판하였다.

인 것에 대한 우리의 전통적 개념은 "예술을 오직 즐거움에만 걸맞은 것으로", 형식적이고 사소한 것에 기본적으로 한정된 것으로 "간주함으로써 예술을 사소화시키려고 하는" 철학을 대변하고 있기 때문이다.[39] 듀이는 이러한 비판을 조금도 부인하지 않을 것이다. 그러나 대신에 그는 예술의 광범위한 가치는 미적인 것에 대한 개념을 금지함으로써가 아니라 그 개념을 더 풍부한 말로, 즉 미적 경험의 인식적 · 활동적 중요성을 그리고 예술과 미적인 것이 사유 및 행위의 일상적 세계와 맺는 연관성을 더 풍부한 말로 재구성적으로 재해석함으로써 더 잘 확립된다고 주장할 것이다. 그렇지만 듀이는 (철학자들을 포함한) 우리 인간들이 진리가 아닌 감각적이고 정서적인 만족을 위해 기본적으로 살기 때문에 단순한 즐거움이 결코 사소한 것은 아니라고 또한 주장할 것이다.[40] 그러므로 미적 경험의 즐거움이 지각 및 인식과 분리될 수 없다고 할지라도, 그것이 지닌 고동치는 정감적 가치는 미적 경험의 가치를 평가하는 데서 경시될 수 없다. 그러므로 미적 경험의 가치는 (넬슨 굿맨이 주장하는 것 같은) 인식적 장점으로 또는 실제적 유용성으로 환원될 수 없다.[41]

즐거운 미적 경험이라는 듀이의 목표와는 대조적으로, 분석철학은

39 Danto, *Philosophical Disenfranchisement of Art*, xiv-xv, 13.

40 John Dewey의 *Reconstruction in Philosophy* (New York: Mentor, 1952), 32-3 그리고 *EN*, 67-9를 참고하기 바란다. 여기서 "향연과 축제, 장식, 춤" 등을 통한 "직접적인 즐거움에 대한 열중"은 인류의 "가장 두드러진 특징들"의 하나로서 긍정적으로 논의되었다. 더욱이, *AE*에서 그가 덧붙였듯이 "즐거움은 고통으로 가득 찬 세계에서 무시되어서는 안 된다"(23).

41 프라그마티스트 성향을 강하게 지닌 분석미학자인 굿맨은 미적 경험의 풍부한 인식적 차원과 가치에 대한 탁월한 옹호를 펼쳤다. 그러나 그의 옹호는 미적 가치를 인식적 가치에 환원시킴으로써 훼손되었다. 그러한 환원은 지식에 대한 철학자의 직업적 선입견을 반영한다. 그의 *Languages of Art*, 259를 참고하기 바란다. 여기서 그는 "인식적 탁월함 아래 미적인 것이 포함됨"을 언급한다. 그는 이러한 관점을 더 최근에는 *Of Mind and Other Matters* (Cambridge, Mass.: Harvard University Press, 1984), 134, 148에서 확증하였다.

마음으로부터 독립된 대상들에 대한 진리라는 너무 좁게 해석된 객관적 진리를 목적으로 삼는다. 분석미학이 예술의 대상들에 지나치게 집착하고 있다는 점은 의심의 여지가 없다. 막대한 노력들이 상이한 예술들 속에서 예술대상의 존재론적 지위를 결정하려는 데, 그리고 동일한 예술작품을 그것의 다양한 출현형태 (예컨대, 사본, 프린트, 퍼포먼스 등의 출현형태) 속에서 감정해내는 정확한 기준을 확립하여 그 작품을 다른 작품들로부터 그리고 거짓된 출현물들로부터 구별하려는 데 바쳐졌다. 이에 대한 사회문화적 압력은 아주 명백하다. 종교적 신념의 소멸은 고급예술작품들을 성스러운 텍스트와 신성한 유물에 가장 가까운 것으로 만들었다. 그리고 그렇게 물신화되기 위해, 고급예술작품들은 자신들의 순수함 속에 보존되고 사기꾼들로부터 보호되어야 했다. 그러나 예술적 텍스트를 경험을 위한 매체로부터 물신화된 "언어적 도상(verbal icon)"[42]으로 변형시키는 데 한층 더 영향을 끼친 것은 아마도 학계의 전문적인 압력이었을 것이다.

대학에서의 비평은 고양된 경험보다는 객관적 진리를 공언해야 한다. 객관적 진리는 잘 정의된 대상에 대한 요구를 전제하고 있었고, 메타비평으로서의 분석미학은 이를 스스로의 목표로 삼았다. 자신의 첫 번째 저서에서 미적 경험을 메타비평적 예술철학의 중심주제로 삼았던 비어즐리(Beardsley)조차도 이후에 대상을 객관적 비평의 필수적인 보증자로 간주하면서 절대적인 우위에 두었다. "비평을 가능케 하는 데 필요한 첫 번째의 것은 비평되는 대상, 즉 해석과 판단에 대한 점검을 가능케 하는 고유의 성질들을 지닌 …… 무엇이다." 그러므로 그는 "독립"과 "자율성"이라는 구체적인 원리들을 설정하였다. 즉, "문학작품들은 개별자들로서

42 언어적 도상이란 표현은 비평가 윔샛(Wimsatt)이 긍정적인 의미에서 이름 붙인 것이다. W. K. Wimsatt의 *The Verbal Icon* (Lexington: University of Kentucky Press, 1954)를 참고하기 바란다.

존재하며," 그리고 "자족적인 실체"로서 그 성질들과 의미가 작품들의 발생문맥 및 경험 속에서의 수용문맥으로부터 독립되어 있다.[43] 넬슨 굿맨의 영향력 있는 저서인 《예술의 언어》(*Languages of Art*)에서, 예술대상의 정확한 정의에 대한 메타비평적 갈망은 역설적인 극단에 다다른다. 왜곡을 방지하는 이론적으로 정확한 방식으로 예술작품을 정의하기 위해, 굿맨은 작품의 동일성과 그 출현의 진정성을 "미적으로 중요한 성질들"로부터 독립되어 있는 것으로 다루었다. 작품을 정의하는 "구성적 성질들은 …… 미적 성질들과 동일시될 수 없다." 왜냐하면 작품이 지닌 미적 성질들은 정의적인 정확함을 갖추기에는 과도한 모호함과 가변성을 허용하기 때문이다. 굿맨에게서 음악적 작품의 정체성과 연주의 진정성은 "악보에 대한 완벽한 순응"에 의해 정의되기 때문에, "하나의 잘못된 음조를 지닌 탁월한 연주는 작품의 완전히 진정한 사례로 간주되지 못하는 반면에" "실제 오류들을 지니지 않은 가장 볼품없는 연주"는 진정한 사례로 간주된다. 유사한 역설들이 문학과 연극작품들에 대한 기호적 정의에서도 발생한다.[44] 그러나 작품들이 미적 경험을 구조화하는 데 사용되지 않는다면 작품들을 정의하고 유지하는 목적이 무엇인가라고 듀이는 물을 것이다. 그리고 기호적으로 올바를 경우 미적으로 볼품없는 것도 정당화시키는 반면 "미적으로 중요한 성질들"은 경험을 위해 유지될 필요가 없다는 식으로 정의가 이루어진다면 그 정의의 효과는 무엇인가?

후기 구조주의는 완전히 고정되고, 자족적이고, 신성불가침한 대상

---

43 M. C. Beardsley, *The Possibility of Criticism* (Detroit: Wayne State University Press, 1970), 16. 비평적 평가의 메타비평적 토대로서 미적 경험을 강조하는 비어즐리의 입장에 대해서는 그의 *Aesthetics*, 524-43을 참고하기 바란다.

44 Goodman의 *Languages of Art*, 120, 186, 209-10을 참고하기 바란다. 굿맨의 정의 방식에 대한 프라그마티스트 관점에서의 더욱 상세한 비판에 대해서는 필자의 졸저인 *The Object of Literary Criticism* (Amsterdam: Rodopi, 1984), 130-9를 참고하기 바란다.

으로, 즉 물신화된 닫힌 통일성으로 예술작품을 바라보는 분석미학의 개념에 저항함으로써 우리에게 호소한다. 텍스트의 의미는 영원히 주어진 것이 아니라 쓰기와 읽기의 (가변적인) 활동들을 통한 가변적인 산물이라는 후기구조주의의 주장은 인간노력에 의해 형성된 열려지고 유연한 세계를 주장하는 프라그마티즘의 존재론과 닮았다. 듀이는 세계를 "변화를 위한 재료"로 생각한다.[45] 닫힌 작품에서 열려지고 발전하는 텍스트의 활동으로 이동하는 현상, 선행하는 진리의 발견으로서의 비평에서 향유된 의미의 창조로서의 비평으로 이동하는 현상은 듀이의 미학에서 사실상 이미 뚜렷이 보이고 있다. 후기구조주의가 텍스트는 언어의 부단히 변화하는 맥락의 산물이기 때문에, 텍스트와 다른 텍스트들 사이의 언어관계들이 행하는 상호작용의 산물이기 때문에 그 의미는 끝없이 변한다고 주장하듯이, 듀이 또한 작품의 의미는 끊임없이 변한다고 주장한다. 왜냐하면 작품은 경험의 부단히 변하는 문맥의 산물이며, 문맥은 상대적으로 안정된 예술생산품 그리고 유기체와 유기체를 둘러싼 요소들 사이에서 행해지는 상호작용과 항시 연관되기 때문이다. "한 조각의 양피지, 대리석, 캔버스는 …… (시간의 피해를 감내하면서도) 시대를 통해 자기동일성을 유지하는" 반면, "예술작품은 오직 …… 어떤 개별화된 경험 속에서 사는" 까닭에 "미적으로 경험될 때마다" 어느 정도 다르게 "재창조"되어야만 한다(*AE* 113). 왜냐하면 "경험은 예술적 생산품과 자아가 이루어내는 상호작용의 문제이기 때문이다. 그러므로 경험은 상이한 사람들에게서 두 번 똑같이 나타날 수 없다 …… 경험은 동일한 사람에게서도 그가

45 Dewey, *Reconstruction in Philosophy*, 101. 고정된 "대상-작품"에서 변화하는 텍스트의 역동성으로 이동하는 후기구조주의의 영향력 있는 진술은 Roland Barthes의 "From Work To Text," in *Image, Music, Text* (New York: Hill and Wang, 1977), 155-64 그리고 Jacques Derrida, *Of Grammatology* (Baltimore: Johns Hopkins University Press, 1976)에서 찾을 수 있다.

작품에 상이한 무엇을 불어넣음으로써 변한다"(*AE* 113-14) 예술가 자신 조차도 "상이한 시일에 따라 그리고 자기 발전의 상이한 단계에 따라 작품 속에서 상이한 의미들을 발견할 것이다. 그 예술가가 분명할 수 있었더라면, 다음과 같이 말했을 것이다. '나는 바로 그 점을 의미한 것이며, 그리고 그 점은 당신이나 또는 어떤 사람이 작품으로부터 정직하게 얻어낼 수 있는 모든 것, 즉 당신 자신의 생기 있는 경험 (그리고 예술 생산품에 대한 세밀한 주목)을 통해 얻어낼 수 있는 모든 것을 의미한다.' 이와는 다른 생각은 예술작품의 과장된 '보편성'을 단조로운 동일성과 동의어로 만든다"(*AE* 113-14).[46]

그러나 듀이는 정체성을, 구조적 폐쇄를, 예술적 대상성 (그리고 또한 경험하는 자아)와 연관된 유기적 통일성을 거부하는 데서 후기구조주의보다 덜 극단적일 수 있다. 왜냐하면 이러한 개념들이 토대적으로라기보다 유연하고 기능적으로 프라그마티즘의 입장에서 해석된다면, 이 개념들을 채택하지 않을 이유가 없다. 더욱이, 변화와 차이에 대한 듀이의 칭찬은 안정, 합의, 통일성이 다양하고 유연한 형태들로 나타날 수 있다는 점에 대한 그리고 그것들이 좋은 삶과 효과적인 사회, 정치적 행동 등을 위한 매우 본질적인 가치들을 대변하기 때문에 정체된 엄격성, 단조로운 통일성, 억압적인 전체화와 필연적으로 동일한 것으로 사악화될 수 없다는 점에 대한 깨달음에 의해 누그러진다. 미적 경험이라는 듀이의 개념

---

46 듀이는 조심스런 논리적인 세밀함보다는 전망을 지닌 철학자이다. 작품이 항시 상이하게 경험된다는 그리고 경험을 통해 정체화(identify)된다는 듀이의 세밀하지 못한 언급은 주관주의에 대한 염려뿐만 아니라 작품의 자기-정체성(self-identity)과 관련된 실제적인 문제 또한 불러일으킨다. 경험의 정체성은 미적으로 우리가 기꺼이 회피해야하는 단조로운 것이다라는 듀이의 제안은 이 문제를 조금도 해결하지 못한다. 왜냐하면 이 문제는 상이한 경험들을 통해서도 유지되는 작품에 걸맞은 어떤 기능적인 자기-정체성이 없이 상이한 경험들이 주어진다면 우리가 어떻게 동일한 작품에 대해서 말할 수 있는 가라는 논리적인 문제이다. 이러한 질문에 대해 듀이가 명확한 답변을 내놓고 있지는 못하지만, 그는 답변을 내놓을만한 논거들은 가지고 있다.

은 통일성에 대한 칭찬이기 때문에(*AE* 43-9), 적어도 또 하나의 반대와 마주쳐야 한다. 이번에는 후기구조주의자의 관점에서 비롯되는 반대이다. 비판은 듀이의 개념이 미적 경험을 너무 단정하고 질서 있는 것으로, 너무 성취된 통일성의 흐뭇한 만족 속에 갇힌 것으로 만들어 놓음으로써 예술을 긍적적인 격동과 자극의 힘으로 만드는 이따금의 부조화적 효과를 올바로 다루고 있지 못하다는 것이다. 경험은 그 어원이 설명하듯 위험과 위기를 겪는 지속적인 과정이다. 그리고 미적 경험도 이와 전혀 차이가 없는 것이라고 논증될 수도 있을 것이다.[47]

고전적 미학의 통일성에 대한 관점에 그리고 뉴크리티시즘(New Criticism)에 아무리 적절히 대항하고 있다고 할지라도, 이러한 비판은 듀이와 관련된 특징을 쉽게 간과하고 있다. 듀이는 미적 경험의 통일성은 우리가 만족스러운 관조 속에서 마침내 쉴 수 있는 완결된 영구적인 안식처가 아니라고 거듭 주장한다. 오히려 미적 경험의 통일성은 긴장의 그리고 무질서의 에너지로 가득한 경험적 유동상태 속에서 순간적으로 맛보아지는 동적이고, 가변적이고, 소멸적인 사건이다. 미적 경험의 통일성은 긴장과 무질서를 일시적으로 통제할 수 있을 뿐이다. 미적 경험의 통일성은 자신이 정점에 이르렀을 때 뒤이은 경험의 흐름 속으로 해체적으로 용해되는 발전적인 하나의 과정이다. 뒤이어지는 경험의 흐름은 우리를 낯선 것 속으로 밀어 넣으며, 그리고 과거 경험들 및 현재 요소들의 잔해와 저항으로부터 새로운 미적 경험을, 새로운 움직임과 일시적인 통일성을 만들어내야 하는 도전으로 나아가게 한다.

더욱이, 듀이에게서 경험된 통일성의 영원성은 불가능할 뿐만 아니

47 Victor Turner의 *From Ritual to Theatre* (New York: Performing Arts Journal Press, 1982), 17-18을 보라.

라 미적으로 바람직하지도 않다. 왜냐하면 예술은 긴장과 격동적인 신선함의 도전을 그리고 성취를 위한 율동적인 고투와 질서의 붕괴를 필요로 하기 때문이다. "예술가는 통일이 성취되는 경험의 국면을 특유한 방식으로 고려하기 때문에 저항과 긴장의 순간을 회피하지 않는다. 오히려 그는 그러한 순간을 그 자체 때문이 아니라" 하나의 통일된 경험으로 변형될 수 있는 "잠재력을 지녔기 때문에 육성한다"(*AE* 21). 그러므로 듀이에게서는 "미적 경험이 발생하지 못하는 두 가지 종류의 가능한 세계가 존재한다." "단지 유동만하는 세계" 속에서는 통일성, 안정 또는 절정의 느낌은 전혀 가능하지 않다. 그러나 다른 한편으로 "완성되고, 종결된 세계는 긴장과 위기의 흔적을 지니지 못하고 해결을 위한 어떤 기회도 제공하지 못할 것이다. 모든 것이 이미 완결된 곳에서는 어떤 성취도 없다. 니르바나(Nirvana)와 불변의 지복은 이것들이 고통과 갈등으로 가득한 우리 현세를 배경으로 하여 비추어지고 있다는 바로 그 이유 때문에 즐거이 상상되는 것이다." 그러한 것에 대한 실제적인 경험, 예컨대 경험의 영원히 지속되는 미적 통일성에 대한 실제적인 경험과 같은 것은 죽음처럼 지루할 것이다. 우리는 격동과 무질서가 필요하다. 왜냐하면 "격동으로부터 조화로의 변천의 순간은 가장 격렬한 삶의 순간이며" 가장 만족스러운 순간이기 때문이다(*AE* 22-3). 그리고 또한 그러한 조화 속에 한없이 머물 수도 없다. 미적 경험은 임시적으로 음미된 절정, 주기적인 휴식의 막간일 뿐이다. 다양함에 대한 삶의 요구를 분담하고 있는 이러한 절정과 막간은 질서에 만족할 수 없으며 따라서 "우리를 낯선 것 속으로 밀어 넣는다"(*AE* 173). 미적 경험은 기존의 것에 대한 이룩된 질서만큼이나 새로운 것에 대한 자극적인 격동이다. 듀이는 이 점을 분명히 하였다.

삶의 과정에서, 평정한 순간의 성취는 동시에 환경에 대한 새로운 관계의 시작이다. 즉, 투쟁을 통해 이루어지는 새로운 적응력을 환경에 부여하는 일의 시작이다. 완성의 시간은 또한 새로운 시작의 시간이다. 완성과 조화의 시간에 따르는 즐거움을 주어진 시기를 넘어서까지 영속화시키려는 어떠한 시도도 세계로부터의 후퇴를 이루어낸다. 그러므로 그러한 시도는 생기의 약화와 손실을 나타낸다(*AE* 23).

유기적 삶에 대한 듀이의 앞서 언급은 그가 유기적 삶의 리듬으로부터 출현한다고 간주한 미적 경험의 통일성을 발달시키고, 분해하고, 그리하여 유발하는 데도 또한 적용될 수 있다. "정해진 한계들을 뛰어넘는 일은 해체와 죽음이지만, 그러나 그로부터 새로운 리듬이 건설된다"(*AE* 22). 미적 경험은 살아있는 아름다움으로 빛난다. 그 까닭은 미적 경험이 무질서와 단조로운 틀의 사멸에 둘러싸여 있기 때문이 아니라 그 자신의 번득이는 이력으로 자신의 소멸 과정을 생생히 투사하기 때문이다.

2장

미적 이데올로기, 미적 교육, 그리고 미적 가치

1

미란 그것이 무엇이든지 간에 인류에게 강력한 호소력을 지닌 까닭에 그 자체로 옹호되며 어떤 변명도 필요하지 않다. 그렇지만 예술은 그리 운이 좋지 않다. 예술에 대한 플라톤의 최초의 공격부터 자율적 영역으로서 예술의 출현에 이르기까지 예술은 스스로를 정당화하는 데 어려움을 겪어왔다. "시를 위한 변명(An Apologie for Poetry)"(Sidney) 또는 "시에 대한 옹호(The Defence of Poetry)"(Shelley)라는 제한된 제목 아래에서 종종 이루어지기도 하였지만, 예술에 대한 정당화는 플라톤에 대한 아리스토텔레스의 최초의 답변 이래로 미학의 중심적 목표가 항시 되어왔다. 그러한 정당화가 지속적인 중요성을 지니는 한 가지 이유는 (예술에 대한 정의(定義)와 마찬가지로) 예술에 대한 옹호가 추가적 질문을 잠재울 만한 결정적으로 만족스러운 해결을 결코 이루어내지 못했기 때문이다. 각각의 시대는 예술의 본성과 그 가치 양자 모두를 결정하고 확증하기 위하여 새롭게 고투할 필요가 있는 듯하다. 그리고 그 양자 모두를 각 시대의 다양한 필요 (그리고 지배적인 예술 형식이나 양식)에 따라, 그리고 예술에 붙여진 다양한 비판에 응답하면서 다양하게 결정하고 확증할 필요가 있는 듯하다.

이러한 비판들 중 (예컨대, 예술은 "우상"을 섬긴다, 예술은 무용하다, 예술은 환상을 유포한다는 등의) 몇 가지는 역사를 통해 완고하게 지속된 반면에, (예컨대, 예술은 억압적인 사회정치적 계층과 결탁한다는 등의) 다른 몇 가지는 분명 더 최근의 유형이다. 만일 예술이 미래를 가지고 있다면 그 미래는 새로운 협의를 가져다줄 것이다. 그러므로 우리는 예술의 현상이나 제도에 대한 급진적인 비판을 잠재울 만한 영구적이고도 최종적인 정당화를 기대할 수 없다. 또한 우리는 그러한 정당화를 바라지 말아야 한다. 왜냐하면 예술은 예술에 대한 비판 위에서 구축되고 성장하기 때문이다. 그리고 예술이 지닌 의문의 여지없는 가치에 대한 자기만족 속에서 격렬한 비판을 종식하는 일은 예술의 종식을, 예술 발전의 정지를 당연히도 초래하기 때문이다.

1장과 2장에서 다루어진 필자의 논증 대부분은 우리의 미적 사유와 경험을 오랫동안 지배했던 예술 개념을 반대하는 방향에서 이루어졌다. 그러한 예술 개념은 예술제도를 딱딱하고 편협하게 만들며 예술의 활동을 위축시킨다. 이 지배적인 미적 이데올로기는 예술을 고급미감적 예술(high fine art)의 제도와 동일시한다. 이 관점을 "예술에 대한 박물관적 개념"이라고 이름 붙임으로써 듀이는 이 관점이 담고 있는 구획적인 제도화와 엘리트주의라는 이중적 차원, 삶과 실천으로부터의 분리, 그리고 일상적인 사람들과 그들의 경험으로부터의 유리를 적절히 드러냈다. 이어지는 장들은 예술에 대한 이러한 편협한 개념이 대중예술을 미적으로 부적합한 것으로 배제한다는 비판을 펼쳐나갈 것이다. 그러한 배제는 사회문화적 억압의 형태가 지속되는 것을 돕는다(그러나 이 점이 대중예술 또한 그러한 억압의 도구로 이용당했었다는 점을 부인하지는 않는다).

필자의 확대된 비판이 사회적으로 해로울 수밖에 없는 고급예술은 전적으로 논박되어야 하며, 그 제도들은 붕괴되어야 하며, 그 작품들은 폐기되어야 한다고 주장하는 듯한 잘못된 인상을 줄 수도 있다. 그러나 예술에 대한 우리의 지배적 개념이 지닌 편협성을 거부하는 것은 그 개념 자체의 배타적인 거부를 거부하는 것이지, 이 개념을 사실상 구성하고 있는 예술을 거부하는 것이 아니다. 더욱이, 우리의 공고화된 예술제도가 오랫동안 엘리트적이고 억압적이었다는 사실이 예술의 제도가 그렇게 계속 유지될 수밖에 없다는 점을 의미하지는 않는다. 즉, 예술이 그 본성에 의해 우리가 "저항해야만 하는" "대중의 적"일 수밖에 없다는 점을 의미하는 것은 아니다.[1]

프라그마티즘 미학의 계획은 예술의 제도를 폐기하는 것이 아니라 그것을 변형시키는 것이다. 듀이의 박물관 은유를 채택하자면, 그 계획의 목적은 예술의 박물관을 폐쇄하거나 부수는 것이 아니라 박물관을 개방하고 확대하는 것이다. 예술이 사회적 억압과 계급특권을 지키려하는 세력일 수밖에 없다는 비판에 대항하는 프라그마티스트의 옹호는 두 가지 개방과 연관한다. 첫째, 예술 개념을 그 지지와 만족면에서 사회문화적 엘리트를 훨씬 넘어서는 대중예술이 포함되게 개방하는 것과 연관한다. 그러나 우리는 또한 고급예술이 진보적인 윤리적 · 사회정치적 주제를 촉진시켜나갈 수 있는 방식들에 대한 더욱 큰 개방성을 필요로 한다. 이러한 개방은 고급예술작품이 지닌 윤리적 · 사회적 차원에 더욱 커다란 비평적 주목을 함으로써 이루어질 수 있다. 고급예술의 많은 작품들은 고급예술의 윤리적 한계와 사회문화적 위험에 대한 스스로의 잠재적

1 Roger Taylor, *Art, an Enemy of the People* (Atlantic Highlands, N.J.: Humanities Press, 1978), 155를 참고하기 바란다.

비판을 구현하고 있다. 두 번째 개방성은 특정 작품들에 대한 구체적 비평을 통해 아마도 가장 잘 이루어질 수 있으며, 필자는 이번 장에서 엘리어트(T. S. Eliot)의 시 "여인의 초상(Portrait of a Lady)"과 연관하여 그러한 비평을 할 것이다.

그러나 철학적 독자들은 미학에서조차도 해석보다는 논증을 전형적으로 더욱 선호하기 때문에, 사회윤리적 관점에서 고급예술에 반대하여 제기될 수 있는 강력한 논증들 중 몇 가지를 살펴봄으로써 시에 대한 필자의 연구를 시작하는 것이 현명할 듯하다. 이러한 논증들에 반대하면서 고급예술을 옹호하는 필자의 대응논증들은 고급예술을 완전히 결백한 것으로 면죄시켜줌을 결코 목적하고 있지 않고 고급예술이 지닌 사회윤리적 가치를 나름의 유망한 잠재력을 통해 복원함을 목적하고 있다.

2

(1)

고급예술의 전통이 기존의 억압적인 사회질서에 기여하는 한 가지 방식은 과거에 대한 신성한 존경을 증진하는 데, 과거 예술작품들의 아름다움을 신비화함으로써 이루어진 아부적인 동경을 증진하는 데 있다. 과거 예술작품들의 매혹적인 비범한 특성은 그것들을 생산한 개인과 시대와 질서에 대한 겸손한 숭배의 태도를 유발하는 경향이 있다. 그러한 태도는 엘리어트의 말을 빌리자면 오늘날 "우리가 얻고자 할 수 있는 유일한 지혜"는 그러한 과거 업적 앞에서의 "겸손의 지혜이다"라는 점을 함축한다.[2] 그러나 그러한 겸손은 새로운 사유를 효과적으로 억제할 뿐만 아니라 과거의 전해져 내려오는 이데올로기보다 더 낫다고 주장하는 모든 새로운 사고들을 선제 비판하기

2 T. S. Eliot의 "East Coker," 97–8행, in *The Complete Poems and Plays of T. S. Eliot* (London: Faber, 1969), 179를 참고하기 바란다.

도 한다. 그러므로 예술은 억압적인 보수적 체제에 기존의 특권과 지배를 유지하는, 그리고 현상과 그 현상을 생성한 과거를 그것들이 지닌 곤궁과 부당함에도 불구하고 승인하는 가장 강력한 무기를 제공한다. 그리스의 영광스러운 예술에 현혹되어 우리는 그리스의 노예제도와 야만성을, 그리고 우리의 그러한 점을 망각한다. 이러한 이유들로 인하여, 고급예술의 지속적인 존재가 급진적인 새로운 문화 창조와 사회 해방에 대한 위협으로 간주될 수도 있다. 그리하여 러시아 혁명 이후의 "프롤레쿨트(Proletkult)" 문화운동은 고급예술을 완전히 말살시키고자 하였다. "우리 미래의 이름으로 우리는 라파엘로를 불사르고, 박물관을 파괴하고, 예술의 꽃을 짓밟고 있다."[3]

그러나 고급예술이 우리의 이데올로기 전통과 계승된 사회적 질서에 대한 무비판적인 조용한 겸손을 항시 조장할 수밖에 없는가? 그리하여 공고화되었지만 잠재적으로 개정 가능한 해악들에 대한 넋 빠진 맹목과 무기력을 유발하는가? 이러한 점을 의심할 만한 적어도 세 가지 이유들이 존재한다. 가장 단순하게는, 고급예술의 작품들이 사회비판, 저항, 변혁의 도구로 전혀 기능하지 못했다는 점은 역사적으로 거짓이다. 신랄하게 사회를 풍자하는 소설, 시, 연극, 나아가 그림들이 존재한다. 그리고 예술의 사회비판과 저항이 설득력을 갖기 위해 브레히트(Brecht)의 급진적인 정치적 방식을 취할 필요는 없다. 둘째, 공공연한 사회비판에 대한 관심과는 별도로, 고급예술이 제시하는 낯선 사회적 세계들과 생활방식들에 대한 매혹적인 전망은 우리 자신의 사회적으로 공고화된 활동들이 필연적이지도 이상적이지도 않다는 점을 깨닫는 데 도움을 줄 수 있으

3 보그다노프(Bogdanov)의 이 말은 H. Arvon의 *Marxist Aesthetics* (Ithaca: Cornell University Press, 1973), 57에서 인용하였다.

며, 그리하여 변화를 위한 길을 연다. 고급예술의 걸작들이 현상을 암묵적으로 지지하거나 강화할 수밖에 없다는 비판은 두 가지 잘못된 전제에 기초하고 있다. 잘못된 첫 번째 전제는 현재의 관례화된 사회질서, 기풍, 가치 등과 과거 세대와 문화의 그러한 것들 사이에 기본적인 유사함이 있다는 생각이다. 그러나 결코 그렇지 않으며, 이 점을 발견하는 것이 과거 예술에 대한 평가에서 얻을 수 있는 중요한 이득들 중의 하나이다. 예술은 변경을 통해, 특히 과거의 것에 대한 변경을 통해 현재가 지닌 번지르르한 지역주의를 폭로한다. 즉, 자신 스스로의 변화하는 순간에 도취된 그리고 피상적인 새로움에 도취된 현재의 지역주의를 폭로한다. 역사와 마찬가지로 과거예술은 어떻게 사물들이 다르게 존재할 수 있는지를 그리고 그러한 다름이 어떤 의미에서는 더 좋을 수도 있음을 보여준다. 그리하여 현재 자연스러운 사회적인 필요인 듯한 것이 역사적으로 생성되었고 변경 가능한 우연이라는 점을 보여준다. 즉, 사회적 비판과 변화를 위한 의식을 효과적으로 고양한다.

더욱이, 현재에 대한 비판적 대비 이외에도, 과거 작품들과 그 작품들이 그려내는 삶의 전망들은 그들 자체로 상호 일관되거나 보완적이지 않다. 상호 일관되거나 보완적이라는 생각은 과거예술에 대한 찬양이 우리를 기존의 억압적인 편협한 이데올로기에 종속시킨다는 주장의 두 번째 잘못된 전제이다. 우리의 전통은 다원적이고 경쟁적이며 그리고 끝이 열려 있다. 우리의 전통은 합의에 의해서만큼이나 지속적인 논쟁에 의해서도 발전한다. 전통을 구성하는 데 일조하는 예술작품들은 서로를 공격하는 대립적 이데올로기를 대변하면서 논쟁에 참여한다. 경쟁적인 작품들의 구조적으로 연관된 영역을 전체적으로 취할 경우, 고급예술은 그 감상자들에게 더 정제된 비판적 의식을 고취시킴으로써 스스로의 내재적 비판을 산출해낼 수 있다. 이 경우, 감상자들은 예술작품을 감상하고 그 함의를 읽어내는 행위 바로 그 속에서 예술의 다양한 전망들과 가치들을 소화하고, 비교하고, 숙고한다.

이러한 점은 고급예술이 걸작들에 대한 신비화된 미화를 통해 과거를 찬양함으로써 억압적 보수주의를 필연적으로 증진시킨다는 비난에 대한 세 번째 반대의 이유를 이끌어낸다. 그러한 비난은 예술작품을 받아들이는 우리 자신의 맹목적이고 미적으로 제한된 양태를 비판하기보다는 예술작품에 모든 책임을 불공정하게 전가하는 것이다. 발언의 힘을 지녔음에도 불구하고 예술작품은 자신에게 발언해오는 대화적 지성이 없다면 벙어리이다. 그러므로 예술작품은 그것이 수용되는 방식과 동떨어져 그 자체로 판단될 수는 없다. 죄가 있다면 자신의 중요성과 용도를 결정할 수 없는 무능력에 있는 것이지, 악의적 힘을 지닌 데 있지 않다. 아도르노는 "여기에 왜 비평이 예술작품들의 보완을 위해 기본적으로 필요한지에 대한 이유가 있다"라고 말하였다.[4] 예술의 사회적 의미는 예술이 어떻게 수용되고 배치되는 지에 달려 있는 것이며, 우리는 고급예술을 발전적인 사회 윤리적 목적을 위해 수용할 수 있어야 한다. 작품이 감추려고 하는 것을 발견키 위해 작품을 뒤집어 읽는 식의 현재 통용되고 있는 정교한 해석전략들이 사용된다면, 보수주의에 명백히 기울어진 작품일지라도 그 역의 입장을 개진시키는 데 차용될 수 있다.

그러나 이러한 논증은 그 이전의 두 가지 논증에도 의문을 제기하는 다음과 같은 반대를 불러일으킨다. 우리의 예술제도 내에서 예술작품을 수용하고 비판하는 표준적 양상은 삶의 실천과 확연히 구분된다는 좁은 의미에서 심미적이다. 그러므로 특정 작품들 속에서 우리가 발견하는 명

---

4 T. W. Adorno, *Aesthetic Theory* (London: Routledge & Kegan Paul, 1984), 131. 다음부터는 *AT*로 약칭할 것이다.

확한 사회비판이 무엇이든지 간에, 그리고 작품들이 지닌 상이한 전망들에 대한 배열을 통해 우리가 성취하는 고양된 비판의식이 무엇이든지 간에, 모든 이러한 것들은 예술제도에 속함으로써 중립화되어버린다. 예술제도의 이데올로기는 예술의 수용을 실천의 실제적인 물리적 세계가 제거된 상상적인 미적 관조의 자율적 영역에 효과적으로 국한시킨다. 고급예술이 지닌 사회정치적 저항의 많은 부분이 이러한 방식으로 심미화 · 중립화된다.

그러나 자율적 예술이라는 기존의 이데올로기에 의해 부과된 협소한 미적 영역을 (또는 미적인 것을 삶의 실제적 · 물질적 관심과 전혀 동떨어진 것으로 간주하는 전통적인 예술정의를) 받아들일 필연적 이유가 없다. 더욱이 예술적 자율성이라는 기존의 형식에 대한 도전이 예술의 제도가 상대적으로 자유롭다는 생각 전체에 대한 부정을 의미하지는 않는다. 왜냐하면 예술의 제도가 지닌 자율성은 예술이 삶의 실천으로부터 날카롭게 분리되었다는 의미로가 아니라 예술이 다른 비(非)예술적 제도와 교차하면서도 고유한 생산, 분배, 수용의 틀을 지녔다는 의미로 해석될 수 있기 때문이다.

예술이 사회 윤리적 실천으로부터 명백히 분리되어 있다는 극단적 자율성에 대한 생각이 교회와 궁정의 이데올로기에 봉사하는 전통적 역할로부터 예술을 자유롭게 하였다는 점에서는 미적으로 가치 있고 사회적으로 혁명적이다. 그러나 예술의 순수성을 지키기 위해 삶의 실천으로부터 예술을 엄격히 분리하는 일은 이롭지도 믿을 만하지도 않다. 최근의 마르크시즘적 페미니스트 비평이 거둔 커다란 공헌 중의 하나는 예술과 미적인 것이 얼마나 정치적인 것인가를 그리하여 얼마나 사회 윤리적 관점에서의 비평을 필요로 하는가를 보여준 데 있다. 그러한 비평은 예술 속에 간접적으로 항시 반영되어 있는 사회적 삶의 부당함과 반목을 폭로한다. 이러한 부당함과 반목은 예술이 만족스러운 조화와 통일성을 이루기 위해 이것을 극복하려 할 경우에도 예술 속에 항시 반영되어 있다. 사회적 모순의 이러한 흔적들은 예술작품의 내용 속에서뿐만 아니라 형식 속에서도 발견될 수 있다. 그러나 고급예술에 대한 사회 윤리적 비평은 개별작품들을 거쳐야 할 뿐만 아니라 그 작품들을 수용한 예술의 제도적 틀을 비판하기 위해 개별 작품들을 넘어서야 하며, 한 걸음 더 나아가 우리 사회 속에서 예술의 제도와 역할을 형성하는 데 일조한 일반적인 이데올로기 구조들과 비(非) 예술적 제도들에까지 이르러야 한다.

(2)

고급예술을 억압적인 사회적 악으로 비난하는 두 번째 논증은 다음과 같다. 즉, 고급예술은 사회문화적 엘리트들이 자신들이 본질적인 우월성을 지녔다는 점을 고급예술의 빛나는 전통과의 특권적인 연관을 통해 위장하면서도 동시에 공표할 수 있는 황폐한 전략을 제공한다는 것이다. 왜냐하면 사회경제적 그리고 정치적 지배체제를 통해서 문화적으로 비특권화되어 있는 계층들은 (신성화된 작품들뿐만 아니라 신성화된 감상의 양식들까지도 포함한) 우리의 고급예술 전통에 낯설고 접근하기가 어렵기 때문이다. 그런데 고급예술의 감상에 대한 이 계층들의 상대화된 그리고 사회적으로 결정된 무능력이 본질적인 열등성의 징표로, 취미나 감성의 결여로, 사회경제적이 아닌 자연적인 무능력을 암시하는 술어로 비추어진다.[5] 이와는 극히 대조적으로, 고급예술

5 이 점에 대해서는 졸고 "Of the Scandal of Taste: Social Privilege as Nature in the Aesthetic Theories of Hume and Kant," *Philosophical Forum* 20 (1989), 211 · 29. 그리고 특히 Pierre Bourdieu의 *Distinction: A Social Critique of the Judgement of Taste* (Cambridge, Mass: Harvard University Press, 1984), ch. 1을 참고하기 바란다.

전통의 문화적 우월성에 대한 엘리트들의 천박한 숭배는 고급예술의 유일한 참된 보호자이자 해석자로서의 선천적 우월성을 자신들이 지녔음을 강력히 표출한다. 그러므로 예술은 예술의 물리적 소유를 통해서뿐만 아니라 감상의 양태나 가능성을 통해서도 사회적 차별과 공고화된 계층구조를 자연화하고 정당화한다.

이 논증에 대한 전형적인 휴머니스트의 답변이 존재한다. 즉, 예술에 대한 교육이 좀 더 많은 시간을 통해 이루어진다면, 학교에서 좀 더 셰익스피어를 가르치고 공영방송에서 좀 더 오페라를 방영한다면, 하부계층일지라도 고급예술에 필요한 감상을 익힐 수 있으리라는 것이다. 그러나 이러한 답변을 우리는 의심해야 한다. 왜냐하면 고급예술의 지배적인 논리는 일반적으로 받아들여지는 이해와 경험의 양태와는 오래 전부터 냉혹히 구별과 거리를 두었기 때문이다. 그러한 구별은 극히 일부의 전문적 감식가 이외에는 이해할 수 없는 극히 새로운 스타일이나 작품들에 대한 감상을 통해서뿐만 아니라 일반인들이 행한 기존의 감상양태에 대한 새로운 수용을 통해서도 표현된다. 후자의 예는 고전 작품들에 대한 해체주의자들의 읽기에서 볼 수 있다.

고급예술의 지속적인 엘리트주의와 일상적 삶으로부터의 격리는 고급예술의 자율적이고 신성화된 성질을 부정함으로써 기존의 부르주아 문화에 도전하려고 했던 아방가르드의 노력이 실패로 끝났음을 통해서도 강력히 확증될 수 있다.[6] 변기나 병걸이 같은 일상적으로 경험되

6 혁신적 목적의 성취에 실패한 아방가르드에 대한 더 상세하고 사려 깊은 설명에 대해서는 Peter Burger의 *Theory of the Avant-Garde* (Minneapolis: University of Minnesota Press, 1984)를 참고하기 바란다. 그렇지만 뷔르거는 아방가르드의 주요한 업적이 삶의 실천으로부터 동떨어진 독립된 부르주아 제도로서의 예술존재를 명확히 폭로하여 예술에 대한 자기비판의 길을 연 점에 있다고 지적하였다.

는 기능적 대량 생산품들에 예술적 지위를 풍자적으로 부여하는 뒤샹(Duchamp)의 작품, 다다(Dada) 시를 만드는 교범인 차라(Tzara)의 작품, 자동 기술된 작품을 만드는 브르통(Breton)의 작품 등은 예술이 일상 삶 및 일상 사람들과 동떨어진 개인적 천재와 세련된 취미로 구성된 엘리트적 영역이라는 생각에 도전하려고 하였다. 근래의 행위 예술들은 극단적 저항과 변화라는 유사한 목적들 아래에서 유발되고는 하였다. 그렇지만 그러한 시도들은 고급예술의 제도에 의해서는 어려움 없이 '미적'으로 무력화되어 재수용된 반면, 문화적인 피지배적 대중에게는 충격과 당혹을 안겨다 주었다. 행위예술에 대한 대중들의 이해 불가능함은 대중들의 열등성을 강화하는 데 그리고 고급문화가 대중들을 지배하고 소외시켜야 하는 명백한 논리적 정당성을 강화하는 데 이바지할 뿐이다. 그러므로 고급예술은 가장 자유로운 순간일지라도 사회문화적 해방에 대한 억압적 장애물인 듯싶다.

고급예술의 제도를 부정함으로써, 그리고 고급예술이 지닌 엘리트적 이데올로기로부터 벗어남으로써, 예술에 대한 우리의 개념을 해방시키려고 했던 아방가르드가 경험한 실패는 의미심장한 결론을 시사해줄 수 있다. 즉, 예술의 해방과 일상 삶으로의 재통합은 고급예술 자체에 대한 급진적 개혁의 시도만으로는 달성될 수 없다. 고급예술의 제도가 너무 강력하기 때문에, 그리고 저항의 산물들을 포용하고 재수용하는 힘이 너무 유연하고 효과적이기 때문에, 고급예술 자체만으로 고급예술의 공고화된 이데올로기와 예술적 합법성에 대한 통제를 극복할 수 없다. 예술비평과 미학이론이 고급예술의 배타적인 지배를 깨뜨리고 예술에 대한 우리의 개념을 변형시키는 데 필요한 지렛대를 제공할 수 있다고 생각하는 것이 좋을 것이다. 그러나 그러한 비평과 이론 그 자체들은 오랫동안 고급예술의 제도적 이데올로기에 사로잡혀 있었기 때문에 자신들의 비판을 논증하고 풍부하게 할 수 있는 어떤 대안적인 문화적 토대가 필요하다. 대중예술은 이러한 토대를 제공할 수 있을 것이며, 따라서 예술에 대한 우리의 개념과 제도를 더욱 자유롭게 그리고 삶의 실천에 더욱 가깝게 만들 수 있을 것이다. 영화, TV 드라마와 코미디, 대중음악, 비디오 등의 대중매체 문화가 만드는 대중예술들은 우리 사회의 모든 계층들이 즐긴다. 그리고 이러한 대중예술들의 위치를 미학적으로 정당한 문화적 산물로 인정하는 일은 예술과 미적인 취미를 고급예술의 사회문화적 엘리트와 가차 없이 동일시하는 일을 감소시키는 데 기여할 것이다. 더욱이, 대중예술에 대한 비판가들도 인정하듯이,[7] 대중예술의 미학적 방향은 넓게는 예술과 삶을 통합하는 것이다.

물론, 다음 장에서 보듯이 대중예술이라는 주제가 단순하지는 않다. 고급예술과 대중예술 사이의 구분 자체가 문제적이며, 그리고 그 양자들이 지닌 사회문화적 위치와 해방적 기능이나 부작용은 복잡하고 모호하다. 대중예술이 사회문화적으로 빈곤한 계층에만 호소력을 지닌다고 보는 것이 잘못이듯이, 고급예술의 창조자들과 주요한 전수자들이 현대사회의 지배계층을 구성한다고 보는 것도 정확하지 않다. 현대사회의 지배계층은 엘리트 예술가들과 지적인 청중들로 구성되는 것이 아니라, 오히려 대형 기업, 은행, 산업 등으로 구성된다.

그리고 지배를 위한 지배계층의 주요한 문화적 수단이 고급예술이

7 Bourdieu의 *Distinction*, 5, 32-5 그리고 Burger의 *Theory of the Avant-Garde*, 54를 참고하기 바란다. 뷔르거는 다음과 같이 주장한다. 대중예술이 "삶의 실천과 통합되어 있을 지라도," 그것이 지닌 실제적 "목적은 …… 특별한 종류의 소비적 행동을 강요하는 것이다"; 그러므로 대중예술은 "해방의 도구"가 아닌 "복종의 도구"이다. 이 지적은 상당한 경우 분명히 타당하지만, 필연적이지는 않다. 필자는 이 점을 다음 장에서 다룰 것이다. 더욱이, 대중예술을 상업적으로 천박하게 이용하는 일은 대중예술이 지닌 미적 잠재력을 무시하고 그것을 시장의 힘이 행하는 놀이에 방기하여 놓은 결과이다.

지도 않다. 현대사회의 지배계층은 민주적 대중주의를 교묘히 가장하여 대중문화의 예술들을 그리고 광고의 교묘한 기술을 이용한다. 그리고 그를 통해 온순한 순응주의와 새로운 것에 대한 숭배를 증진한다. 새로운 것에 대한 숭배는 소비자를 변화하는 유행의 혼란에 빠뜨리며, 그 결과 소비자 스스로의 취미를 불안정하게 만든다. 이와는 반대로, 고급예술은 적어도 잠정적이나마 물질적 자본에 대한 그리고 사회적 지위 및 정당화의 근원인 과시적 소비에 대한 유일한 진지한 대안을 제시한다. 고급예술이 지닌 상징적인 "문화자본"[8]은 달러화의 전면적 지배에 대항하는 예술가와 지식인의 주요한 무기를 구축한다. 많은 사람들이 탄식하는 불공평한 사회를 유지하고 가동시키는 것은 오페라가 아니고 달러인 것이다.

(3)

고급예술은 다음과 같은 비난, 즉 대리적인 상상적 영역을 제공함으로써 비참하고 사악한 사회적 실재를 암암리에 뒷받침한다는 비난과 마주 대해야 한다. 좀 더 행복한 삶에 대한 우리의 좌절된 희망과 좀 더 나은 사회에 대한 우리의 정당한 요구는 오직 상상 속에서만 대치되고, 순화되고, 만족된다. 그리하여 진보적인 실천은 마르쿠제가 예술의 "실제적 환영"[9]이라고 부른 것에 대한 환각적 기쁨을 통해 마비된다. 예술의 멋진 산물들에 대한 매혹은 그 예술산물들이 잉

8 Bourdieu의 *Distinction*, 53-4, 114-5, 291을 보기 바란다.

9 Herbert Marcuse, "The Affirmative Character of Culture," in *Negations* (Boston: Beacon Press, 1968), 129, 131. 앞으로는 *N*으로 줄여 부를 것이다. 예술의 매혹적인 환영을 통해, "우리는 전혀 그렇지 않을 때조차도 스스로를 행복하다고 느낄 수 있다. 환영의 효과는 우리가 행복하다는 우리 자신의 주장조차도 부정확하게 만들어 버린다"(122).

태되고 숭배된 비참하고 사악한 물질적 조건들을 거짓이라고 비난한다. 우리는 예술의 만족스러운 아름다움과 완전함에 홀려 그것의 창조자인 인간과 사회도 예술의 정신적 세계 속에서는, 즉 거칠고 단조로운 물질적 존재보다 우월하다고 여겨지는 예술의 정신적 세계 속에서는 적어도 완전함과 만족스러움에 근접했다고 전제한다. 그러한 도피적 환영은 매혹적인 미적 표면에 의해 안타깝게 무시되고 감추어졌을 때만큼이나 안타까운 실제조건들을 받아들이고 지속시킨다. 이 점이 듀이가 고급예술에 대한 우리의 제도를 "문명의 미장원"[10]이라고 비난한 이유이다. 그리고 마르쿠제도 이른바 "문화의 용인적인 특징"을 비판하면서 동일한 점을 지적하였다. "통일성"과 "자유"라는 더 좋은 질서에 대한 만족스러운 이미지를 통해서뿐만 아니라 물질적 실재보다 우월하다고 보편적으로 평가받는 것에 대한 요구를 통해서도 고급예술은 "존재의 기존 형식에 대한 정당화"에 기여한다(*N* 96, 98).

고급예술의 결정적인 특징은 어디서나 필수적이고 영원히 타당하고 더욱 가치로운 세계, 즉 무조건적으로 용인되어야 하는 세계를 주장하는 데 있다. 그러한 세계는 존재를 위해 날마다 투쟁하는 사실적 세계와는 기본적으로 다르기는 하지만, 모든 개인에 의해 사실의 상태에 대한 어떠한 왜곡 없이도 "내부로부터" 구현될 수 있다(*N* 95).

더욱이, 후자에서처럼 예술의 고차적 세계에 대한 개인적 수업과 감상을 강조하는 것은 내면으로의 그리고 개인주의적 고립으로의 위험한

10 John Dewey, *Art as Experience* (Cambridge: Southern Illinois University Press, 1987), 346. 앞으로는 *AE*로 줄여 부를 것이다.

도피를 제공한다. 이러한 도피는 사회의 외로운 파편을 (반영하는 만큼이나) 강화할 뿐만 아니라 실천의 연대성을 가로막기도 한다. 예술이 사회적 아픔과 외로움을 저항적으로 형상화할 때조차도 그러한 저항이 진정한 비판과 세계를 변화시키려는 희망을 생성하기보다는 개인의 상상적 경험 속에서 작품에 대한 감상적 즐거움의 일부로서 재수용되어 쾌적하게 배출되어버린다. 그리하여 마르쿠제는 "반항적 생각조차도 정당화의 장식물이 된다"고 결론 내렸다(*N* 121).

우리는 고급예술의 매혹적 작품들이 치명적인 사이렌 신처럼 회피되어야 하는 것이라는 결론을 내리지 않고서도 위와 같은 방향의 논증이 지닌 상당한 힘을 인정할 수 있다. 단지 우리는 예술에 대한 우리의 비평이 더욱 윤리적인 예리함과 사회정치적인 연관을 지녀야 한다는 점을, 우리의 비평이 개별적 작품들에 대한 미적 감상으로부터 예술계를 포함한 우리의 사회문화적 실재에 대한 비평으로 나아가게 한다는 점을 주장할 필요가 있다. 더불어, 우리는 많은 작품들이 고급예술과 그것의 순진한 미적 이데올로기가 지닌 사회적 · 윤리적 한계를 지적함으로써 우리를 그러한 비평으로 밀어붙인다는 점을 깨달을 필요가 있다. 그러므로 아도르노가 우리에게 상기시켰듯이 모든 작품들이 어떤 의미에서는 "사회적으로 비난받을"만 할지라도 "그중에서 가치 있는 작품들은 자신들의 잘못을 속죄하려고 노력한다"(*AT* 333). 우리는 그러한 속죄가 T. S. 엘리어트 같은 견고한 정치문화적 보수주의자의 시속에서도 사회윤리적 자기비판을 통해 드러나고 있음을 발견할 수 있다. 이를 다음에서 살펴볼 것이다.

3

형식주의를 옹호하는 유미주의자라는 비판을 때로는 받기도 하지만,[11] 엘리어트는 예술이 지닌 사회적 본질과 기능을 주장하였다. 그러나 그는 (셸리, 아놀드, 리처즈 등과는 반대로) 예술 자체만으로는 세상을 구원할 수도 개인을 구제할 수도 없다는 점을 주장하려고 애썼다. 시인에게 통례적으로 부과되고 있는 세계의 입법자, 예언자, 구원자라는 지위의 실체를 신랄하게 폭로하면서, 엘리어트는 시인에게 "음악당 코미디언의 배역에 상응하는 사회 속에서의 배역을" 기꺼이 맡기겠다고 말한다.[12] 그리고 그의 시가 지닌 난해성이 엘리트주의를 드러내기도 하지만, 엘리어트의 시적 이상은 가능한 한 광범위한 청중들에

11 이러한 비판의 예로 Terry Eagleton, *Literary Theory: An Introduction* (Oxford: Blackwell, 1983), 51을 참고하기 바란다. 엘리어트의 비평이론에 대한 이러한 통상적인 왜곡들에 대해서는 졸고 *T. S. Eliot and the Philosophy of Criticism* (New York: Columbia University Press, 1988), 1-17을 보기 바란다.

12 T. S. Eliot, *The Use of Poetry and the Use of Criticism* (London: Faber, 1964), 154.

게 다가가는 것이었다. 이 점은 단테와 셰익스피어에 대한 그의 찬양에서 명확히 나타난다. 또한 이 점은 시극(the poetic drama)에 대한 그의 옹호 속에서 그리고 연극에 대한 관심을 통해 더 광범위한 청중들을 확보하려고 한 그 자신의 노력 속에서 한층 더 명확히 나타난다. “나는 시인은 가능한 한 광범위한 여러 종류의 청중들을 위해 쓰는 것을 선천적으로 선호한다고 믿는다 …… 내 자신 또한 문맹의 청중들을 원한다 …… (그러므로) 시를 위한 이상적인 매체는 나에게는 …… 연극이다.”[13]

고급예술의 전통과 기준에 깊이 빠져들어 있으면서도 엘리어트는 고급예술이 지닌 자만과 그 결과로 나타나는 사회적 분화와 고립에 대해서는 비판적이었다. 더욱이, 교육하고 계도하는 예술의 힘을 주장하면서도, 속이고 타락시키는 예술의 힘에 대해서는 경고를 보냈다. 이러한 맥락에서 그는 하디(Hardy)와 로렌스(Lawrence)를 이단적 작가들이라고 비난하였다.[14] 사실상 엘리어트는 예술이 미적인 가치로만 감상될 때, 예컨대 문학작품이 “순전히 즐거움을 위해서만” 읽힐 때 가장 위험하고 비뚤다고 생각하였다. 그리하여 그는 순수한 문학적 감상이라는 생각을 위험한 “추상적 생각”이라고 비판하였고, 문학비평은 좁은 문학비평을 넘어 이데올로기 비평, 예컨대 “명확한 윤리학적 · 신학적 관점으로부터 나온 비평”으로 나아가야 한다고 주장하였다.[15] 아도르노와 마찬가지로 엘리어트도 결론적으로는 예술 감상이 두 단계로 이루어져야 한다는 이론을 펼

---

13 Ibid. 152-3.

14 T. S. Eliot, After Strange Gods (New York: Harcourt Brace, 1934), 59-66. 엘리어트는 이후에 로렌스에 대한 자신의 비난을 “병자(a sick man)”의 판단이라고 기술하였다(Helen Gardner, *The Composition of "Four Quartets"* (London: Faber, 1978), 55). 그러나 그는 문학비평이 이데올로기 비판을 통해 완성될 필요가 있다는 생각을 결코 철회하지 않았다.

15 T. S. Eliot, *Selected Prose of T. S. Eliot*, ed. Frank Kermode (London: Faber, 1975), 97, 103; *Selected Essays* (London: Faber, 1976), 271; 그리고 *Use of Poetry*, 98, 109를 보기 바란다.

쳤다. 첫 번째 단계는 작품과 그 작품이 지닌 세계관에 대한 공감적이고 잠정적인 수용이고, 두 번째 단계는 그러한 세계에 대한 의식적인 이데올로기 비판이다.[16] 그렇다면 예술의 사회적 · 윤리적 또는 인식적 가치를 둘러싼 의문에 대한 하나의 대답은 존재하지 않는다. 두 단계들이 얼마나 성공적으로 완수되느냐에 따라 예술은 계몽적 해방가가 될 수도 있고 혹세무민적 기만가가 될 수도 있다. 이제 필자는 이러한 생각을 엘리어트 자신의 시에 적용시켜, 예술이 자체의 사회 윤리적 결점과 잠재적 발전가능성 양자 모두를 드러내기 위해 어떻게 비판적 감상을 요구하는지를 보여주도록 할 것이다.

여인의 초상

너는 범했다 —
간통을 : 그러나 그건 다른 나라에서였고,
더군다나 그 계집은 죽었다.

16 비평적 감상이 두 단계로 이루어진다는 엘리어트의 이론에 대한 상세한 설명을 위해서는 *T. S. Eliot and the Philosophy of Criticism*, ch. 6을 참고하기 바란다. 그의 이론은 아도르노의 이론을 예고한다. 아도르노의 이론 또한 공감적인 내부적 이해와 외부적 이데올로기 비평이라는 두 가지 단계 또는 관점을 주장한다(*AT* 177-9, 346-7, 387, 477-9를 보기 바란다). 한편으로는 예술을 이해하기 위해서는 우리는 "작품 속으로 들어가야 한다"(346). 즉, "스스로를 작품에 …… 양도해야 한다"(387). 다른 한편으로는, "예술작품에 대한 전적으로 내부적으로 이루어지는 이해는 거짓되고 부족한 이해의 양태이다. 왜냐하면 그러한 이해는 예술의 마력에 홀려 있기 때문이다 …… (적절한 이해는) 두 가지 방법에 의해서만, 즉 경험을 반성할 수 있는 이론과 결합된 특정한 경험을 통해서만 완성될 수 있다"(177, 179). "내재적 분석에 의해 발견된 사태들의 상태는 두 번째 단계에서 이루어지는 반성과 비판을 통해 극복되어야만 한다 …… 편협함으로 (인하여), 내재적 분석은 예술에 대한 비판적 · 사회적 성찰을 질식시키는 데 일조한다"(477). "예술을 내부에서만 바라보는 사람은 예술을 이해하지 못하는 반면에, 예술을 외부에서만 바라보는 사람은 예술과의 친밀함을 결여함으로 인하여 예술을 허위화시키기 쉽다. 이러한 두 가지 관점들 사이에서 임의적으로 동요하지 말고 미학은 특정 작품들과의 필연적인 상호연관을 펼쳐야 한다"(479).

I

12월 오후의 연기와 안개 속에
당신은 저절로 꾸며지는 장면을 갖게 된다-마치 장면이 저절로 꾸며지듯
"내가 당신을 위해 오늘을 남겨 뒀어요"라고 말하며;
그리고 어둡게 한 방에는 네 개의 양초,
머리 위 천장엔 네 개의 빛의 동그라미,
줄리엣의 무덤의 분위기,
말해지거나 말하지 않은 채 남겨둘 모든 것에 대비한.
우리가, 폴란드의 신진 피아니스트가
그의 머리칼과 손가락 끝으로 전주곡을 치는 것을
들으러 갔었다 하자.
"너무나도 친밀해요, 이 쇼팽은. 그래서 나는 생각해요.
그의 영혼이 오로지 그의 친구들,
두셋 친구들 사이에서만 부활해야 한다고,
음악회에서 애무당한 의문시당한
꽃을 만지려 하지 않을 친구들 사이에서만"
— 이런 식으로 대화는 미끄러진다,
먼 코르네트와 섞이는
바이올린의 가냘픈 음조를 통해
불완전한 욕망과 조심스레 잡힌 아쉬움 속에,
그리고 시작된다.
"당신은 몰라요, 그들이 내게 얼마나 소중한지, 내친구들이,
그리고 얼마나, 얼마나 희귀하고 이상해요,

너무나도 많은, 너무나도 많은
잡동사니 것들로 이루어진 인생에서 발견한다는 것이
(왜냐하면 정말 나는 인생을 사랑하지 않아요. … 당신도 알고 있었죠?
당신은 장님이 아니니까!
얼마나 영리해요 당신은!)
이런 특질을 가진,
우정이 살아 있는 특질을 갖고 있고 또 주는 친구를 발견한다는 것이,
얼마나 소중한지 내가 당신에게 이렇게 말하는 거예요
이런 우정이 없다면 인생은 얼마나 끔찍스런 악몽이겠어요!"

바이올린의 장식음과
금이 간 코르네트의
아리에타 가운데서
내 두뇌 내부에서 무딘 둥둥 소리가 시작된다.
자기 나름의 서곡을 함부로 치며,
변덕스런 단조
그건 적어도 명확히 '틀린 가락'이죠.
— 자 바람이나 좀 쐽시다, 담배에 취했으니,
기념비를 찬미하고,
최근의 사건들을 논의하고,
광장의 괘종시계로 우리 회중시계를 고칩시다.
그리고 나서 반시간쯤 앉아서 흑맥주나 마십시다.

II

라일락이 만발한 지금

그녀는 방에 라일락 화병을 하나 갖고 있다.
그리고 이야기하는 동안 하나를 손가락으로 비튼다.
"아 내 친구, 당신은 몰라요, 당신은 몰라요.
인생이 무엇인지, 두 손에 인생을 쥐고 있는 당신은;
(천천히 라일락 줄기를 비틀면서)
당신은 인생을 흘려보내고 있어요, 인생을 흘려보내고 있어요,
그리고 젊음은 잔인해요, 후회도 전혀 없어요
그리고 젊음은 뜻을 알지 못하는 상황을 보고 미소해요."
나는 미소한다, 물론
그리고 계속 차를 마신다.
"그러나 어쩐지 나의 묻힌 삶과 봄의 파리를 회상케
하는 이런 4월의 황혼 무렵이면.
나는 측량할 수 없을 만큼 평화로움을 느껴요,
그리고 세상이, 역시, 놀랍고 젊다는 것을 발견해요.

그 목소리는 어느 8월 오후의 부서진 바이올린의
끈덕진 불협화음처럼 되돌아 온다:
나는 언제나 당신이 내 감정을
이해한다고 확신해요, 당신이 느끼리라고 언제나 확신해요.
만(灣) 건너로 당신이 손을 뻗으리라 확신해요.

당신은 불사신이에요. 아킬레스의 발꿈치를 안 가졌으니까요.
당신은 계속 나아갈 것이고 당신이 이겼을 때
이렇게 말할 수 있어요: 이 점에서 많은 개인들이 실패했다고.
하지만, 내 친구여, 당신에게 줄 무엇을 내가 갖고 있겠어요,

무엇을 내가 갖고 있겠어요. 또 무엇을 당신은 나한테서 받을 수 있겠어요?
오직 여행 목적지에 도달하려는 여자의 우정과 연민뿐이에요.

나는 여기 앉아서, 친구들에게 차나 따르겠어요 ……

나는 모자를 집는다: 어떻게 내가 비겁한 보상을
할 수 있으랴
그녀가 내게 한 말에 대해?
내가 어느 아침이든 공원에서 만화와 스포츠 기사를
읽고 있는 것이 눈에 띌 것이다.
특히 나는 주목한다.
어느 영국 백작부인이 무대에 섰다.
어느 그리스인이 폴란드 무도회에서 살해되었다.
또 한 사람의 은행채무 불이행자가 고백했다는 기사에,
나는 안색을 바꾸지 않는다.
나는 침착한 채로 있다.
단 기계적이고 지친 피아노 오르간이,
다른 사람들이 갈망했던 것들을 회상시키며
정원에서 풍겨오는 히아신스 향기와 함께
어느 닳아빠진 통속적인 노래를 되풀이할 때를 제외
하고선,
이런 생각들이 옳은 것인가 그른 것인가?

III

10월의 밤이 내려 온다;

약간 불안스런 느낌 이외엔
전처럼 되돌아와
나는 층계로 올라가서 문의 손잡이를 돌린다.
그리고 마치 내가 손과 무릎으로 기어 올라온 듯한
기분이 든다.
"그런데 당신은 외국으로 갈 예정이라죠; 언제 돌아오세요?
하지만 그건 쓸모없는 질문이죠.
당신도 언제 돌아올는지 거의 모를 테니,
배울 것이 많이 있을 거예요.
내 미소는 골동품 사이로 무겁게 떨어진다.

"어쩌면 당신이 내게 편지 쓸 수 있겠지요"
내 침착은 한 순간 타오른다;
이것은 내가 예상했던 대로다.
"나는 최근에 자주 생각해보았어요.
(그러나 우리들의 시작은 결코 끝을 알지 못한다!)
왜 우리가 친구로 발전하지 못했는지."
나는 미소 짓다가 돌아섰을 때
갑자기 거울에 비친 자기 표정을 본 사람처럼 느낀다.
내 침착은 나풀거린다; 우리는 정말 어둠 속에 있다.

"왜냐면 모두들 그렇게 말했어요. 우리 친구들 모두가,
그이들은 우리 모두의 감정이 밀접히 맞아 들어갈 거라고
확신했었지요! 나도 잘 이해할 수 없어요.
우린 이제 운명에 맡길 수밖에.

어쨌든, 당신은 편지해 주시겠지요.
아마도, 너무 늦을 리는 없겠죠.
나는 여기 앉아서, 친구들에게 차나 따르겠어요 ……"
그리고 나는 표현을 발견하기 위해
온갖 변화하는 모양을 빌려야만 한다. …… 춤추고
춤춰야 한다.
춤추는 곰처럼,
앵무새처럼 소리쳐야 하고, 원숭이처럼 재잘대야 한다.
우리 바람이나 좀 쐽시다, 담배에 취했으니

글쎄! 어떻게 하지, 만일 그녀가 어느 날 오후
회색의 흐린 오후, 노랑과 장미색 저녁에 죽는다면:
죽어서, 손에 펜을 들고 앉아 있는 나를 두고 가 버린다면,
연기가 지붕 꼭대기에서 내려올 무렵에;
무엇을 느껴야만 하는지 혹은 내가 이해하는지,
혹은 현명한지, 어리석은지, 늦은지 너무 이른지
잠시 회의에 잠긴다 ……
그녀가, 결국 유리하지 않을까?
이 음악은 종지(終止)가 성공적이다.
우리가 죽음을 이야기하는 지금엔 —
그런데 내가 미소 짓는 것은 당연히 옳은가?[17]

17 역자 주: 엘리어트 시에 대한 한글번역은 그의 한글 번역본 시집《황무지》, 김기태 역 (서울: 태학당, 1991)을 기본적으로 참고하였다.

이 시는 감상적인 늙은 여인과 젊은 남자 사이의 어색한 관계를 그리고 있다. 늙은 여인의 예술에 대한 사랑과 미적 태도는 허식에 가깝고, 젊은 남자는 이러한 미적 인공성을 고통스럽게 의식하면서 또한 이러한 인공성 밑에 깔린 그녀의 진정한 감정을 무척 두려워하고 있다. 두 사람의 관계는 12월부터 다음 해 10월에 걸쳐 이루어진 젊은 남자 (시의 화자)의 여자의 집에 대한 방문을 통해 그려지고 있다. 엘리어트의 프루프록(Prufrock)보다는 어리지만, 화자는 프루프록의 아이러니를 공유하고 있다. 화자 또한 프루프록과 마찬가지로 여인과 마주대할 때의 고통스러운 자의식을 지니고 있고 (이 점은 두 시 모두에서 계단과 마주대할 때의 어려움과 연관된다), 감정을 직접적으로 소통할 수 없어 당혹해하고 있다. 젊은 화자는 옛 관계를 회상하고 기술하는 "손에 펜을 들고 앉아 있는" 시의 지은이로 마지막 연에서 드러난다.[18] 화자는 일상적 일에서 벗어나 있는 듯이 보인다. 왜냐하면 우리는 그를 "어느 아침이든 공원에서" 발견할 수 있기 때문이다. 그리고 여인이 인정하듯이 그는 전도가 유망하고 야망이 있다: "당신은 불사신이에요. 아킬레스의 발꿈치를 안 가졌으니까요./ 당신은 계속 나아갈 것이고, 당신이 이겼을 때/ 이렇게 말할 수 있어요: 이 점에서 많은 사람들이 실패했다고." 실제로 그들의 마지막 만남은 "배울 것이 많이 있을" 외국으로 그가 가려고 할 때 이루어진다.

이 시가 지닌 풍부한 아이러니는 적어도 두 겹으로 이루어져 있다. 우리는 여인이 지닌 과도한 낭만주의에 대한 화자의 비판을 높이 평가하지만, 개인적 통일성과 "자기절제"에 대한 화자의 합리적인 관심이라는 것이 미숙함, 자기보호적인 이기심, 그리고 솔직함에 대한 두려움 등을

18 이 의미심장한 점은 Stephen Spender, *Eliot* (London: Fontana, 1972), 46에서 지적되었다.

가장한 것에 지나지 않는다는 사실을 또한 본다. 휴 케너(Hugh Kenner)와 스티븐 스펜더(Stephen Spender)가 주장했듯이 자기 보호적 "자족"과 "소통의 실패"라는 주제가 이 시의 중심을 이루고 있다. 그러므로 충족되지 않는 긴장이 "퇴폐적 낭만주의"와 "둔중한 현실주의" 사이에 놓여있다. 무디(Moody)는 이 긴장이 시의 주제라고 소리쳤다.[19] 이 주제만큼이나 중심적이라고 생각하는 그리고 앞으로 내가 관심을 두고 볼 점은 예술의 사회 윤리적 가치에 대한 두 가지 관점이 이루어내는 긴장이다. 여기서 두 가지 관점이란 타인들에 대한 우리의 인간적 공감과 관심을 일깨우고 깊게 하는 도덕적 계도자로 예술을 생각하는 낭만적 관점과 예술은 허식, 오도된 감정, 엘리트주의를 살찌우는 도덕적으로 타락한 것이라고 생각하는 반대되는 관점이다. 시의 진행을 통해 엘리어트는 이 두 관점 사이에서 고투하고 동요하다가 결국은 예술을 매우 엄격하게 정당화하는 입장을 드러낸다. 그의 입장이란 예술은 예술이 지닌 도덕적 한계들과 위험들에 대한 비판을 통해서만 도덕적으로 가치로울 수 있다는 것이다. 그리고 이 입장은 이 시의 젊은 화자인 시인에 의해 쓰여진 시 자체 속에 존재하는 도덕적 한계들에 대한 우리의 비판적 반성을 통해서만 정교하게 드러나고 표현된다. 그러나 예술의 사회적 · 윤리적 가치에 대한 논쟁을 이 시가 어떻게 묘사하고 해결해나가는지를 살펴보기 전에, 예술의 사회 · 윤리적 가치에 대한 두 가지 경쟁적인 관점을 알아보도록 하자.

예술을 도덕적 계몽자로 보는 낭만적 관점을 대표하는 교과서는 쉘

19 위의 책 43-6; Hugh Kenner, *The Invisible Poet* (London: Mathuen, 1965), 20-6, 그리고 A. D. Moody, *Thomas Stearns Eliot: Poet* (Cambridge: Cambridge University Press, 1980), 21-2를 참고하기 바란다. 자아에 대한 젊은 남자의 집착과 그에 따른 고독은 "이 점에서 많은 개인들이 실패했다(at this *point* many *a one* has failed)"(필자의 강조)라는 구절의 원자적 이미지 속에서 이미 암시되고 있다.

러의 《인간에 대한 미적 교육론》(*On the Aesthetic Education of Man*, 1795)이다.[20] 프랑스 혁명의 소용돌이 속에서 쓰여진 이 책에서 쉴러는 "품성의 고양"을 통해서만 좋은 정치적 사회와 고도의 지적 사상을 성취할 수 있다고 주장하였다. 그러나 좋은 사회와 좋은 사상에 순환적으로 의존하지 않은 채 어떻게 품성의 고양이 성취될 수 있는가? 그의 대답과 "장치는 예술이다." 예술은 우리의 품성을 자극하고 고양시킬 수 있는 아름다움과 완전함의 표본을 제공한다(*AEM* 55-7). 기본적으로 가상적 모방(semblance)에 관심을 갖고 있는 그리고 상상력에 의해 인도되는 예술은 그 당대의 정치적 · 지적 조건에 한정되지 않는다. 미적 상상력은 더 조화로운 시대에 생산된 과거예술의 고양된 미와 진리를 파악할 수 있다. "인간성은 그 존엄성을 상실해 버렸다. 그러나 예술은 인간성을 구제하여 의미심장한 표석 속에 보존하였다. 진리는 예술의 환영 속에서 계속 유지되며, 본래의 이미지가 다시 한 번 복원되는 것은 이러한 모방 또는 잔상(after-image)을 통해서이다"(*AEM* 57). 예술의 상상력은 또한 가상적 모방의 영역 속에서 존재하는 아직은 구현되지 않은 아름다운 형식들을 그려나갈 수도 있다(*AEM* 57-61). 조야하고 "감각적인 인간"에게 도덕적 법칙을 주입함으로써 그의 품성과 감성을 다듬으려 하는 것은 헛된 일이라고 쉴러는 말하였다. 미적인 것을 통해 "우선 우리는 그의 본성 자체를" 미적인 것으로 "바꾸어야 한다"(*AEM* 163). "그들의 즐거움에서 변덕, 경박, 조야함을 추방시켜라. 그러면 여러분은 눈에 보이지 않게 그들의 행동에서, 그리고 결국은 그들의 성향에서 이러한 것들을 또한 추방시킬 것이다. 그들을 둘러싸라 …… 천재의 위대하고 숭고한 형식으로, 완벽

20 Friedrich Schiller, *On the Aesthetic Education of Man* (Oxford: Clarendon Press, 1982). 앞으로는 *AEM*으로 약칭할 것이다.

함의 상징들로. 가상적 모방이 실재를 정복할 때까지, 예술이 자연을 능가할 때까지"(*AEM* 61).

쉴러는 미적 교육이 필요하다는 자신의 관점을 인간본성에 대한 기본적 이론의 바탕 위에서 전개하였다. 인간은 두 가지 근본충동, 즉 "인간의 물질적 존재 또는 감각적 본성으로부터 진행되는" 감각 또는 물질충동(Stofftrieb), 그리고 "인간의 절대적 존재 또는 합리적 본성으로부터 진행되는" "형식충동"(Formtrieb)을 지니고 있다(*AEM* 79-81). 감각충동은 우리의 물질적 욕구를 만족시키기 위해 변화하는 세계를 우리에게 체험하게끔 만든다. 그리고 이 변화하는 물질적 세계에 묶여 더욱더 조야하고 부단하게 변화를 요구함으로써 "세계와의 가장 다양한 접촉들을" 경험하게 만든다(*AEM* 85-7). 이와 반대로, 인간의 "합리적" 그리고 "절대적 존재"를 반영하는 형식충동은 "무변화"를 목표로 한다. 변화하는 감각의 세계에서는 절대적 무변화가 불가능하기 때문에 우리의 형식적인 합리적 본성은 변화 속에서의 "통일과 지속을 강조"한다. 그리고 더 안정적인 형식을 성취하기 위해, 변화하는 세계로부터 부분적으로 물러남으로써 이러한 통일과 지속을 달성하려고 한다. 쉴러에게서는 "조건의 모든 변화들 속에서"의 안정적이고 지속적인 인간이라는 개념이 도덕성이 필요로 하는 인간 합리성의 그리고 자유의 모범적 상과 조건을 구성한다(*AEM* 73-5).

쉴러는 감각과 형식의 모순적인 충동들이 전혀 부합할 수 없다는 점을 허용할 수 없었다. 왜냐하면 이는 우리의 인간본성이 분리될 수밖에 없다는 점을 의미하기 때문이다. 그러나 쉴러는 두 가지 충동들이 서로 갈등하고 침해한다는 점을 강조하였다. 따라서 "두 가지 충동들을 동등하게 다루는 것이 …… 문화의 임무"이다(*AEM* 87). 여기서 예술은 쉴러가 도입한 중재자적인 세 번째 충동을 돕는다. 이 세 번째 충동 속에서는

"두 가지 충동들이 조화롭게 작용한다"(*AEM* 97). 이 충동을 쉴러는 놀이충동(*Spieltrieb*)이라 불렀으며, 이 충동이 예술과 미적인 것의 핵심을 이룬다. "감각 충동의 대상을 …… 삶이라 부르고 …… 형식충동의 대상을 형식이라 부르는" 것처럼, "놀이 충동의 대상은 …… 살아 있는 형식이라 불릴 수 있을 것이다: 살아 있는 형식이란 개념은 현상의 모든 미적 성질들을, 즉 가장 넓은 의미에서 미라 불리는 것을 지칭하는 데 사용된다"(*AEM* 101). 삶과 형식의 원리들을 조화시키려는 놀이충동의 노력이 완벽하게 결실을 거두는 경우는 드물다. "살아 있는 형식" 속에서 삶이 우세하느냐 또는 형식이 우세하느냐에 따라 미는 "생동"하거나 "용해"된다(*AEM* 111-15).

그렇지만 인간의 두 가지 기본충동들이 어떻게든 조화되는 것은 놀이 속에서이므로, "인간은 …… 놀이할 때 완전한 인간이 된다." 그리하여 놀이는 "미적 예술과 그보다 한층 더 어려운 살아 있는 예술이라는 전체 건물"을 떠받치는 토대가 된다(*AEM* 107-9). 쉴러는 예술과 미를 삶의 모든 차원에 그리고 교육의 핵심에 도입해야 한다고 결론 내렸다. "왜냐하면 물리적인 상태로부터가 아니라 미적인 상태로부터 도덕적인 것이 발달할 수 있기 때문이다"(*AEM* 165). "숭고한 정감"이 고취되게 그리고 욕망이 "더욱 숭고히" 되게 "우리의 감정에 대한 작용"을 최상으로 이루어내는 것이 미이기 때문이다(*AEM* 127, 163, 169). 더 나은 문명사회를 창조하는 예술의 역할은 조화로운 심리와 숭고한 감정의 발달을 통한 개인의 도덕적 교육에 있는 것이 아니라 거대한 소통력에 있다. "반사회적 욕망은" 예술미의 우아함 속에서 "자기탐닉을 폐기해야 한다."

> 인간의 욕망이 인간을 사회 속으로 몰아넣을 수는, 이성이 인간 내부에 사회적 행동의 원리들을 심어 놓을 수는 있지만, 아름다움만이 인간에게 사회적

품성을 수여할 수 있다. 취미만이 사회 속에 조화를 가져 올 수 있다. 왜냐하면 취미는 개인 속에 조화를 육성하기 때문이다. 모든 다른 인식의 형태들은 인간을 분화한다. 왜냐하면 그러한 것들은 인간존재의 감각적인 부분에만 의존하거나 그렇지 않으면 정신적인 부분에만 의존하기 때문이다. 오직 미적인 인식의 양태만이 인간을 하나의 전체로 만든다. 왜냐하면 미적인 인식의 양태를 성취하기 위해서는 두 가지 인간의 본성들이 조화를 이루어야만 하기 때문이다. 모든 다른 소통의 형식들은 사회를 분화한다. 왜냐하면 그것들은 사회 개별적 성원들의 개인적 감수성과만 관련 맺거나 그렇지 않으면 개인적 숙련에만 관련을 맺고, 그리하여 결국은 인간과 인간을 구분하는 것과 관련을 맺기 때문이다. 오직 미적인 소통의 양태만이 사회를 통합한다. 왜냐하면 미적인 소통의 양태는 모두에게 공통적인 것을 연관시키기 때문이다……. 취미가 통치하고 미적인 가상적 모방의 영역이 자신의 통치를 확장하는 곳에서는 어떤 종류의 특권이나 독재도 용인되지 않는다(*AEM* 215-17).

예술이 우리의 감성을 개발시키고 그리하여 도덕감과 인간오성의 능력을 증진시킨다는 쉴러의 낭만적 생각에 반대하는 두 가지 주요한 주장이 존재한다. 첫 번째 주장은 예술에 대한 몰입은 우리의 감정을 인위적으로 만들고, 미적 교육에 대한 헌신은 퇴폐적 심미주의를 낳는다는 것이다. 우리의 자연적인 인간적 감동은 예술적으로 정제되기보다는 일상적이고 조야한 것으로 배척된다. 더욱이, 우리가 지닌 감정과 심오한 정서의 거대한 인간적 잠재력이 우리 인간들이 아닌 예술작품에게로 향해질 위험이 있다. 그럴 경우, 예술의 미적 정서들은 진정한 도덕적 감정과 행동에 대한 효과적인 자극물이 아닌 양순하고 자기기만적인 대리물로 기능한다. 베토벤의 음악에 눈물을 흘리며 자신의 인간적 정서를 표현했던 미적으로 정제된 나치 장교가 무구한 어린이들에 대한 대량학살을 비인간적으로 연주했던 사실을 상기하는 것은 끔찍한 일이다. 덜 극단적 형태이기는 하지만, 이러한 역설은 우리가 사회의 희생자에 대한 관심을 감동적으로 묘사한 연극무대를 빠져 나와 얼어붙은 거리에서 구걸을 호소하는 진정한 희생자들을 황급히 지나치는 경우에서처럼 부단히 반복된다. 예술의 모방은 무구하지도 쉴러가 강변했던 것처럼 도덕적으로 효과적이지도 않다. 가상적 모방으로서의 미와 상상적 유희로서의 예술은 미적인 것을 실재로부터 도피시키는 구획화를 촉진한다. 이는 실재의 추한 잔혹성을, 비미적인 세계를 정당화하는데 일조하는 생각이다.

둘째, 예술의 보편적이고 민주적인 설득력이나 취미의 "특권"과 "독재"로부터의 자유는 더 이상 많은 신임을 얻을 수 없다. 쉴러 (그리고 흄과 칸트)가 의미했던 보편성은 하층민들의 일반적 취미를 포함하는 모든 계층에 속한 모든 사람의 자연적 취미가 아니라 문화적으로 특권화된 사회가 공유하는 취미이다. 예술은 사회를 명확히 통합하는 대신 기예, 오락, 대중예술 등과의 특권화된 구분을 통해 사회를 분화시키고 그러한 분화를 소통시킨다. 그리고 해석적 감상의 특권화된 양태와 일상화된 또는 조야한 양태를 추가로 구분함을 통하여, 예술은 예술을 풍취있게(tastefully) 감상하는 특권화된 엘리트라는 계층과 예술을 좋아하기는 하지만 올바로 이해한다고는 여겨지지 않는 다른 계층으로 사회를 한층 더 분화시킬 수 있다. 예술의 도덕적 · 사회적 가치에 대한 이러한 두 가지 반대논증들 모두를 엘리어트의 시에서 아주 분명히 볼 수 있다. 이제 시로 돌아가 보기로 하자.

4

나이 든 감상적인 여주인공은 미적 교육의 긍정적인 면과 부정적인 면을 모두 재현한다. 그녀는 예술의 환희와 우정의 즐거움에 깊이 빠져 있는 듯이 보이는데, 이 양자는 G. E. 무어의 이상적인 삶을, 그리고 블룸스버리 그룹의 윤리를 떠받치던 두 가지 축이다.[21] 더욱이, 이 시에 등장하는 젊은 남자에 대한 그녀의 감정은 확고하고 변함이 없으며 미적 형식으로 표현되어 있다. "나는 여기 앉아서 친구들에게 차나 따르겠어요"라는 가슴을 찌르는 자제 속에 포착된 그녀의 불변하는 안정성과 세상으로부터의 물러섬은 형식에 대한 쉴러의 안정된 생각을 재현한다. 그리고 그녀의 차를 따르는 의식은 "용해된 아름다움"이라는 쉴러의 개념을 적절히 포착하고 있다(*AEM* 113). 용해된 아름다움은 여주인공이 나중에 자신의 "묻힌 삶"이 그러했었다고 고백하

21 G. E. Moore, *Principia Ethica* (Cambridge: Cambridge University Press, repr. 1959), 188-208을 보기 바란다. 무어의 미적 윤리는 윤리적인 것을 심미화(aestheticize)시키려는 근래의 시도에 비견된다. 이 책의 5장에서 이 점을 다룰 것이다.

는 것처럼 삶의 생동력이 널리 약화된 형식에 의해 지배된다. 더욱이, 형식충동이 능동적인 형성원리인 것처럼 여주인공은 드라마 형성을 이끄는 인물이다. 우정에 대한 그녀의 의지에 대하여, 젊은이는 한층 수동적이고 회피적인 반응자로 남아 있다. 이는 쉴러가 근본적으로 수동적이고 반응적이라고 말한 감각충동과 부합한다.

그러나 여주인공의 예술과 미적인 것에 대한 취미는 적어도 젊은 화자의 냉소적인 눈에는 허식과 진부한 감상적 정조와 속물근성으로 넘쳐난다. 그녀는 젊은이와의 만남을 낭만적 "장면"으로 연출한다: "'내가 당신을 위해 오늘 오후를 남겨뒀어요'라고 말하며; 그리고 어둡게 한 방에는 네 개의 양초, 머리 위 천장엔 네 개의 빛의 동그라미, 줄리엣의 무덤의 분위기." 이 장면이 예술의 형식과 분위기를 불러일으키기는 하지만, 우리는 그녀의 낭만적 연출이 인위적이고 그들의 관계에 우스꽝스러우리만치 부적절함을 깨닫는다. 그녀는 자신의 로미오를 환대하는 젊은 줄리엣이 아니다. 그리고 그녀의 반어적인 초상은 단순히 늙은 여인의 초상이 아니라 "여인의" 초상이다. 이는 그녀와 초상예술을 특권적 계급에 연관시킨다. 이와 마찬가지로, ("먼 코르네트와 섞이는 바이올린"이 내는 그리고 그 뒤 연에서는 "바이올린"과 "금이 간 코르네트"가 내는 감상적 음이라고 화자에 의해 조롱스럽게 묘사된) 그녀의 음악적 언급은 지각 있는 감상이라기보다는 미적 허식과 엘리트주의를 보여준다. "너무나도 친밀해요. 이 쇼팽은, 그래서 나는 생각해요. 그의 영혼이 오로지 그의 친구들, 두셋 친구들 사이에서만 부활해야 한다고, 음악회에서 애무당하고 의문시당한 꽃을 만지지 않을 친구들 사이에서만."

이러한 속물주의는 "친구"라는 공통된 주제를 통해 그녀의 우정에 대한 추구와 연관된다. 그리하여 이러한 추구는 일반적 공동체에 대한 광범위한 도덕적 탐구와 연관되는 것이 아니라, 우수한 "특질을 가진

…… 친구"만을 받아들이는 엘리트적 속물주의와 연관된다. 여기서 우정은 예술처럼 특별하고 정제된 것이다. 형식충동을 더 가까이 재현함으로써 그녀는 삶보다 예술에 더 우선성을 둔다("왜냐면 정말 나는 인생을 사랑하지 않아요"). 그녀는 애를 쓸수록 미적으로라기보다는 "너무나도 많은 …… 잡동사니 것들로 이루어진 인생"을 발견한다. 예술적으로 연출해 놓은 방에 대한 "줄리엣의 무덤"이라는 묘사는 예술에 대한 그녀의 원리를 삶을 질식시키는 죽음과 강하게 연관시킨다. 그리고 삶의 생기를 상징하는 젊은이는 그 곳에서 당연히도 불안과 위협을 느낀다.

줄기찬 반항적인 성질, 거친 욕망, 시간과 사건들에 대한 조급성, 변화와 삶에 대한 충동 등속에서 젊은이는 감각충동을 대변한다. 그는 동적인 방문객이다. 그는 그 어느 다른 누구보다도 "계속 나아갈 것이고", "외국으로 갈 예정"이고, 자신이 방문한 형식적 공간 속에 정적으로 앉아 있지 못한다.

> 자 바람이나 좀 쐽시다, 담배에 취했으니,
> 기념비를 찬미하고,
> 최근의 사건들을 논의하고,
> 공중의 괘종시계로 우리 회중시계를 고칩시다.
> 그러고 나서 반시간쯤 앉아서 흑맥주나 마십시다.

감각적이고 변화하는 삶의 상징으로서의 젊은이의 역할은 여인의 불평에서 더욱 분명해진다: "아 내 친구, 당신은 몰라요, 당신은 몰라요. 인생이 무엇인지, 두 손에 인생을 쥐고 있는 당신은"; 그리고 삶에 대한 그의 감각충동이 지닌 인간 이하의 본성은 그녀의 인간적 감정에 대한 그의 반응을 드러내는 변화하는 동물 이미지 속에서 포착된다:

그리고 나는 표현을 발견하기 위해
온갖 변화하는 모양을 빌려야만 한다. …… 춤추고
춤춰야 한다.
춤추는 곰처럼,
앵무새처럼 소리쳐야 하고, 원숭이처럼 재잘대야 한다.
우리 바람이나 좀 쐽시다, 담배에 취했으니

마지막 행은 외적 움직임을 지향하는 젊은이의 후렴으로서 차 마시는 내적인 일을 지향하는 여인의 후렴과 날카롭게 대비된다.

독자인 우리는 여인의 미적 삶이 지닌 속물적 인위성을 혐오하는 화자에 공감한다. 여인의 미적 삶은 엘리트 예술과 미화된 우정으로 이루어져 있다. 그리고 우리는 율동적인 원시적인 저항으로 이루어진 젊은이의 따분한 "서곡"에 공감한다.

바이올린의 장식음과
금이 간 코르네트의
아리에타 가운데서
내 두뇌 내부에서 무딘 둥둥 소리가 시작된다.
자기 나름의 서곡을 함부로 치며,
변덕스런 단조
그건 적어도 명확히 '틀린 가락'이죠.

그의 틀린 가락은 겁먹은 듯한 인용부호에 싸여 있다. 화자의 반어법을 염두에 둘 경우, 이는 거칠고 변덕스런 단조가 "옳은" 음악의 유형화되고 인위적인 기준에 의해서만 거짓이 됨을 암시한다. 고급예술에 대한 여인의 낭만적으로 정화된 취미는 이러한 기준을 지지한다. 그렇지만, 이러한 취미와 기준은 자연스러운 것이라기보다는 매우 인위적인 사회 속에서의 정교한 문화적 조건의 산물이기 때문에, 둥둥거리는 원시적인 "틀린 가락"이 미적으로 정제된 우정의 전주곡을 전달하는 "바이올린의 장식음"과 "금이 간 코르네트의/ 아리에타"보다 더 자연적이고 진실되고 "명확"하다. 젊은이의 감정을 미적으로 교육하려는 여인의 시도는 다음 행에서 틀린 가락으로 아주 분명히 드러난다. 아름다운 라일락꽃의 도움을 받아 젊은이를 감동시키려 할수록, 그리고 "이야기하는 동안 하나를 손가락으로 비틀"수록 여인의 시도는 "어느 8월 오후의 부서진 바이올린의 끈덕진 불협화음"으로 격하된다. 여인의 비틀어진 손속에 있는 미적인 것은 모두에게 소통적인 것이라기보다는 엘리트 중심의 선택적인 것이며 가망 없이 비효과적인 것이다. 여인으로부터 화자인 젊은이가 얻을 수 있는 것은 "(자신의) 모자를 집어" 도망가고픈 충동뿐이다.

여인의 무비판적인 낭만적 미학교육은 실패한 듯이 보인다. 그러나 전통적 형식의 고급예술과 미적인 것이 너무 인위적이어서 인간의 감정을 소통시키지도 교육시키지도 못하여 결국 우리의 삶을 증진시키지 못한다면, 비판적인 화자는 어떤 나은 대안을 제안하고 있는가? 분명 그렇지 못한 듯이 보인다. 가상적 모방과 심미적 예술과 우정으로 이루어진 여인의 세계에 질리고 아주 놀라기는 하였지만, 젊은이 또한 자신이 도피처로 삼은 그리고 어느 정도 재현하고 있는 "실제 삶" 속에서 더 행복한 듯이 보이지도 않는다. 소외된 현대의 삶이 전형적으로 제공하는 분절된 감각적 사건들을 그리고 저급한 오락들을 고독하게 방황하며 소비하는 일 이외에 무엇이 젊은이의 삶에 있는가? 젊은이의 감각충동을 충족시키는 데 소모되는 감각적인 잡동사니 것들은 직접적이고 통합된 형식으로 경험되지 못하고, 발터 벤야민이 신문기사들 중에서도 한층 더 분절된 부분이라고 인식한 것을 통하여 대리만족으로만 경험된다.

내가 어느 아침이든 공원에서 만화와 스포츠 기사를
읽고 있는 것이 눈에 띌 것이다.
특히 나는 주목한다.
어느 영국 백작부인이 무대에 섰다.
어느 그리스인이 폴란드 무도회에서 살해되었다.
또 한 사람의 은행채무 불이행자가 고백했다는 기사에.

이 사건들은 의미 없는 "잡동사니"들이고 눈에 띄지 못하는 우울한 감각적인 사태들이다. 그러므로 이는 "폴란드의 신진 피아니스트가/ (그의 영혼이 아닌) 그의 머리칼과 손가락 끝으로 전주곡을 치는 것"을 듣는 것에 대한 화자의 반낭만적 조롱을 훼손시킨다. 왜냐하면 쇼팽의 지루한 낭만주의조차도 신문의 선정적 기사나 만화나 스포츠 같은 매스미디어의 단골품이 지닌 불쾌하고 생기 없고 어떤 의미에서는 비사실적인 사실주의보다 우월한 듯하기 때문이다. 그러나 스캔들을 소개한 이 행들은 사회적 붕괴나 타락 이상을 암시한다. (폴란드인인 쇼팽을 상기시키는) 폴란드 무도회에서 그리스인이 살해되었다는 점은 어떻게 초기 그리스 미학이 이방의 인공적인 낭만주의에 의해 살해되었는가를 암시한다. 그리스에서는 예술이 건강하고 민주적이고 사회의 실제 삶 속에 깊이 통합되어 있었던 반면, 낭만주의는 예술을 순수한 유미주의의 천상적 영역으로 끌어가 버렸다.[22]

---

22 이 견해가 낭만주의보다 고전주의를 우위에 두는 엘리어트식의 좁은 관점이어야만 할 필요는 없다. 왜냐하면 그리스 미학에 대한 이상화는 낭만적 사상가들에게도 그리 낯선 것이 아니었기 때문이다. 실제로 쉴러는 그리스 미학에 공감했을 뿐만 아니라, 만일 그가 후기 낭만주

여하튼, 화자의 파편적이고 무의미한 실제 삶은 여인의 허식적인 미적인 모방보다 나아 보이지 않는다. 그 자신이 이러한 실제 삶에 흥미를 느끼지 못함은 분명하다. 비록 그가 이러한 무관심을 미에 의해 생길 수 있는 실제 감정의 위협보다 선호하는 듯이 보이지만 말이다. 미와 감정은 젊은 화자의 이기적인 자기 충족을 위기에 빠뜨리는 까닭에 위협이 되는데, 이는 계산된 자기 이익의 감각충동에 의해 지시되는 계획들보다 더욱 값있는 충실한 계획들이 있을 수도 있다는 점을 암시함으로써 이루어진다. 매일의 세속적인 반복 속에서 그는 주목한다:

나는 안색을 바꾸지 않는다.
나는 침착한 채로 있다.
단 기계적이고 지친 피아노 오르간이,
다른 사람들이 갈망했던 것들을 회상시키며
정원에서 풍겨오는 히아신스 향기와 함께
어느 닳아빠진 통속적인 노래를 되풀이 할 때를 제외
하고선,
이런 생각들이 옳은 것인가 그른 것인가?

화자는 낭만적으로 다듬어진 쇼팽의 자줏빛 전주곡이나, 여주인공 속에 있는 복잡한 정감의 자줏빛 라일락 등 같은 유미주의의 상투적인 방어진에 대항하는 반어법으로 무장해 있다. 그렇지만 그는 거리와 정원의 자연적인 음악과 아름다움에는 쉽게 이끌린다. 이것들은 엘리트를 위

의와 예술을 위한 예술이라는 미학을 목도할 때까지 살았더라면 이것들이 삶을 부정하는 도피주의라고 비판하였을 것이다. 삶과 예술의 그리스적 통합을 자신의 이상으로 삼으면서, 쉴러는 미적 교육을 통해 사적인 미적 구제가 아닌 사회 속에서의 실제 삶의 개선을 목표로 하였다.

해 고립되어 있는 것이 아니라 공동체 속에서 열려 있고 공유된다. 노래는 대중에게 공통적이며 거리에서 울려 퍼지고, 정원은 개방되어 있다. 이러한 것들이 폴란드인의 공연과 여인의 무대보다는 기계적이고 덜 예술적이기는 하다. 그렇지만 "바이올린의 장식음"과 여인의 "라일락 줄기를 비틀"기보다는 적어도 더 정직하고 직접적이고 열려 있다. 그러므로 이러한 것들은 정서적으로 더 효과적이다.

미적 경험은 깊고 자연적인 인간의 욕구이다. 이것은 고급예술의 영역에서 좌절을 겪을 경우 다른 영역에서 만족을 찾을 것이다. 듀이가 불만을 토로한 대로, "교양인들에 의해 예술작품으로 인정된 대상들이 거리감으로 인해 대중들에게는 빈혈증을 불러일으키는 듯할 경우, 미적 허기는 싸고 저속한 것을 찾기 쉽다"(*AE* 12). 예술의 엘리트적이고 고상한 구획화에 반대하는 이러한 불만에 대하여 엘리어트도 이 시에서 공감한다. 엘리어트는 통속적인 거리의 노래들을 위대한 예술로 칭찬하지도 않지만, 이 노래들을 (그리고 이 노래들에 이끌린 화자를) 무가치하게 저속하다고 비난하지도 않는다. "기계적이고 지친," "닳아빠진," 그리고 "통속적인" (통속적인이라는 단어가 여기서 긍정적인 측면에서 "공통적"임을 뜻하는지 부정적인 측면에서 "저속함"을 뜻하는지는 모호하다) 등으로 묘사된 피아노 노래의 이미지를 고려할 때 이 노래들이 미적 이상을 대변하지는 못한다고 말할 수 있다. 여인의 인위적인 선율에 저항하면서 형성된 젊은이의 원시적 리듬에 대해서도 이와 마찬가지로 말할 수 있을 것이다. 이 리듬은 "무딘 둥둥 소리"이며, "함부로 친" "변덕스런 단조이다."[23] 그리고 여인의 퇴폐적인 낭

23 자기도취적인 성격을 지닌 젊은 화자의 "둥둥(tom-tom)" 소리에 대한 체험과 태도가 젊은 시인인 엘리어트를 상징한다는 언어놀이적 동일화에 이의를 제기하기는 힘들다. 그 당시 엘리어트는 그의 친구들에 의해 "Tom"이라고 불렸다. 그러므로 화자의 "무딘 둥둥(tom-tom)" 소리와 이기심에 대한 화자의 비판은 엘리어트가 이러한 문제를 자기 속에서 비판적으로

만주의보다는 생생하고 강력하다고 할지라도, 이 리듬이 훌륭한 예술이 지향해야 하는 바를 재현하고 있지 못함은 젊은 화자에게조차도 명백하다. 여기서 엘리어트는 예술이 원시적인 뿌리와 리듬과 생기를 버려서는 안 되지만 원시주의로의 전면적 회귀는 서구 미학을 위한 실행가능한 해결책이 아니라고 암시하는 듯하다. 곡해된 퇴폐를 경멸하는 것은 좋지만, 단순한 원시주의에 완전히 만족할 수도 없다. 이러한 원시주의는 우리의 사회문화적 경험에는 맞지 않고, 그 결과 우리 경험에 대한 곡해된 자세 및 도피주의와 연관된다.

둥둥 소리와 닳아빠진 노래의 부정적 이미지 속에 반영되어 있는 이러한 딜레마는 화자의 성격 속에서도 엿볼 수 있다. 우리는 그가 교양을 갖춘 사람임을 그의 언어나 시인이라는 직업을 통해서가 아니더라도 최소한 여인이 그에게 바치는 관심과 칭찬을 통해서 안다. 후기 낭만주의 예술과 유미주의에 대한 그의 반어적인 예민한 비판은 여인의 감상적인 분출을 훨씬 뛰어넘는 미적 세련됨을 암시한다. 그가 대중예술의 원시적이고 "닳아빠진 통속적" 형태에 충분히 만족치 못하는 이유가 이러한 그의 문화적 조건에 있는 듯싶다.

젊은이는 감정에 미련하게 둔감하지도 않다. 그는 마치 감식가가 미적 성질이나 정서를 그것을 진정으로 느끼지 않고도 분별할 수 있듯이 여인의 감정을 그것에 공감하지 않고서도 예리하게 분별한다. 그의 둔감성은 인간 감정의 과오이지 지각의 과오가 아니다. 그는 감정이 그의 "침착"을 훼손할지 모른다는 점을, 그리고 결국에는 그를 여인의 감성적 과잉과 우정 탐닉적 나약함에 빠뜨릴지도 모른다는 점을 두려워한다. 너무나 자아에 몰입해 있고 또한 자아를 추구하기 때문에, 젊은이는 우정에

의식하고 있었음을 암시한다.

대한 여인의 동기들을 두려우리만치 이기적인 것으로 바라볼 수밖에 없으며, 그리하여 그 동기들로부터 두려움 속에서 물러선다. 쉴러의 다음 글은 마치 이 젊은이를 묘사한 듯하다. "오만한 자기충족은 세속적인 인간의 심장을, 자연적인 인간 속에서는 여전히 조화롭게 박동 칠 심장을 수축시킨다 ……. 감성을 완전히 폐기함으로써만 상식적으로 생각되었듯이 우리는 그러한 탈선으로부터 안전할 수 있다"(*AEM* 27). "가장 교양화된 사람 속"에서조차도 발견될 수 있는 그러한 사람은 윤리적 야만의 상태에 가깝다. "그 자신의 인간적 존엄을 아직 깨닫지 못한 그러한 사람은 다른 사람 속에 든 존엄도 거의 존중하지 못한다. 그리고 그 자신의 야만적 욕망을 의식한 그는 자신을 닮은 모든 피조물 속에 든 그러한 욕망을 두려워한다. 그는 자신 속에서 타인들을 결코 보지 못하며, 오직 타인들 속에서 자신을 볼 뿐이다. 그리고 공동체적 삶은 그를 종족의 대변자로 확장시키기는커녕 그 자신의 개인성 속으로 그를 한층 편협하게 제한할 뿐이다"(*AEM* 173). 그의 감각적인 "자기추구"의 삶은 "목적의 단조로운 순환, 판단의 부단한 동요"(*AEM* 171)에 이른다. 이는 젊은 화자의 판에 박힌 일상인 아침신문 읽기, 그리고 기념비, "광장의 괘종시계," 선술집으로의 "담배에 찌든" 순례를 연상시킬 뿐만 아니라 생각이 "옳은 것인가 그른 것인가"에 대한 화자의 동요하는 불확실성을 매우 분명히 연상시키기도 한다.

그렇지만 쉴러가 주장했듯이 미적 매력은 굳어진 심장일지라도 감동시키고 결국에는 부드럽게 만들 수 있다. 엘리어트의 세속적인 젊은이는 거리의 노래와 히야신스에 완전히는 아닐지라도 진심으로 감동한다. 젊은 화자는 인간의 욕망과 연민에 (이전의 원시적 둥둥 소리를 통하여서뿐만 아니라) 통속적이고 단순한 아름다움을 통하여서도 완전히 흔들리지는 않는다. 그렇지만 그는 "다른 사람들이 갈망했던" 것을 그리고 그러한 욕망의 타당성과 가치를 헤아려 볼 정도로 자신의 자아몰입이나 침착으로부터 많이 벗어나 흔들린다. 그는 "이런 생각들이 옳은 것인가 그른 것인가?"라고 묻는다. 그렇지만 이러한 물음이 윤리적인 자기비판이나 개혁과는 아직도 한참 거리가 멀다. 왜냐하면 "옳은 것인가 그른 것인가"는 반드시 윤리적으로 "옳은 것인가 그른 것인가"가 아니라 단지 "참인가 거짓인가" 또는 (속이거나 괴롭히는 "올바른 방식"의 경우에서처럼) 단순히 "수단적으로 옳은 것인가 그른 것인가"를 의미할 수도 있기 때문이다.

더욱이, 정점에 오른 세 번째 만남에서 우리는 젊은이가 침착함을 유지하고 있으며 그를 놀라게 했던 연민이라는 인간의 감정을 여전히 부인함을 알 수 있다. 그렇지만, 그의 자기몰입이나 침착은 이전 연에서 이루어진 미적 경험을 통해 이미 어느 정도 약화된 듯이 보인다. 왜냐하면 여인의 아파트에 다가가면서 그는 "약간 불안스런 느낌"을, 마치 자신이 "손과 무릎"으로 계단을 기어 올라온 듯한 기분을 토로한다. 외국으로 나가기 전 여인에게 작별을 고하면서, 젊은이는 복받친 그녀의 감정과, (이제 편지를 통해서) 우정을 지속하고픈 그녀의 바람과, 그리고 우정이 되돌아오지 않았음에 대한 그녀의 실망과 대면해야만 한다.

"어쩌면 당신이 내게 편지 쓸 수 있겠지요"
내 침착은 한 순간 타오른다;
이것은 내가 예상했던 대로다.
"나는 최근에 자주 생각해보았어요.
(그러나 우리들의 시작은 결코 끝을 알지 못한다!)
왜 우리가 친구로 발전하지 못했는지."
나는 미소짓다가 돌아섰을 때
갑자기 거울에 비친 자기 표정을 본 사람처럼 느낀다.

내 침착은 나풀거린다; 우리는 정말 어둠 속에 있다.

우리가 가까이 들여다본다면, 젊은이의 침착을 완전히 흩뜨려 놓는 것은 여인의 요구나 애처로운 감정이 아니라, 오히려 거짓되고 무정하게 미소 띤 스스로의 응답에 대한 젊은이의 자각이다. 이는 거울 속에 있는 자신의 당혹스런 웃음을, 즉 "거울에 비친 자기표정"을 포착하였을 때 얻는 비판적 자기인식과 흡사하다. 그러나 거울 속에 있는 이미지를 포착한다는 은유는 정확히 예술과 예술이 행하는 모방에 대한 가장 오래 되고도 투명한 은유이다. 이 점을 고려한다면, 엘리어트는 여기서 예술이 굳어진 인간의 자기몰입을 전복할 수 있다는 점을, 그리고 인간의 이미지나 행동을 비판적으로 재현함으로써 그러할 수 있다는 점을 은유적으로 암시한다. 삶과 사회의 악에 대한 재현만으로도 예술이 그러한 악에 대한 비판을 촉진할 수 있으며, 그리고 그러한 비판은 윤리적 · 사회적 개선으로 나아가는 필요한 걸음이다라고 말할 수도 있다. 미적 교육은 비판과 연관될 때에만 가능하다. 예술은 거울 같은 이미지들을 단지 생산하거나 소비할 때가 아니라 비판적으로 포착하여 소화할 때 교화를 이루어낼 수 있다. 이러한 주제는 시의 마지막 연에서 반복적으로 강화될 것이다.

마지막으로부터 두 번째 연에서 우리는 포착하는 이미지를 단지 재현할 뿐만 아니라 강화하기도 하는 예술을 본다. 예술적 묘사의 강화는 여인의 마지막 호소를 드러내는 사무치는 반복적 운율 속에서 나타난다.

우린 이제 운명에 맡길 수밖에,
어쨌든, 당신은 편지해 주시겠지요.
아마도, 너무 늦을 리는 없겠죠.

나는 여기 앉아서, 친구들에게 차나 따르겠어요.

여기서도 화자의 자기몰입이나 침착을 무너뜨려 그를 인간 이하의 존재로 폭로시키는 것은 감정 그 자체가 아니라 감정의 예술적 기교인 듯이 보인다. 그의 반응은 인간성에도, 여인의 호소가 지닌 미적 힘에도 상응할 수 없다. 표현을 발견하기 위한 그의 우아하지 못한 변덕스런 시도는 곡예 동물의 우스꽝스러운 몸짓에 다름 아니다.

그리고 나는 표현을 발견하기 위해
온갖 변화하는 모양을 빌려야만 한다. …… 춤추고
춤춰야 한다.
춤추는 곰처럼,
앵무새처럼 소리쳐야 하고, 원숭이처럼 재잘대야 한다.
우리 바람이나 좀 쐽시다, 담배에 취했으니

마지막 연은 감상적인 여인이 죽었을 가능성을 외국에서 혼자 상상하고 있는 젊은 화자를 보여준다. 왜냐하면 그녀는 "여행 목적지에 도달하려는 여자의 우정과 연민"을 그에게 줄 때 이미 자신의 "묻힌 삶"을 담담히 이야기했기 때문이다. 여인의 죽음을 생생하고 상세한 예술적 기교로 상상하는 한편, "손에 펜을 들고" 앉아 여인의 반복적인 부탁과 그의 반복적인 거부를 회상하고 기록함으로써, 젊은 화자는 시의 회상적인 서술을 해 내려간 시인으로, 그리고 다른 사람의 고통을 자신 예술의 소재로 이용한 자로 드러난다. 예술은 인간의 감정을 발달시키기보다는 약탈할 수도 있다. 예술은 약탈을 더 잘하기 위해 인간의 감정을 부정하고 왜곡한다. 그러나 다른 한편으로는, 여인의 죽음에 대한 젊은이의 시적 재현은 자신의 감정이 타당한 것인가, 그리고 타인의 인간적 감성을 마주하는 자신의 냉소적 자세가 윤리적으로 정당한 것인가라는 의문을 젊은이 스스로에게 제기하게 만든다. 여기서 시라는 고급예술은 원시적인 둥둥 소리와 닳아빠진 거리의 노래로는 감당할 수 없는 진정한 도덕적 감정을 도입하는 데 성공한 듯이 보인다. 그러나 이 감정이 진정한 것인가? 이 시의 복합적인 결론은 아주 세밀한 탐구를 요구한다.

글쎄! 어떻게 하지, 만일 그녀가 어느 날 오후
회색의 흐린 오후, 노랑과 장미색 저녁에 죽는다면:
죽어서, 손에 펜을 들고 앉아 있는 나를 두고 가 버린
다면,
연기가 지붕 꼭대기에서 내려올 무렵에;
무엇을 느껴야만 하는지 혹은 내가 이해하는지,
혹은 현명한지, 어리석은지, 늦은지 너무 이른지
잠시 회의에 잠긴다 ……
그녀가, 결국 유리하지 않을까?
이 음악은 종지(終止)가 성공적이다.
우리가 죽음을 이야기하는 지금엔 —
그런데 내가 미소 짓는 것은 당연히 옳은가?

여인의 죽음에 대한 생생한 예술적 묘사가 젊은이에게 자신의 감정을 또는 자신의 감정의 부재를 비판적으로 다루게 만든 것은 사실이다. 더욱이, 이 미적 기교는 그가 유약하다고 경멸한 여인의 감상들이 우월함을 지니고 있음을 암시한다. 자기몰입이나 침착의 멍에로부터 감정을 자유스럽게 하여 그 스스로의 흐름에 맡겨 놓음으로써, 우리는 "무엇을

느껴야만 하는지"로부터 벗어난다. 우리는 알 필요가 없이 단순히 느끼면 된다. 한 걸음 더 나아가, 다양하게 채색된 "회색의 흐린, …… 노랑과 장미색" 분위기 속에서뿐만 아니라 음악적으로 표현된 "종지" 속에서도 드러나는 여인의 죽음에 대한 상상적인 예술적 묘사는 시의 마지막 행에서 화자에게 최초의 진정한 윤리적 의문을 불러일으킨다. "그런데 내가 미소 짓는 것은 당연히 옳은가?"라는 행에서의 "당연히"와 "옳은"은 이 시에서 최초로 그리고 유일하게 확실히 나타나는 윤리적 용어이다. 왜냐하면 우리가 이미 보았듯이 "옳은 것인가 그른 것인가"라는 생각들은 비윤리적 의미를 지닐 수도 있기 때문이다.

다른 한편으로, 이 시는 여인의 최종적인 우월함이 여인의 감정에 있지 않고 감정의 종식인 여인의 죽음에 있음을 암시하는 것으로 읽힐 수 있다. 그러므로 예술의 보호 아래 있는 시인으로 이제 분명히 드러난 젊은이는 실제 감정의 삶보다 예술적 죽음을 긍정하는 것으로 해석될 수 있다. 물론, 예술은 항시 삶과 대조되어 왔었고, 죽음은 더할 나위 없다. 여인에 관한 이 시를 쓰면서 젊은이는 여인에 대한 실제 감정으로부터 다시 한 번 도피하려 하며, 예술은 이러한 도피를 제공한다. 더욱이, 후기 낭만주의와 "예술을 위한 예술"운동 이후, 예술을 일상적인 실제 삶의 관심과 정서로부터 분리하여 순수화하려는 주장이, 즉 미적 정서를 실제 삶의 정서와 혼동해서는 안 된다는 관점이 자주 발견되었다. 예컨대, 클라이브 벨은 이러한 관점을 옹호하였고,[24] 엘리어트 자신 또한 이 시를 완성한 이후 수년 동안의 짧은 기간이기는 하지만 이 관점을 옹호하였다. 자신이 펼친 객관주의 비평단계의 정점에 있을 때인 1920년 엘리어트는 다음과 같이 주장하였다. "문학비평가는 예술작품에 의해 직접적으

24 Clive Bell, *Art* (New York: Capricorn, 1958), ch. 1을 참고하기 바란다.

로 환기된 정서 이외에는 그 어떤 정서를 가지고 있어서는 안 된다-그리고 그렇게 환기된 정서 또한 …… 타당하려면 전혀 정서로 불리지 않아야 한다."[25]

그렇다면, 젊은 시인인 화자는 자신의 예술을 통해 실제 정서와 연민에 진정으로 감동한 것이 아니라 단지 미적 정서에 감동한 것일지도 모른다. 예술은 실제 윤리적 연민과 실천을 유발하고 촉진하는 것이 아니라 오히려 그러한 것으로부터의 손쉬운 도피를 상상된 예술적 연민의 대리만족을 통해 제공하는 것인지도 모른다. 상상된 예술적 연민은 쾌적한 형식 속에서 형성될 수 있고, 생생한 감정과의 실제 작용이나 직접적 대응을 필요로 하지 않는다. 이럴 경우, 우리는 젊은 시인인 화자는 미적으로 정제됨으로써, 즉 여인의 죽음에 대한 순수한 미적 감상이 인간적 감정에 의해 훼방되는 것을 막음으로써 도덕적인 야만인으로 남아 있다고 말할 수 있다. 왜냐하면 그는 여인의 죽음을 고통, 상실, 슬픔, 또는 윤리적 회한과 같은 진정한 죽음에 대한 용어로가 아니라 "이 음악은 종지가 성공적이다"로 간단히 표현된 것처럼 분명하고 단순한 미적 용어로 감상하기 때문이다. 이는 미적 교육이 우리에게 진정한 도덕적 감정과 인간적 연민을 열어주기보다는 미적으로 정제된 그러나 도덕적으로 무감각화된 태도를 강화시킨다는 점을 암시한다. 이러한 태도를 갖게 되면 우리는 심지어는 인간을 포함한 모든 것을 미적 사용의 대상으로 간주하려 한다. 화자가 가장 강렬하게 감흥에 젖어 있는 마무리의 절에서조차도 그는 여인을 인간적 존엄을 지닌 목적 그 자체로가 아니라 미적 대상으로, 즉 그의 "여인의 초상"을 위한 대상으로 다룬다. 그가 조금이라도

25 Eliot, *Selected Prose*, 56. 비평의 객관성에 대한 엘리어트 생각의 변화에 대해서는 필자의 *T. S. Eliot and the Philosophy of Criticism*, ch. 3을 참고하기 바란다.

마음이 움직인 것이 여인의 실제 운명 때문인지 아니면 자기도취적 유미주의 속에서의 그 운명에 대한 그 자신의 예술적 재현 때문인지는 의문의 여지가 있다. 사실상, 그의 감정의 진실성은 그리고 죽음의 으스스한 잔혹성마저도 고통스러운 연민이 아닌 미적 즐거움을 위한 순간으로 만드는 삶의 전체적 유미화는 시인인 화자 자신에 의해 의문시되는 듯이 보인다. "그런데 내가 미소 짓는 것은 당연히 옳은가?"라는 이 시를 마감하는 의문은 강력하게 이 점을 암시하며, 복합적으로 풍부한 의미의 층을 만들어 읽고 난 후에도 오랫동안 계속해서 여운을 남긴다.

의문은 젊은 화자가 여인의 정서적 연약함이 지닌 어리석음을 비웃는 것이, 또는 진정한 감정과 우정을 요구하는 여인으로부터 마침내 도망친 것에 대해 안도의 웃음을 짓는 것이 당연히 옳은가에 국한되지 않는다. 여인의 을씨년스러운 실제 정서와 고통을 잘 짜여지고 쾌적하게 소화될 수 있는 예술작품으로, 미적 정서를 통해 대리적인 삶과 감정을 제공하는 예술작품으로 훌륭히 변형시킨 것에 대해 시인인 화자가 만족스러운 웃음을 짓는 일이 옳은가라는 점도 또한 의문시되고 있다. 그러나 그는 여인의 죽음에 대한 자신의 편향적인 심미화를 크게 의식하고 있는 듯하다. 화자가 지닌 스스로에 대한 비판능력, 예컨대 "침착"을 잃었을 때의 자신의 어색함을 묘사하는 능력을 고려한다면, 그는 인간의 삶과 죽음에 대한 심미적 태도가 비도덕적인 것이라고 깨달은 점을 비웃고 있는지도 모른다. 나의 냉혹한, 비인간적인 심미주의에 대해, 그리고 도덕적 결함을 지각하는 나의 뛰어난 지적 능력에 대해 미소 짓는 것은 당연히 옳은가? 라고 화자는 또한 묻고 있는 것이다. 우리 자신에 대해 그리고 우리의 윤리적 결점에 대해 사실상 그것들이 미소 지을 문제가 아님에도 불구하고 비판적으로 미소 짓는 것은 옳은가?

여운을 남기는 이 마지막 의문은 여기서 멈추지 않고 우리를 시인인 화자를 넘어 실제의 시인 그리고 마침내는 독자와 비평가로까지 한 걸음 더 나아가게 한다. 젊은 시인인 화자를 스물세 살의 나이에 이 작품을 완성한 젊은 엘리어트와 동일한 인물로 간주한다면, 우리는 스스로에게 묻고 있는 엘리어트를 보게 된다. 즉, 삶을 예술로서 간주하는 젊은 화자의 심미주의와 자기기만에 대해 비판적 우월함을 가지고 웃는 것이 옳은가의 여부를 스스로 묻고 있는 엘리어트를 보게 된다. 아니면, 엘리어트는 그러한 자기기만에 대해 긍정적으로 웃고 있는 것인가? 왜냐하면 시를 쓰면서 범하는 행위, 바로 그 행위를 엘리어트 자신이 하고 있기 때문이다. 악에 대한 예술의 심미화를 비판하지만, 엘리어트는 또 하나의 미적 대상을 생산함으로써 문제를 단순히 재생산하였다. 그러한 미적 대상은 우리의 미적 정서를 그리고 예술 속에 있는 "도덕적 내용"에 대한 일부 우리의 고매한 미적 취미를 만족시킬 것이다. 그러나 도덕적 내용에 대한 세련된 미적 묘사나 심미화는 예술이 아닌 삶 속에서 해결하고 또 해결되어야 하는 문제의 근원으로부터 우리를 벗어나게 한다. 여기서 예술은 문제로 우리를 이끄는 바로 그 행위 속에서 문제로부터 우리를 부단히 벗어나게 하는 특징의 일부를 드러낸다.

마지막으로, 이 시의 독자나 비평가도 이러한 의문이나 자기기만의 위협으로부터 면제되어 있지 않다. 엘리어트가 윤리적인 것에 대한 심미화를 비판하면서 역설적으로 범하는 윤리적인 것에 대한 심미화에 내가 미소 짓는 것이 당연히 옳은가? 우리들 독자나 비평가가 시의 도덕적 교훈과 수수께끼를 단순히 미적 메뉴로만 감상한다면, 우리는 엘리어트나 젊은 화자가 자신들의 창작기술에 미소 짓고 만족하는 것이 옳지 않듯이 우리의 고매한 독서능력과 섬세함에 미소 짓고 만족하는 것이 옳지 않다.

이러한 예술의 도덕적 역설에 대한 대답의 흔적이 있다면, 다음과 같은 것일 듯하다. 우리는 예술작품과 그것의 도덕적 내용에 대한 우리의 비평을 예술 자체의 사회적 역할에 대한 비판적 인식으로, 나아가 삶과 인간적 연민에 무관심한 고급예술을 만드는 우리 사회에 대한 광범위한 비판으로 향하게 할 필요가 있다. 예술은 그러한 비판적 인식을 자극할 수는 있지만 스스로 제공할 수는 없다. "여인의 초상"에서 우리가 보듯이, 예술은 기껏해야 비평이 명료화해야 하고 답변해야 하는 매혹적이나 모호한 질문을 제기할 수 있을 뿐이다.

그렇다면 우리는 여기서 끝을 맺는 것이 당연히 옳은가? 아니다, 우리는 우리의 불행한 사회, 문화적 파편화에 대한 비판을 수행할 의무가 있다. 파편화가 이루어지는 곳에서, 우정은 두려움과 도피와 고립 속으로 함몰하며, 미와 감정은 행복한 연대 속에서가 아니라 한 여인의 외로운 죽음과 한 젊은이의 고독한 회한 속에서 구현된다. 우리의 사회, 문화적 파편화는 예술적 표현의 대중적 형식들이 고급예술로부터 날카롭게 분리되는 곳에서 표현되고 옹호된다. 이곳에서 예술적 표현의 대중적 형식들은 예술의 지위마저도 얻지 못한다. 우리의 문화 속에서 온전한 미적 정당성을 얻기 위해서는 젊은이가 여인의 예술적 성소에 도달하기 위해 층계를 올라야만 했듯이 영혼화와 엘리트적 세련됨의 가파른 층계를 올라야만 한다. 그리고 그 위가 불편스러이 답답하고 침울하다 할지라도, 감히 창문을 열어 신선한 공기와 거리의 대중적 노래를 들어오게 해서는 안 된다. 이를 어길 경우, 우리는 예술의 순수한 공기를 마실 능력이 없는 야만인이나 동물("춤추는 곰")로 취급되어 전혀 다른 문화영역으로 도망칠 수밖에 없다.

젊은이가 예술적 표현의 대중적 형식을 대변하고 여인이 고급예술을 상징한다면, 그들의 소통 또는 공존의 실패는 중대한 문화적 문제를 상징한다. 우리의 예술적 전통 속에서 미적 존중이나 승인을 받지 못한 대중예술은 대중예술에 더욱 미적인 만족과 감수성을 제공할 수 있는 예술적 보호와 관리를 박탈당한다. 경제적 이윤이라는 탈인간화된 생존의 압력에 변형되어, 대중예술은 점점 더 강건해지고 기술적으로 복잡화되지만 감성적인 면에서는 야만적으로 조야해진다. 이와 반대로, 고급예술은 여인의 운명처럼 젊은이와 대중예술이 지닌 삶의 생기(쉴러적인 "기운생동하는 미")로부터 분리되어, 숨 막히는 순수성과 생기 없는 영혼성 속에서 외롭게 죽도록 방치되어 있다.

진정한 고급예술과 비합법적인 대중예술 사이의 이러한 한탄스러운 문화적 이분법은 고급예술의 숨 막히는 인위성과 대중예술의 탈인간적 원시성 사이의 미적 딜레마를 우리에게 남기는 듯하다. 이 딜레마와 이분법은 대중예술을 미적으로 불온한 것으로, 사회문화적으로 타락한 것으로 거부하는 우리의 제도적인 예술 이데올로기를 계속하여 비판함으로써 도전받아야만 한다.

3장
대중예술의 미학적 도전

1

대중예술은 미학자들과 문화 이론가들에게 최소한의 전문적인 측면에 있어서조차도 대중성을 얻지 못해왔다. 경멸할 가치도 없는 것으로 전적으로 무시되지는 않을 때라도, 정신 나가고 비속한 쓰레기로 으레 지탄받는다.[1] 대중예술(popular art)과 군중문화(mass culture)에[2] 대한 경시는 아주 다양한 사회정치적 관점이나 계획을 지

---

1 이러한 일반적인 철학적 태도와는 다른 몇 가지 예외를 언급할 수 있음은 기쁜 일이다. Stanley Cavell, Noel Carroll, Alexander Nehamas에 의해 이루어진 영화와 텔레비전에 관한 우호적인 연구는 특히 주목할 만하다. 특히, Cavell의 *The World Viewed* (Cambridge, Mass.: Harvard University Press, 1979); *Pursuits of Happiness* (Cambridge, Mass.: Harvard University Press, 1981); "The Fact of Television," *Daedalus* 111 (1984), 235-68; Carroll's *Philosophical Problems of Classical Film Theory* (Princeton: Princeton University Press, 1988)와 *Mystifying Movies* (New York: Columbia University Press, 1988); 그리고 이번 장의 주석 52와 65에서 인용된 Nehamas의 저작들은 참고하기 바란다. 또한 David Novitz, "Ways of Art Making: The High and the Popular in Art," *British Journal of Aesthetics* 29 (1989), 213-29를 참고하기 바란다.

2 적정한 용어를 둘러싼 논쟁은 중요하고 유익하다. "대중"이란 용어는 몰개성화된 비인간적 집합을 암시하는 "군중"이란 용어보다 훨씬 더 긍정적인 함축을 많이 지니고 있다. 용어를 둘러싼 논쟁에 대해서는 Herbert J. Gans, *Popular Culture and High Culture: An Analysis and*

닌 지성인들에 의해 광범위하게 지지받기 때문에 큰 설득력이 있어 보인다. 이러한 경시는 우익 보수주의자와 마르크시스트 급진주의자가 손을 잡고 제휴하는 드문 사례를 연출한다.

대중예술을 옹호함으로써 사상가들의 이러한 강력한 연대에 반대를 제기하는 것은 어려운 일이다. 그러나 이것이 이번 장에서의 필자의 목표이며, 이는 여러 가지 이유에서이다. 필자의 듀이적 프라그마티즘은 고급예술이 지닌 고립된 난해성과 절대화된 주장들에 비판적일 뿐만 아니라 고급예술의 산물들과 대중문화의 산물들 사이에 놓인 어떠한 본질적인 구분도 강하게 의심한다. 더욱이, 역사는 그리스 시대나 엘리자베스 시대의 드라마와 같은 특정문화의 대중적 오락이 그 이후의 시대에는 고급고전이 될 수 있음을 명확히 보여주고 있다. 동일한 문화적 시기에서조차도 한 특정 작품이 일반인들에 의해 어떻게 해석되고 수용되느냐에 따라 대중예술로 기능할 수도 또는 고급예술로 기능할 수도 있다. 19세기 미국에서 셰익스피어는 고급연극이자 통속극이었다.[3]

고급예술과 대중예술 사이의 경계는 양쪽 모두에 확연히 걸쳐 있는 많은 영화들의 예에서 볼 수 있듯이 명확하지도 않고 논쟁으로부터 벗어나 있지도 않다. 그렇기 때문에 앞으로의 필자의 논의가 그러하듯이 이 예술들에 대해 단순하고 일반적으로 이야기하는 것은 엄청난 철학적 추상화와 단순화가 따른다. 그러나 대중예술에 대한 전방위적인 비난이 그러한 단순한 이분법적 용어들로 이루어지고 있기 때문에, 대중예술을 옹호하기 위해 그러한 용어들을 사용하는 것은 정당하다는 느낌이 든다.

Evaluation of Taste (New york: Basic Books, 1974), 10을 보기 바란다. Gans의 이 책은 앞으로 *PH*로 약칭할 것이다.

3 Lawrence W. Levine, *Highbrow/Lowbrow: The Emergence of Cultural Hierarchy in America* (Cambridge, Mass.: Harvard University Press, 1988), 13-81.

그렇지만 필자는 대중예술에 대한 옹호가 궁극적으로는 고급/대중예술의 이분법에 대한 해체로 나아가기를, 그리고 다양한 예술들과 그것들이 수용되는 다양한 형식들에 대한 더 세밀하고 구체적인 분석으로 나아가기를 희망한다.[4]

대중예술을 옹호하는 가장 강력하고 다급한 이유는 천박하고 몰인간화되고 미적으로 비합법적인 것으로 송두리째 비난하기에는 대중예술이 지식인을 포함한 우리들에게 너무나 큰 미적 만족을 제공하기 때문이다. 대중예술을 계몽되지 못하고 속임수에 빠진 군중의 야만적인 취미와 둔감한 마음에나 어울리는 것으로 비난하는 일은 우리를 우리 공동체의 다른 사람들뿐만 아니라 우리 자신과도 적대적으로 분리해 놓는다. 우리는 우리에게 즐거움을 주는 것들을 혐오하게 그리고 그러한 것들이 제공하는 즐거움을 부끄러워하게 된다. 대중예술에 대한 보수적인 비평가들과 마르크스적인 비평가들은 현대의 사회적, 개인적 파편화를 모던화, 산업화, 세속화 그리고 자본주의의 탓으로 비난하면서 거듭 탄식하지만, 그들 자신이 고급문화와 대중문화 사이에 그은 합법성의 엄격한 선은 사회 속에서 그리고 한층 더 깊게는 우리 자신 속에서 그와 동일한 고통스런 구분을 되새기고 동시에 재강화한다. 이와 유사하게, 대중예술에 대한 부당한 비판은 우리의 미적 만족을 보호한다는 기치 아래 이루어지지만, 실상은 금욕적 거부의 한 형태를 대변한다. 즉, 미적인 것의 통제하기 힘든 힘과 감성적 매력을 억제하기 위해 플라톤 이래로 지식인들이 채택한 많은 형태들 중의 한 형태를 대변한다.

4 고급/대중예술의 구분을 정의해야만 한다면, 단순히 상이한 대상들로서가 아니라 수용이나 사용의 상이한 양태로서 광범위하게 정의하는 것이 더 낫다. "대중"이란 용어는 일상적인 경험에 더 가깝다는 점에서, 그리고 형식적 교육의 체계나 지배적인 지적 제도의 체계가 주입한 지침과 기준에 의해 구조화되고 통제되는 정도가 약하다는 점에서 "고급"이란 용어와 대조된다.

이러한 이유에서, 대중예술에 대한 옹호가 이 예술을 소비하는 피지배적 집단의 사회문화적 자유를 성취할 수는 없다고 할지라도, 고급예술의 배타적 주장에 의해 이와 유사하게 억압받는 우리 자신의 피지배적 부분들을 자유롭게 하는 데는 일조를 할 수 있다. 그리고 그러한 자유는 문화적 억압의 고통에 대한 각성과 더불어 광범위한 사회적 개혁을 위한 자극이자 희망을 제공할 수도 있다.[5]

다음과 같은 네 가지 요소가 강력한 지식인 비판가들에 대항하여 대중예술을 옹호하는 일을 특히 어렵게 만든다. 첫째, 옹호가 얼마쯤은 적진에서 수행되어야만 한다. 왜냐하면 지식인 비판에 맞서려는 시도 자체가 응답을 요구하는 그들 주장의 힘을 그리고 그들이 사용하는 중립적이지 않은 비판의 용어들을 받아들여야 하기 때문이다. 대중예술에 대한 옹호는 흔치 않은데, 그 부분적인 이유는 대개의 대중문화 열광자들은 지식인 비판이 응답할 가치가 있을 만큼 적합하거나 강력하다고 생각하지 않기 때문이다. 그들은 고립된 "근심 많은" 지식인들의 주장에 대항하여 자신들의 취미를 옹호할 필요를 느끼지 않는다. 이와 마찬가지로, 그들은 대중예술이 자신들 및 다른 많은 사람들에게 제공하는 만족 이상의 것을 통하여 대중예술을 옹호할 필요를 느끼지 않는다.

두 번째, 그러나 첫 번째와 연관된 어려움은 대중예술에 대한 지식인 변호자들이 대중예술이 지닌 미적 결점에 대하여 너무 굽실거린다는

5 Pierre Bourdieu는 필자에게 대중예술의 정당성에 대한 이론적 옹호가 그 자체로 실제 사회 속에서 대중예술에 정당성을 부여하지는 않는다고 경고하였다. 더욱이, 그러한 옹호는 우리의 눈을 부당한 사회적 사실로부터 멀어지게 하고, 그 결과 그것들을 지속시키는 데 기여하기 때문에, 채택하기에 위험한 전략이다라고 말하였다. 필자의 답변은 그러한 위험은 감수할 만하며, 옹호의 논증법이 사회적 실재에 대한 눈감음을 함축하지는 않으며, 그리고 이론적 옹호, 경험적 연구, 사회문화적 개혁은 바람직한 정당성을 낳는 데 적용될 수 있고 또 적용되어야만 한다는 것이다.

점이다. 고급예술에 대한 미적 이데올로기를 그리고 대중문화에 대한 고급예술의 미적 비판을 무비판적으로 지지하면서, 그들은 대중예술을 그 자체의 미적 타당성에 호소함으로써가 아니라 사회적 필요와 민주적 원리 같은 "정상참작"에 호소함으로써 옹호한다. 그리하여, 대중예술에 대한 견고한 옹호자인 허버트 간스(Herbert Gans)는 대중예술이 고급예술에 비해 미적으로 빈곤하고 열등함을 인정한다. 고급예술은 창조적 "혁신", "형식실험", 깊은 "사회적 · 정치적 · 철학적 질문들"의 탐구, "여러 층위에서 이해"되는 용량 등으로 인하여 "더 큰 그리고 더 지속될 미적 만족을" 예술에 제공하는 반면, 대중문화는 이러한 미적 특징들을 결여하고 있다(*PH* 76-9, 125). 그렇지만, 간스는 하류계층들이 자신들이 즐길 수 있는 유일한 문화적 산물인 대중문화를 선택하고 즐긴다는 이유로 비난받을 수는 없다고 주장하였다. 왜냐하면 그들은 "고급문화를 선택하는 데 필요한 사회경제적 · 교육적 기회를 결여"하고 있기 때문이다. 그들에게 고급문화를 즐길 수 있게 해주는 적정한 교육과 여가를 제공하는 데 실패한 민주사회는 그들의 실제적인 취미의 "욕구와 기준을 …… 충족시켜 줄 문화적 내용의 창조를 허용해야만 한다"고 간스는 주장하였다(*PH* 128, 129).

인간미가 넘치기는 하지만, 대중예술에 대한 이러한 옹호는 이 책의 독자들에게는 도움이 되지 못한다. 이러한 옹호는 고급문화를 감상할 교육과 여가를 지니지 못한 사람들만을 변호해준다. 간스는 다음과 같은 점을 명확히 하였다. 우리는 우리의 "교육적 수준에 맞는 (문화적) 내용을 선택해야 하고", 우리가 "이 수준보다 낮게 계속 선택한다"면 "부정적으로 평가받아야" 하지만, 이 수준보다 높게 선택한다면 칭찬받아야 한다(*PH* 126-7). 이렇게 되면, 대중문화는 더 나은 선택을 할 수 없는 사람들에게만 유효한 셈이 된다. 대중예술은 매우 다양한 사회적 계층들과 인간의 능력을 미적 즐거움과 감상 속에서 묶을 수 있는 것이 아니게 된다. 대중예술은 찬양의 대상이 아니라 "모든 사람에게 더 높은 취향의 문화들을 선택하게끔 해주는" 충분한 교육적 자원이 제공될 수 있기 전까지만 관대히 다루어져야하는 대상이 되는 셈이다(*PH* 128). 대중예술에 대한 이러한 사회적 변호는 진정한 옹호를 침해한다. 왜냐하면 이러한 변호는 자신이 반대하는 비판과 동일한 종류의 사회적 · 개인적 파편화를 촉진시킬 뿐만 아니라 마찬가지로 미적 빈곤의 신화를 영속화시키기도 하기 때문이다.

대중예술에 대한 적정한 옹호는 미적인 변호를 필요로 한다. 그러나 그러한 옹호가 쉽지 않은 세 번째 이유는 우리가 고급예술들 중 천재의 유명한 작품들만을 고급예술로 생각하는 경향이 있는 반면, 대중예술은 대중예술들 중 가장 평범하고 규격화된 산물들과 대체로 동일시하기 때문이다. 그렇지만 불행하게도 많은 평범한, 심지어는 나쁜 고급예술 작품들이 존재한다. 고급예술에 대한 가장 열성적인 옹호자조차도 이 점을 인정할 것이다. 그리고 고급예술이 흠집 없는 명작들의 집합이 아니듯이, 대중예술도 미적 기준이 전혀 드러나지 못하거나 발휘되지 못한 몰취미의 획일적인 구렁텅이가 아님을 필자는 논증할 것이다. 엄격하거나 본질적으로가 아닌 유연하고 역사적으로 구분되는 이 두 예술 모두에서 성공과 실패의 미적 차별이 존재하며 또 필요하다.

마지막으로, 가장 큰 문제점인 듯한 것은 지적 담화에서 "미적"이란 용어가 고급예술과 복잡한 스타일에만 배타적으로 사용되고 "대중적 미"란 개념은 마치 모순되는 용어인 양 여겨지는 경향이 있다는 점이다. 이러한 경향으로 인해, 문화에 대한 대중적인 욕구에 공감하고 고급예술의 "무관심적", "비상업적" 이데올로기를 꿰뚫어보는 사람들조차도 부정적이고 피지배적이고 빈곤한 것이 아닌 것으로서의 대중적인 미가 있음을 깨닫지 못하였다. 이러한 유감스런 편견의 가장 두드러진 예는 피에르 부르디외(Pierre Bourdieu)이다. 그는 고급문화의 이른바 무관심적 미학이 지닌 숨겨진 이윤과 감추어진 관심을 혹독히 폭로하지만, 그럼에도 불구하고 자신이 탈신비화하려는 신비에 매혹되어 정당한 대중적인 미적인 것의 존재를 전혀 인정하지 않는다. 그는 부정적인 꺼림칙한 예로써만 이 개념을 언급한다. 그리고 이른바 대중적인 미적인 것을 "반증 또는 부정적인 참고지침"일 뿐이라고 거듭 강조한다.[6] 즉, 대중적인 미적인 것은 정당한 미적인 것이 정당성을 확립하기 위해서는 거리를 두어야만 하는 반증 또는 부정적인 참고지침일 뿐인 것이다.

우리는 "미적"(aesthetic)이란 용어가 지적 담화에서 비롯되어, 고급예술에 그리고 가장 세련된 자연 감상에 아주 흔히 적용되어왔음을 인정해야 한다. 그러나 이 용어의 적용이 더 이상 그렇게 좁게 한정되지는 않음이 분명하다. 미적이란 용어가 적용되는 많은 패션스쿨들과 미용기관들을 생각해보라. 그리고 "우아", "고상", "통일성", "스타일"과 같은 전통적인 미적 술어들이 조금의 얼버무림도 없이 대중예술의 산물들에 상례적으로 적용되고 있다. "예술" 그리고 "미적" 등과 같이 높게 가치매겨진 분류적 용어들이 지닌 사회, 정치적 이해관계를 부르디외보다 더 잘 파악한 사람은 없다. 그러므로 그가 그러한 용어들을 그렇게 쉽게 고급예술

---

6 Pierre Bourdieu, *Distinction: A Social Critique of the Judgement of Taste* (Cambridge, Mass.: Harvard University Press, 1984), 4, 32, 41, 57 (이하 *D*라고 약칭). Roger Taylor 또한 유사한 잘못을 저질렀다. 그는 예술에 대한 우리의 개념이 억압적인 귀족적 엘리트로부터 비롯되어 그들에게 봉사하는 데 사용되어 왔으므로 엘리트의 권력에 영원히 맡겨질 수밖에 없으며, 따라서 민중의 적으로 필연적으로 머무를 수밖에 없다고 결론 내렸다. 또한 Taylor는 예술이란 관념 자체가 그것이 지닌 본질적이고 절대적인 상류계층적 특성 때문에 "대중문화를 타락시키는 영향"을 미친다고 주장함으로써 대중문화가 고급예술을 타락시킨다는 표준화된 비판에 대한 흥미로운 전복을 제시하였다. Roger Taylor, *Art, an Enemy of the People* (Atlantic Highlands, N.J.: Humanities Press, 1978)을 참고하기 바란다. 특히, 40-58, 89-155를 보기 바란다.

에만 배타적으로 양도한 것은 놀랍고도 걱정스러운 일이다. 이제 대중예술의 미적 정당성을 옹호함으로써 그러한 독점적 지배로부터 이 용어들을 해방시키는 일이 한층 더 필요하다.

그러한 옹호를 위하여, 필자는 대중예술에 반대하는 주요한 미학적 고발들에 도전할 것이다. 여기서 모든 대중예술들을 다룰 수는 없기 때문에, 록음악, 특히 미국 흑인문화로부터 고무된 펑크음악에 주로 초점을 맞추도록 하겠다. 그 뒤의 장에서는 랩음악의 미학을 논의하고 랩음악의 한 작품을 분석할 것이다. 이를 통해 필자의 연구범위는 한층 좁아지겠지만 더욱 구체적이 될 것이다. 일반적 논증과 상세한 구체적 분석이 결합된 이 장들을 통해 대중예술이 우리 미학적 전통의 가장 중요한 기준을 만족시킬 수 있음을 보여주려고 할 것이다. 그뿐만 아니라, 대중예술이 미적인 것에 대한 우리의 전통적 개념을 풍부하고 새롭게 하여 계층적 특권, 사회-정치적 무활동, 삶에 대한 금욕적 거부 등으로부터 이 개념을 해방시킬 수 있는 힘을 지니고 있음을 또한 보여주려고 할 것이다. 그러나 대중예술에 대한 미학적 옹호에 착수하기 전에 더욱 일반적인 문제 한 가지를 고찰해야만 한다.

2

미학적 옹호가 대중예술을 정당화하는 데 실상은 기여할 수 없다는 반대의견이 제기될 수도 있다. 그리고 그 근거로 대중예술에 대한 가장 혹독하고도 심각한 고발은 대중예술이 지닌 미적 지위를 겨냥하고 있지 않고 대중예술의 위해한 사회문화적 · 정치적 영향을 겨냥하고 있다는 점을 들 수도 있다. 대중예술의 심각한 사회, 정치적 영향들을 소홀히 다룰 생각은 전혀 없다. 그렇지만, 그러한 반대의견은 대중예술이 지닌 미적 영역 바깥의 위험들이 대중예술이 지녔다고 추정되고 있는 미적 결함들과 직접적으로 관련을 맺으며 그리고 광범위하게 그 결함들 위에 기초한다는 점을 보여줌으로써 해소될 수 있을 것이다. 대중예술에 대한 더욱 일반적인 고발들이 미적인 것 위에 어떻게 기초하고 있는가를 보기 위해 허버트 간스가 작성한 사회-문화적 그리고 정치적 혐의들의 상당히 포괄적인 목록을 분석해보도록 하자. 그는 이 혐의들을 네 가지 유형으로 분류하였다.

첫 번째 유형의 혐의는 "대중문화 창조의 부정적 특성"에 주목한다.

특히, 대중문화가 순전히 "이윤을 위한" 거대한 상업적 산업에 의해 생산되며 그리고 어쩔 도리 없는 "수동적 소비자들"에게 "위로부터 부과"된다는 점에 관심을 기울인다(*PH* 19-20). 그러나 상업주의와 조작적 부과라는 이러한 혐의의 배후동기에는 기본적으로 미적 불만이 놓여 있다. 이 혐의는 단순히 대중예술이 이윤을 창출한다는 점이 아니다. 왜냐하면 고급예술도 이윤을 창출하기 때문이다. 오히려 혐의는 이윤을 창출하기 위해서 "대중예술이 군중들에게 호소하는 획일적이고 규격화된 산물들을 만들어낼 수밖에 없으며"(*PH* 20), 그 결과 군중의 취미에 팔려나가기 위하여 개성적인 예술적 표현이라는 엄밀한 미적 목표를 희생한다는 점이다. 이 점은 대중예술의 창조성 · 독창성 · 예술적 자율성에 대한 미적 고발이다.

마찬가지로, 대중예술을 바람직하지 못하게 만드는 것이 산업화된 기술의 단순한 사용일 수 없다. 왜냐하면, 고급문화의 음악적 · 문학적 · 조형적 예술들 또한 그러한 기술을 채택하기 때문이다. 여기서도 혐의는 근본적으로는 미적인 것이다. 즉, 산업화는 기술의 규격화와 생산물들의 획일화를 낳으며, 이는 창조적 예술가의 자유로운 표현을 질식시키고 동시에 감상자의 미적 선택을 편협하게 제한한다. 예술가는 자기 결정적인 창조자에서 조립설비 과정의 임금노동자로 전락한다. 그리고 감상자들은 자신들을 진정으로 만족시키지 못하는 것을 즐길 수밖에 없게 된다. 왜냐하면, 감상자들은 그러한 것을 즐거운 것으로 생각하게 체계적으로 짜여지며, 그리고 시장에서 다른 진정한 대안이 없기 때문이다. 마지막으로, "군중문화는 위로부터 부과된다"는 드와이트 맥도널드(Dwight Macdonald)의 고발은 문화적 주입이라는 단순한 혐의일 수 없다.[7] 왜냐하

7 Dwight Macdonald, "A Theory of Mass Culture," in Bernard Rosenberg and David

면 고급문화 또한 항시 궁정, 교회, 아카데미, 예술계의 강력한 성소 등으로부터 부과되기 때문이다. 실제의 불만은 부과가 가치 없다는 점이 아니라 부과된 산물들이 가치 없다는 점이다. 이 또한 미적 주장이다.

대중문화에 대한 두 번째 유형의 사회-문화적 고발은 대중문화가 "고급문화에 부정적인 영향"을 끼칠 것을 염려한다(*PH* 19). 간스는 여기서 단지 두 가지 기본적 혐의만을 본다. "대중문화는 고급문화로부터 내용을 차용하여 그것을 조야하게 만들며, 그리고 대중문화는 경제적 유인(incentives)을 제공함으로써 잠재적인 고급문화의 창조자들을 꾀어 고급문화의 질을 떨어뜨릴 수가 있다"(*PH* 27). 대중예술의 미적 가치를 직접적으로 겨냥하고 있지는 않지만, 여기서도 이 혐의는 대중예술의 미적 가치에 대한 부정을 함축하며 그리고 그를 기반으로 하고 있다. 간스는 대중예술의 미적 열등성을 인정하고 있기 때문에, 이 혐의들에 대해 다음과 같은 답변을 할 수밖에 없다. 즉, 그는 차용의 사례들이 "고급문화 그 자체의 또는 고급문화가 지닌 생명력의" 전반적인 "약화"를 실제로 낳지는 않았으며, 고급문화의 시장은 아주 작아 대중예술에 경제적으로 유혹되는 잠재적인 창조자들 전부를 수용할 수는 없다고 주장한다(*PH* 28-9). 대중문화는 "고급문화나 그 창조자들에게 어떠한 진정한 위협도 제시하지 못하기" 때문에 용인되어야만 한다는 것이 그의 시종일관된 기본적인 주장이다(*PH* 51). 이 다소 모호한 주장은 대중문화의 힘을 부인하고 고급문화의 반격을 과대망상증으로 간주한다. 우리는 간스의 고발들에 대해 그 밑에 깔린 미적 전제들에 의문을 제기함으로써 더욱 근본적인 반응을 펼칠 수 있다. 나아가, 우리는 대중예술의 차용이 고급문화의 힘에 도전

M. White (eds.), *Mass Culture: The Popular Arts in America* (Glencoe, Ill.: Free Press, 1957), 60. Gans의 책 *PH*에서 인용된 "수동적 소비자들"이라는 언급 또한 Macdonald의 동일한 문구로부터 따왔다.

을 제기하고 그 힘을 약화시킬지도 모른다는 점을 인정하는 동시에, 대중예술이 자신 고유의 진정한 미적 가치를 지님으로써 응분의 보상을 제공한다는 점을 주장해 나갈 수 있다.

첫째, 내용을 차용하는 데는 어떤 본래적인 잘못도 문화적으로는 없음을 인정해야 한다. 고급문화의 예술 내부에서도 내용은 항시 차용되어왔으며, 특히 대중적 자원으로부터도 빈번히 차용되어왔다.[8] 그러한 차용은 문화적 전통을 풍부하게 하는 두터운 상호연관의 일부를 제공한다. 필경, 고급문화의 차용을 정당화하는 것은 고급예술의 작품들은 미적 장점을 가지고 있는 반면 대중예술은 전혀 가지고 있지 않다는 점이다. 마찬가지로, 대중예술이 고급예술의 산물로부터 창조적 재능을 고갈시킨다는 혐의 또한 다음과 같은 전제로부터 비롯하였다. 즉, 대중예술이 고급문화에 비하여 미적으로 무가치하고 어떤 다른 보상적 가치도 지니지 못하기 때문에 고급예술에서 대중예술로 전용된 재능이 좋은 용도로 사용되지 못한다는 전제로부터 비롯하였다.

대중예술이 미적으로 무가치하다는 추정은 간스가 주장하는 세 번째 유형의 사회문화적 혐의에도 전제되어 있다. 이 세 번째 유형은 "대중문화 감상자들에게 끼칠 부정적인 영향들"을 걱정한다(*PH* 19). 세 가지 부정적인 영향들이 지목된다. "대중문화는 가짜 만족을 산출하기 때문에 정서적으로 파괴적이다 …… 대중문화는 현실에 대처할 수 있는 사

8 예를 들어, 인상주의와 후기인상주의 회화가 얼마나 카바레, 카니발, 춤 등의 대중적 오락을 묘사하는 것을 선호했는지를 생각해보라. 엄격한 고급문화 모더니스트인 Mondrian조차도 *Broadway Boogie Woogie*와 같은 작품들을 통해 자신이 대중문화를 차용했음을 주장하였다. 실제로, 모더니스트 아방가르드가 스스로를 아카데미즘으로부터 분리시키기 위해 대중문화에 강하게 의존하였다는 점을 설득력 있게 논증할 수 있다. Thomas Crow, "Modernism and Mass Culture in the Visual Arts," in B. Buchlosh, S. Guilbart, and S. Solkin (eds.), *Modernism and Modernity* (Nova Scotia: Press of the Nova Scotia College of Art and Design, 1983), 215-64.

람들의 능력을 가로막는 피상적이고 도피적인 내용을 제공하기 때문에 지적으로 파괴적이다 …… 대중문화는 고급문화에 참여할 수 있는 사람들의 능력을 손상시키기 때문에 문화적으로 파괴적이다”(*PH* 30). 간스가 불충분한 경험적 증거에 의해 뒷받침된다는 이유로 거부한 이러한 비판들은 대중예술이 미적으로 빈곤하다는 추정에 모두 분명히 의존하고 있다. 가짜의 만족을 제공한다는 혐의는 진정한 미적 즐거움을 제공할 수 없는 무능력을 함축한다. 이 혐의가 가짜의 만족이 직접적인 또는 원초적인 즐거움에 대한 순화된 대체물일 뿐이라는 점을 의미하지는 않는다. 왜냐하면 그러한 혐의는 고급예술의 더 정제된 즐거움들에도 해당될 터이기 때문이다. 마찬가지로, 대중예술이 감각적인 도피적 내용을 통해서만 즐거움을 줄 수 있다는 주장 또한 대중예술의 미적 무능력, 즉 유의미한 형식과 실제적 내용으로 우리를 감동시킬 수 없는 미적 무능력을 전제한다. 그리고 대중예술이 지적 능력을 파괴시키고 진정한 문화를 함양할 우리의 능력을 손상시킨다는 혐의 또한 대중예술이 지적 그리고 미적 관심을 자극하거나 보상할 수 있는 미묘함을 지니고 있지 못하다는 점을 전제한다. 대중예술이 본래 부정적인 미적 특성을 지녔다는 이러한 전제들은 모두 논쟁의 여지가 있다.

마지막으로, 네 번째 유형의 “비-미적” 혐의는 대중문화의 “사회에 대한 부정적인 영향”을 염려한다. 특히, 대중예술이 “사회의 문화적 질의 수준이나 문명의 수준을 떨어뜨릴 뿐만 아니라, 군중을 설득하는 기교에 매우 잘 호응하는 수동적인 감상자들을 창출함으로써 전체주의를 북돋을 수도 있다”는 점을 염려한다(*PH* 19). 간스는 이 중 전자의 염려를 경험적 증거가 결여되었다고 지적하면서 공격한다. 그는 적어도 소비적 측면의 통계에 비추어볼 때 매스미디어의 대중예술이 등장한 이래 (아마도 개선된 교육을 통해서) 고급문화에 대한 관심이 증가되었다고 주장한다(*PH*

45). 그러나 그는 인간의 자유와 즐거움이 "문화적 질" 그 자체보다 더 중요하다고 주장하였다. "한 사회의 전반적인 취미의 수준이 그 사회구성원들의 복지보다 한 사회의 우수성을 위한 기준으로 중요한 것은 아니다"(*PH* 130). 후자의 염려와 관련해서, 간스는 대중문화가 독재를 촉진할 힘을 지닌다든지 또는 "전체주의와 같은 위험을 막는 성벽이 되어야 할" 의무 있다든지 하는 점들을 부정한다. 이러한 부정들은 둘 모두 이와 연관된 간스의 전제, 즉 미디어들은 "기존의 사회적 추세"를 형성하거나 변형하기보다는 기껏해야 "재강화"함으로써 대중의 의견에 단순히 호응한다는 전제만큼이나 의심스럽다(*PH* 46-7).[9]

간스의 옹호가 부적절하다고 생각한다면, 우리는 이 두 가지 염려의 밑바닥에 깔린 미적 전제를 드러내고 비판함으로써 다시 한 번 대안을 발견할 수 있을 것이다. 사회의 문화적 질이 대중문화의 출현에 의해 (문화적 · 미적 다양함이 소개됨으로써 고양되고 풍부해진다기보다는) 낮아질 수밖에 없다는 생각은 대중문화의 산물들이 항시 그리고 본래 부정적인 미적 가치를 지니며, 따라서 "사회의 (문화적 질과) 취미수준 전반을 떨어뜨린다"는 점을 전제한다(*PH* 43-4). 그러나 이러한 전제의 밑바탕에 깔린 전통적인 지적 편견을 깨닫는다면 왜 우리가 이 숙명론적 전제를 받아들여야 하는가?

둘째, 대중예술이 생각 없고 수동적인 반응을 요구하기 때문에 전체주의적 순응성을 촉진한다는 염려 또한 대중예술은 백치화된 무비판

---

9 균형적 입장을 취하고 있는 Todd Gitlin은 미디아가 상업적 이유 때문에 기존의 태도들을 무시할 수는 없지만 기존의 태도들을 형성, 전달 그리고 어느 정도 변형할 수 있고 또 실제로 한다고 좀더 올바르게 주장한다. Todd Gitlin, "Television's Screens: Hegemony in Transition," in Donald Lazere (ed.), *American Media and Mass Culture: Left Perspectives* (Berkeley: University of California Press, 1987), 240-65를 보기 바란다.

적 수동성을 넘어선 어떤 미적 주목도 자극하거나 보상할 수 없다는 점을 전제한다. 이 혐의는 만일 대중예술이 지적인 자극을 줄 뿐만 아니라 "기존의 사회적 추세"를 날카로이 비판할 수도 있다는 점을 보여준다면 효과적으로 침식될 것이다. 다음 장에서 이루어지는 랩음악에 대한 설명은 이 점을 보여주려고 하며, 군중문화에 대한 혹독한 비판가들에 의해 대중문화 속에서는 존재하지 않는 것으로 완전히 부정되어왔던 다른 미적 특징들도 드러내려고 한다. 이 일을 준비하기 위해서, 그리고 대중예술에 대한 외견상의 비미적인 고발들이 크게는 미적인 고발들에 의존함을 보였으므로, 먼저 이 미적인 혐의들을 더욱 상세히 조사해보도록 하겠다.

대중예술을 미적인 혐의들로부터 옹호하기 위해 전면적인 미적 표백을 시도하려고 하지는 않는다. 대중예술의 산물들이 종종 미적으로 초라하고 한탄스러울 정도로 호소력이 없음을 필자는 인정한다. 마찬가지로, 대중예술의 사회적 영향들이 특히 수동적으로 모든 것을 받아들이는 방식으로 수용될 때 매우 유해할 수도 있다는 점을 필자는 인정한다. 필자가 이의를 제기하려는 점은 대중예술이 그 본래적 구성상 열등하고 부족하기 때문에 미적으로 실패할 수밖에 없다는 철학적 논증이다. 예컨대, "대중문화는 어떤 유익함도 없으며 또 결코 있을 수도 없다는 점을 입증할 만한 이론적 이유들이 존재한다"는 철학적 논증에 필자는 이의를 제기하려 한다.[10]

대중예술을 둘러싼 논쟁 속에서, 필자의 옹호는 비난적인 비관주의와 찬양적인 낙관주의라는 극단의 중간에 위치할 필요가 있다. 전자는 수구적인 고급문화 엘리트들 및 마르크스적 프랑크푸르트 학파의 특징

---

10 Dwight Macdonald, "Theory of Mass Culture," 69.

이며, 후자의 경우로는 대중문화회(Popular Culture Association)와 대중문화논단(*Journal of Popular Culture*)을 들 수 있다. 전자가 거의 과대망상적인 두려움 속에서 대중문화를 미적 또는 사회적 장점을 결여한 광적인 조작으로 비난한다면, 후자는 순진한 낙관론 속에서 대중문화를 최상의 미국적 삶과 이데올로기를 자유롭게 표현하는 것으로 감싼다. 후자의 낙관론은 가장 냉소적인 형태의 비관론이라고 보아도 무방하다. 필자의 중용적인 입장은 대중문화의 어두운 결점과 남용뿐만 아니라 그 장점과 잠재력도 인정하는 개선론(meliorism)이다. 이 입장은 대중예술은 개선되어야 할 여지가 많기 때문에 개선되어야 한다는 점뿐만 아니라 대중예술은 진정한 미적 장점과 가치 있는 사회적 목표를 성취할 수 있고 또 종종 성취하기 때문에 개선될 수 있다는 점을 주장한다. 이 입장은 대중예술이 진지한 미적 주목을 받을 만한 가치가 있음을 역설한다. 왜냐하면 대중예술을 미적 고려의 대상에서 배제하는 일은 대중예술의 가치와 미래를 시장의 금전적인 압력에 위탁해 놓는 일이기 때문이다. 개선론의 장기적인 목표는 논의를 전반적인 비난이나 찬사로부터 벗어나게 하여 좀 더 구체적인 문제들과 세부적인 개선들에 주목케 하는 데 있다. 그러나 대중예술은 미적으로 무가치하다는 일반적인 철학적 논증들이 강한 영향력을 지니고 있어 먼저 응답을 안하고 넘어갈 수 없다. 이 논증들은 다양하면서도 또한 층층으로 겹쳐있어서, 이들을 여섯 가지 구분되는 기본적인 혐의들로 나누어서 다루는 필자의 다음 언급들은 약간의 단순화와 반복의 위험이 있을 것이다.

3

(1)

대중예술에 반대하는 가장 기본적인 미적 불만은 대중예술이 어떠한 진정한 실제의 미적 만족도 제공하지 못한다는 점이다. 물론, 대중예술에 가장 적대적인 비평가일지라도 영화가 수백만 명을 즐겁게 한다는 점과 록 뮤직이 청중들을 춤추게 하고 기쁨으로 고동치게 한다는 점을 안다. 그러나 그러한 명백하면서도 불안한 사실들은 이 만족들이 진정한 것이라는 점에 대한 부정을 통해 말끔히 제쳐진다. 대중예술들이 제공하는 외면적인 만족, 감각, 경험 등은 허위적이고 기만적인 것으로 배척되는 반면, 고급예술은 진정한 무엇을 제공하는 것으로 옹호된다.

예컨대, 레오 로벤탈(Leo Lowenthal)은 "대중예술과 (진정한) 예술 사이의 차이들"을 "가짜의 만족과 진정한 경험 사이의" 차이로 보며, 이와 마찬가지로 클리먼트 그린버그(Clement Greenberg)도 대중예술 전체에 "키치"라는 경멸적인 이름을 붙이며 "대리적인 경험과 모조의 감각"을 제공할 뿐이라고 비난한다.[11] 대중예술의 "씻겨 내려가 버리는(washed-out)" 그리고 "모조의" 만족을 격렬히 비난하는 아도르노(Adorno)도 그 이유를 다음과 같이 설명한다. "대중들은 진정한 즐거움으로부터 거부당하기 때문에, 분노에 차서 저급예술과 오락을 (통하여) …… 대체물을 즐긴다."[12] 더욱이, 버나드 로젠버그(Bernard Rosenberg)나 에른스트 반 덴 하그(Ernest van den Haag)같은 비평가들은 "오락산업"의 사이비 즐거움과 "대리만족"이 "삶과 진정한 만족으로부터 우리를 벗어나게" 하기 때문에 "어떤 실제의 만족스러운 경험"을 저해한다고 주장한다.[13]

이러한 인용들에 대한 고찰은 대중예술로부터 즐거움과 같은 어떤 긍정적인 것을 제거하려는 근심스런 욕망이 대중예술에 대한 비판가들을 다음과 같은 점으로 이끌었다는 사실을 보여준다. 즉, 비판가들은 대중예술의 경험과 향유가 미적으로 진정하지 않으며, 더욱 극단적으로 그것들이 전혀 실재하지 않다고 생각한다. 대중예술이 가짜라는 주장은 오만한 지적 추측으로서, 문화엘리트가 미적 정당성의 한계를 대중적 판단에 역행하여 판단할 힘뿐만 아니라 실제의 경험 또는 즐거움이라는 것을 경험적 증거에 역행하여 제정할 힘도 또한 가지고 있음을 함축한다. 그렇지만 어떻게 그러한 극단적인 주장이 실체화될 수 있는가? 이 주장은 사실상은 결코 실체화되지 못하고, 대신에 그 옹호자들의 권위와 그 반대편의 실질적인 부재에 의해 지탱된다. 이 주장은 이를 중화시키는 지

11 Leo Lowenthal, "Historical Perspectives of Popular Culture," in Rosenberg와 White (eds), Mass Culture, 51, 그리고 Clement Greenberg, "Avant-Garde and Kitsch," ibid. 102.

12 T. W. Adorno, *Minima Moralia* (London: Verso, 1978), 202 그리고 *Aesthetic Theory* (London: Routledge & Kegan Paul, 1984), 340(이하 *AT*)을 보기 바란다.

13 Bernard Rosenberg, "Mass Culture in America," in Rosenberg와 White (eds.), *Mass Culture*, 9; 그리고 Ernest van deg Haag, "Of Happiness and of Despair We Have No Measure," ibid. 533-4.

식인들로부터도, 또는 이를 검증할 힘도 관심도 가지고 있지 않은 그리고 이를 자신들의 세계에는 어떤 실제적인 영향도 끼치지 못하는 "추상적 허튼소리"로 단순히 아예 무시해버리는 일반인들로부터도 강한 도전을 제기받지 않는다.

"대중문화가 제공하는 만족은 가짜이다"라는 주장의 진짜의미가 무엇이며, 이 주장을 뒷받침하는 논증은 무엇인가?[14] 대중예술이 제공하는 만족들의 실재에 이의를 제기함으로써 이 주장은 그러한 만족들의 정당성과 가치를 부정하는 수사학적 제스처 이상을 의미하는가? 가짜라는 혐의의 가장 직접적인 해석과 합리화는 대중예술의 만족들이 결코 깊게 느껴지지 않기 때문에 실재하지 않는다는 주장과 이 만족들이 단지 "씻겨 내려가 버리는" "모조된 감각"이기 때문에 가짜라는 주장일 것이다. 그러나 고도로 열광적이고 강력하여 마치 신들린 듯한 록음악에 대한 경험은 이러한 혐의가 필경 거짓임을 보여준다. 록에 대한 강력한 비판가일지라도 그러한 경험이 지닌 열정적으로 실재하는 힘과 도취된 만족을 인정한다. 이와 마찬가지로 이들 비판가들은 무서운 교육적 결과들에 그리고 이 힘을 상업적으로 철저히 이용하는 데 탄식한다. 오늘날 젊은이들의 갈망과 경험에 관여하고 이를 표현하는 록의 막강한 힘을 탄식하며, 앨런 블룸(Allan Bloom)은 록음악을 "빈민굴현상"이라고 호되게 비난하였다. 록이 빈민굴에 속하는 것은 즐거움을 주지 못하기 때문이 아니라, 록이 젊은이들에게 주는 고도의 즐거움이 "그들을 교양교육의 실체라 할 수 있는 예술과 사상에 열정적으로 다가가게 하기 매우 어렵기 때문이다."[15] 여기서 블룸이 생각하는 교육은 극히 전통적이고 지적인 의미

14 Van den Haag, "Of Happiness," 531.

15 Allan Bloom, *The Closing of the American Mind* (New York: Simon and Shuster,

의 교육이다.

강렬함과 호소력이 명백하고 위협적으로 실재하기는 하지만, 대중예술의 만족은 때론 또 다른 의미에서 거짓으로 경멸받는다. 즉, 대중예술의 만족은 하루살이라는 것이다. 대중예술의 만족은 순간적이기 때문에 실재하지 않는다. "우리는 잠시 기분전환은 하지만 …… 만족하지는 않는다." "여러분이 지금 소비하는 것이 여러분을 순간적으로 즐겁게 할지는 모르지만; …… 다른 순간에는 그것이 여러분을 다시 굶주리게 할 것이다."[16] 그렇지만 이 논증은 분석을 견디어 내지 못한다. 첫째, 논리적 수준에서 어떤 것이 하루살이라는 점으로부터 비실재한다는 점을 이끌어내는 것은 거짓일 뿐이다. 이 잘못된 추론은 파르메니데스(Parmenides)로까지 거슬러 올라가는 거대한 철학적 계보를 지니고 있기 때문만이 아니라 이와 마찬가지의 강력한 심리학적 동기에 기여하기 때문에도 설득력이 있는 듯이 보인다. 그 심리학적 동기란 안정에 대한 깊은 욕망으로, 이는 전면적인 영속의 확실함을 요구하는 것으로 통상 잘못 해석된다. 그러나 이 강력하고 오랫동안 지속되어온 선입견으로부터 나온 지지에도 불구하고, 위의 추론은 명백히 잘못이다. 일순간 존재하는 것일지라도 실제로 존재하는 것이며, 그리고 일시적인 만족 또한 만족이다.

더욱이, 순간적임이 가짜를 함축한다는, 그리고 만족이 이후에 우리를 더 굶주리게 한다면 그 만족은 실재하지 않고 거짓이라는 논증은 고급예술에 비해 대중예술을 불신임하는 데 기여할 수 없다. 왜냐하면, 받아들여질 경우 이 논증은 고급예술이 제공하는 만족에 반대하는 데도 마

1987), 76, 79를 보기 바란다.

16 인용들은 van den Haag, "Of Happiness," 534, 그리고 Rosenberg, "Mass Culture," 9-10에서 각각 따왔다.

찬가지로 효과적일 것이기 때문이다. 우리가 한 편의 시나 열두 장의 그림에 영원히 또는 지속적으로 만족하는가? 이러한 만족의 지나감이 이 만족이 거짓임을 함축하는가? 전혀 그렇지 않다. 왜냐하면 진정한 미적 즐거움이 지닌 긍정적인 특징들 중의 한 가지가 그 즐거움은 만족을 주면서 또한 그러한 즐거움을 더욱 욕망하게 한다는 점이기 때문이다. 한 대상 속에서의 여러분의 미적 즐거움이 여러분을 더 욕망하게 하지 않는다면, 여러분은 조금도 즐거웠던 것이 아닐 것이다.[17] 지속적인 만족에 대한 주장 전반은 의문이 제기될 필요가 있다. 이러한 주장은 너무 이론적이거나 비현실적인 듯이 보인다. 계속되는 변화와 욕망으로 이루어진 우리 세계 속에서 영원한 만족은 존재하지 않는다. 기쁨의 일과성과 계속되는 욕망을 끝낼 수 있는 유일한 것은 죽음이다.

대중문화에 반대하여 흔히 이루어지는 다소 다른 형태의 혐의는 만족 자체가 일시적이라는 것이 아니라 만족시키는 대중문화의 능력이 잠깐 동안이라는 것이다. 대중문화의 작품들은 시간의 시험을 견디어내지 못한다. 대중문화는 한 철 반짝일 수는 있으나 급격히 우리를 즐겁게 하는 힘을 상실하고 잊혀져버린다. 그리하여 대중예술의 매력과 즐거움은 결국 환상으로 드러난다. 이와는 달리, 고급예술은 만족시키는 힘을 유

17 많은 사람들이 고전음악의 월례 연주회에 완전히 만족한다고 주장한다면, 이는 그들이 이 연주회를 실제로 아주 많이 즐긴 것이 아니기 때문일 것이다. 많은 활동적인 사람의 경우에, 연주회장의 숨막히는 수동적인 정지 속에 앉아 있을 수밖에 없는 일은 물리적으로 즐겁지 않기 때문이다. 이는 서성이는 다른 관람객들의 방해를 그리고 감시하는 박물관 경비원들의 비우호적인 눈초리를 피하면서 딱딱한 박물관 바닥 위에 휴식 없이 움직이고 설 수밖에 없는 일과 거의 마찬가지이다. 고급예술의 그러한 처벌적인 "즐거움" 속에서, 우리는 대중예술의 향유 속에서보다도 훨씬 더 "모조의 감각"과 가짜 만족을 이야기할 근거를 발견한다. 고급예술에 대한 경험은 비록 그것이 이해되지도 실제로 즐겨지지도 않는다고 할지라도 문화적 정당화를 위해 요구된다. 그러나 이 점이 고급예술이 진정하고 보배로운 만족을 제공한다는 점을 부정하지는 물론 않는다.

지한다. 우리의 귀에 익은 호머의 작품들과 고대 그리스의 드라마들은 수세기 동안 그리고 오늘날까지도 수많은 사람들에게 만족을 제공함으로써 자신들이 제공하는 만족의 정당성을 과시한다. 이러한 지속의 역사에 견줄 만한 것이 대중예술들 속에는 없다. 영화의 고전들 속에도, 대중음악의 주옥같은 흘러간 노래들 속에도 존재하지 않는다.

그러나 이러한 점을 모두 인정한다 할지라도, 위의 논증에는 심각한 결점이 남는다. 첫째, 대중예술의 고전들 중 그 어떤 것도 미적 즐거움의 대상으로 살아남지 못하리라는 주장은 너무 성급한 결론이다. 그리고 많은 사람들이 즐거움을 위하여 여전히 호머를 읽는다고 믿기보다는 일부 사람들이 앞으로 그러할 것이라고 믿는 것이 더 수월하다. 더욱이, 고급예술의 고전들이 제공하는 지속적인 즐거움의 밑바탕에 깔린 사회문화적 그리고 제도적 근거들을 우리는 망각하기 쉽다. 교육과 선택의 용이성이 우리 즐거움의 대상들을 결정하는 데 커다란 그러나 종종 간과되는 역할을 한다. 대개 우리는 우리가 즐기게 훈련되고 여건이 조성되는 것을, 그리고 우리의 환경이 우리에게 즐기게 허용하는 것을 즐긴다. 고급예술의 고전들은 오랫동안 체계적으로 확산되고 그것들에 대한 감상이 교육의 강력한 제도들을 통해 엄격하게 주입된 반면, 적어도 매스미디어의 시대 이전까지는 대중예술의 작품들을 보급하고 보존하는 조직적인 또는 효과적인 틀이 존재하지 않았기 때문에, 전자의 작품들이 주목의 대상들로 그리하여 미적 즐거움의 대상들로 더 잘 살아남은 것은 놀랍지 않다.

대중예술에 대한 비판가들은 TV시청자들이 그들이 보는 프로그램을 진정으로 좋아하는 것이 아니라 다른 채널에서 더 나은 것이 없기 때문에 좋아하지 않음에도 불구하고 그것을 “즐긴다”는 논증을 선호한다. 대중예술의 소비자들은 “사랑할 그 어떤 다른 것도 남아 있지 않기 때문에 감옥을 사랑하는 죄수"와 같다는 것이다.[18] 그러나 선택권이 미흡하다는 점으로부터 나온 이러한 논증은 호머의 "영원한" 즐거움에도 겨눌 수 있다. 오늘날은 이 점이 하찮게 여겨져 호머의 즐거움이 호머의 신이나 영웅들만큼이나 신비하게 보인다. 전통적인 교육적 체계에 의해 주입된 고전에 대한 배타적인 찬양이 대중예술에 대한 관심에 의해 광범위하게 침식되었음은 매스미디어가 대안적인 보급과 교육의 체계를 제공한 덕분이다. 그러나 반복컨대 이 점은 고전들과 고급예술이 더 이상 미적 관심의 가치가 없다는 점을 논증하는 것이 아니라 고급예술만이 정당한 미적 주목을 받을만하다는 전통적인 독점을 거부하는 것이다.

일시적이기 때문에 대중예술이 가짜라는 논증은 고급예술의 많은 위대한 고전들이 원래는 대중예술로 생산되고 소비되었다는 점을 망각하는 결점을 또한 지닌다. 그리스의 드라마는 엘리자베스 시대의 연극들이 그러하였듯 매우 대중적이고 요란스러운 것이었다. 그리고 《폭풍의 언덕》 같은 오늘날 높이 평가받는 소설들은 영화, TV, 록음악이 근래에 비난받았던 것과 마찬가지로 한때 감각적인 상업적 쓰레기로 비난받았다. 대중예술의 작품들이 살아남는다는 점을 사실상 살아남은 그 작품들의 대중적 기원들을 무시함으로써 부인하는 일은 무지한 잘못 이상의 잘못을 범하는 것이다. 이는 지배받는 다수의 문화적 자원들을 지배적 엘리트가 착취적으로 징발하는 것이다. 왜냐하면 이들 작품들이 일단 고급예술로 배타적으로 재분류되면, 이들 작품들이 수용되는 양태는 이 작품들

18 T. W. Adorno, "On the French Character in Music and the Regression of Listening," in Andrew Arato and Eike Gebhardt (eds), *The Essential Frankfurt School Reader* (New York: Continuum, 1987), 280. 어쩔 수 없는 조건에 대한 유사한 논증이 다음에서도 나타난다. Dwight Macdonald, "Mass Cult and Midcult," in *Against the American Grain* (New York: Random House, 1962), 9-10. 그리고 Donald Lazere, "Media and Manipulation," in Lazere (ed.), *American Media*, 31.

에 대한 대중적인 찬사가 격하되고 무시되는 방향으로, 그리하여 이 작품들이 문화적 엘리트의 비범한 쾌락을 위해 보존되는 방향으로 재규정되기 때문이다.

마지막으로, 대중예술의 작품들이 일시적이고 즐거움을 제공하는 능력이 일순간이라는 점을 우리가 인정한다고 할지라도, 이 점이 대중예술의 작품들이 무가치하고 그 만족이 가짜라는 점을 낳지 않는다. 이를 전제하는 것은 모든 즐거움과 가치를 영원함과 동일시하는 것이다. 그러나 일시적인 것에도 가치가 있으며, 때로는 바로 그 일시성 속에 가치가 있다. 짧은 만남이 영속적인 만남보다 때로는 더 달콤하고 낫다. 일시적인 것의 가치를 거부하는 일은 우리 지적 문화의 상당히 오래 된 편견이다. 생존이 불안정하여 주목과 가치가 가장 지속적인 것에 고정될 수밖에 없었던 과거의 조건에서는 일시적인 것의 가치를 거부하는 일이 매우 쓸모 있었을 것이다. 그러나 그럼에도 불구하고 이는 우리의 즐거움을 시들게 하고 무디게 하는 편견이다. 이는 더 안정되게 만족스러운 삶을 구축하는 주요한 통로를 가로막기조차 한다. 왜냐하면 일시적인 즐거움들이 상대적으로 무가치하고 주목할 만한 가치가 없는 것으로 일단 격하되면, 그러한 즐거움들이 성취되고, 반복되고, 안전하게 삶으로 통합될 수 있는 방식들에 대한 진지한 사유가 이루지지 못하기 때문이다. 결국, 그러한 즐거움들과 그것들이 때때로 삶에 끼치는 폭발적 영향력은 우연과 맹목적 욕망의 변덕에, 그리고 광고의 주입적인 압력에 위험하게 방치된다.

대중예술의 만족은 지금까지와는 또 다른 의미에서 가짜라고 비난받는다. 즉, 더 기본적이거나 실제적인 즐거움의 단순한 대리물이라고 비난받는다. 아도르노는 "직접적인 감각 경험 속에서의 진정한 만족"을 부인하는 사회적 조건들에 적절히 저항하기는 하였지만, 대중예술이 진정한 즐거움에 대한 거짓 대리물을 최면적 도피의 형태로 제공한다고 못마땅해 하였다. "군중들은 진정한 즐거움으로부터 거부당하기 때문에 화가 나서 자신들에게 던져진 대리물을 즐긴다"(*AT* 19, 340). 그렇지만 고급예술의 즐거움도 대중예술과 마찬가지로 매개되며 실제 삶으로부터 떨어져 있다는 점을 아도르노도 인정해야 한다. 그리고 고급예술의 즐거움도 도피적 목적에 기여할 수 있다.

그러나 대리물이라는 혐의는 진정한 만족을 직접적이기보다는 궁극적인 만족에, 즉 유예된 그리고 종국적으로는 더 완성된 만족에 두는 경우가 많다. 진정한 만족보다는 긴장의 단순한 해소를 제공한다는 점에서 대중예술을 자위행위에 공공연히 견주면서 반 덴 하그(van den Haag)는 대중예술이 "진정한 만족을 빼앗아 가는," 그리하여 어떤 "궁극적인 만족"도 가로막는 소진적인 "대리의 만족"을 개인에게 포식시킨다고 비난하였다.[19] 위와 유사하게 외설적으로 빈정거리는 스타일로, 블룸도 록이 제공하는 만족을 비유예적이고 일탈적인 성적 즐거움과 연관시킴으로써 이 만족이 가짜임을 암시하였다. 어린이와 십대에게 "록뮤직은 마치 그들이 최종적이고 완전한 만족을 즐길 준비가 되어 있는 양 미성숙한 환희를 제공한다."[20]

유예와 방해가 흔히 만족을 증가시키는 것은 틀림없지만, 어디서 "완전하고" "최종적인" 만족이 발견되는가? 욕망의 끝을 알지 못하는 이 세상 속에서는 힘들 것이다. 진정한 만족은 오히려 어떤 선험적인 영역으로 이전된다. 블룸에게서는 플라톤적 이데아의 영역이고, 아도르노에게서는 마르크스적 유토피아이고, 반 덴 하그에게서는 기독교적 내세이

---

19 Van den Haag, "Of Happiness," 533, 534.

20 Bloom, *Closing of the American Mind*, 77, 80.

다. 그들이 정당화하려는 듯한 즐거움들은 적어도 이 세계에서는 우리가 성취할 수 없는 즐거움들이다. 고급예술의 미적 즐거움조차도 허용될 수 없다. 아도르노는 "거짓된 세계 속에서는 모든 쾌락이 거짓이고, 미적 즐거움 또한 예외일 수 없다"라고 공언하였다. 그리고 반 덴 하그도 비슷한 걱정을 침울하게 읊조렸다. "이 세상의 즐거움들, 그것들은 추구될 가치가 없다."[21] 그러므로 앞서 암시했듯이, 대중예술이 오직 가짜의 즐거움을 제공한다는 비판은 진정한 즐거움을 옹호한 것이라기보다는 모든 세속적인 즐거움에 대한 전면적인 부정을 위장한 것이다. 이는 즐거움을 자신들의 선험적 목표에 대한 위험스런 일탈로 또는 자신들의 근본적인 금욕적 기질에 대한 불쾌한 위협으로 못 마땅해 하는 금욕적 마음들이 채택한 전략이다.

두 가지 마지막 이유들이 대중예술이 제공하는 만족들이 가짜라는 점을 뒷받침하기 위해 때때로 제안 된다. 첫 번째는 "진정한 경험은 …… 노력이 필요한 참여를 전제로 하기 때문에," 대중예술은 그러한 "진정하게 만족스런 경험"을 제공할 수 없다고 주장한다. 두 번째는 대중예술은 개인의 전부를 실재와 연관시키지" 못하기 때문에 그 경험이 진정할 수 없다고 주장한다.[22] 그렇지만 이들 논증들은 가짜의 만족이라는 혐의를 넘어서 대중예술에 대한 두 가지 다른 비판들, 즉 노력 없는 수동성과 텅 빈 피상성이라는 비판들과 연결된다. 이 비판들은 중요한 것이므로 개별적인 주목이 필요하다.

---

21 *AT* 18, 그리고 van den Haag, "Of Happiness," 536.

22 첫 번째 인용은 Rosenberg, "Mass Culture," 9에서, 두 번째 인용은 van den Haag, "Of Happiness," 534에서 따왔다.

(2)

대중예술은 어떠한 미적인 도전이나 능동적인 반응도 제공하지 못한다는 비난을 종종 받는다. 감상을 하기 위해서는 미적 노력을 요구하는 그리고 미적 능동성과 복합적인 만족을 자극하는 고급예술과는 대조적으로, 대중예술은 생기 없고 보상 없는 수동성을 유발하고 또한 요구한다. 부르디외는 대중예술의 "단순하고 반복적인 구조들은 수동적이고 멍한 참여를 부를" 뿐이라고 말한다(*D* 386). 이 노력 없는 수동성은 대중예술이 지닌 광범위한 호소력을 설명해줄 뿐만 아니라 참된 만족을 제공하지 못하는 실패 또한 설명해준다고 간주된다. 대중예술의 "무노력"은 너무 녹초가 되어 도전적인 것을 추구할 수 없는 우리를 쉽게 사로잡는다. 그러나 아리스토텔레스가 깨달았듯이 즐거움은 능동성에 수반되는 부산물이고 기본적으로 능동성과 연관되기 때문에, 능동적 노력의 결여는 궁극적으로 즐겁지 않은 단조로움으로 변한다. 고급예술의 경우에서처럼 작품에 정력적이고 예리하게 반응하기보다는, 우리는 수동적인 무감각 속에서 작품을 나른하고 생기 없게 받아들인다. 작품이 엄격한 조사와 반응을 견디어 낼 수도 없다. 그러므로 대중예술의 감상자들은 능동적인 참여자로부터 "가능한 한 수동적"이어야만 하는" "수동적인 소비자"로 위축될 수밖에 없다.[23]

아도르노와 호르크하이머(Horkheimer)는 어떻게 "모든 오락적 즐거움이 이러한 불치의 만성적 질병을 앓고 있는지"를 설명한다.

---

23 Rosenberg, "Mass Culture," 5; Macdonald, "Theory of Mass Culture," 60; 그리고 Gilbert Seldes, "The People and the Arts," in Rosenberg and White (eds), *Mass Culture*, 85를 보라. Adorno도 대중음악의 작품들은 "청취자들이 견딜 수 없는 정도의 집중된 청취를 허용하지는 않는다"라고 주장하였다("On the Fetish Character in Music," 288).

즐거움은 지루함으로 굳어진다. 왜냐하면 즐거움이 즐거움으로 남으려면 어떤 노력도 요구하지 말아야 하며, 연상의 닳아빠진 궤도를 경직되게 움직여야 하기 때문이다. 청중으로부터 어떤 독립적 사유도 기대해서는 안 된다. 생산품들은 모든 반응을 규정한다. 그것들이 지닌 자연적 형식에 의해서가 아니라 신호에 의해 규정한다. 정신적 노력을 요구하는 어떠한 논리적 연결도 힘들게 회피된다.[24]

많은 대중예술이 호르크하이머와 아도르노의 분석에 부합할 수도 있다. 그러나 그들의 비판 또한 모든 정당한 능동적 활동을 진지한 사유로, "모든 노력"을 지식인의 "정신적 노력"으로 단순하게 혼동한다. 대중문화의 비판가들은 지적인 노력과는 상이한 인간적으로 가치 있고 미적으로 보상적인 활동이 있다는 점을 인정하려 하지 않는다. 그렇지만 모든 예술과 미적 즐거움이 어떤 능동적인 노력을 그리고 어떤 저항에 대한 극복을 요구한다고 할지라도, 이러한 예술과 미적 즐거움이 노고스러운 "독립적 사유"를 요구한다고 추론되지는 않는다. 이와는 다른 좀 더 육체적인 형태의 노력, 저항, 만족이 존재한다.

록가요들은 음악과 더불어 율동, 춤, 노래를 통해 통상 즐겨지며, 때때로 땀을 쏟아내게 하는 그리고 결국 우리를 탈진시키는 격렬한 노력을 수반한다. 듀이가 깨달았듯이, 그러한 노력은 "당혹감, 공포, 어색함, 자의식, 생기의 결여" 등과 같은 저항들을 극복하는 일이다.[25] 분명, 육체적

24 Max Horkheimer와 T. W. Adorno, *Dialectic of Enlightenment* (New York: Continuum, 1986), 137.

25 John Dewey, *Art as Experience* (Carbondale, Ill.: Southern Illinois University Press, 1987), 162. 이 점이 록이 다소 수동적인 정지 속에서 소비된다는 점을 부인하는 것은 아니다. 록에 대한 텔레비전과 비디오를 통한 소비의 증가가 이러한 경향을 강화할 것이다.

차원에서는 고급음악보다는 록음악을 감상할 때 훨씬 더 노력이 필요하다. 고급음악의 연주회는 수동성뿐만 아니라 잠까지도 유발하는 정지된 침묵 속에서 앉아 있을 것을 강요한다. 많은 록가요들을 특징짓고 칭찬하기 위해 사용되는 "펑키(funky)"라는 용어는 "적극적인 땀(positive sweat)"이라는 의미를 지니는 아프리카 말에서 유래하였다. 그리고 비정열적인 판단적 거리두기가 아닌 격렬하게 능동적이고 정열적인 공동체적 참여라는 아프리카의 미학을 표현한다.[26] 록에 의해 환기되는 정력적이고 활동적인 반응은 무관심적이고 원거리적인 관조라는 전통적인 미적 태도가 근본적으로 수동성을 지니고 있음을 폭로한다. 관조적인 태도는 그 뿌리를 즐거움보다는 철학적 · 이론적 지식에 대한 탐구에, 공동체적 소통이나 사회적 변화보다는 개인적 계몽에 대한 탐구에 두고 있다. 그러므로 록과 같은 대중예술은 육체적 차원으로 환희에 차 돌아오는 급진적으로 개정된 미학을 제시한다. 오랫동안 철학은 인간 가치의 모든 영역에서 자신의 헤게모니를 보존하기 위해 육체적 차원을 억압해 왔다. 따라서 록에 대한 미적 정당성이 격렬히 부인되는 일은, 록이 구현한 그리고 구현하고 있는 노력들이 예술의 진정한 목적, 즉 지적 목적으로부터 비합리적으로 일탈한 것으로 무시되거나 거부되는 일은 놀랍지 않다. 록

---

26 Ki-Kongo 언어로부터 나온 아프리카 용어로는 "lu-fuki"이다. Robert Farris Thompson, *Flash of the Spirit* (New York: Vintage, 1984), 104-5, 그리고 Michael Ventura, *Shadow Dancing in the U.S.A.* (Los Angeles: J. P. Tarcher, 1986), 106을 보기 바란다. "펑키"의 아프리카 어원은 영어의 어원과도 겹친다. 영어의 어원에 따르면, "펑크(funk)"라는 동사는 "공포로 인해 흥분되거나 떨다(to smoke or shake through fear)"를 의미한다(Eric Partridge, *A Dictionary of Slang and Unconventional English* (New York: Macmillan, 1984), 436을 보라). 이러한 의미에서 black funkiness는 겁에 질린 노예의 악취 나는 땀을 암시한다. 이는 치욕스러운 부정적인 이미지를 담고 있다고 할 수 있다. 그러므로 오늘날의 Afro-American 문화에 의해 이 용어가 긍정적인 의미를 지니는 용어로 변형되었음은 의미심장하다. 이러한 변형은 Afro-American 언어를 특징짓는 의미론적 복합성을 드러내준다. 랩에 대한 필자의 연구에서 이 점이 더 논의될 것이다.

과 록에 대한 감상이 그 뿌리를 비서양적 문명에 두고 있다는 사실은 록을 더욱더 받아들일 수 없는 역행적인 것으로 받든다.

아도르노에게서, 대중음악은 "육체적 자극물"이기 때문에 "퇴행적"이고 미적으로 부당하다(*AT* 170). 블룸에게서, 록이 지닌 문제는 "감각"과 "성적 욕망"에 깊이 호소한다는 것이다. "록은 이성적이지 못할 뿐만 아니라 이성에 적대적이기까지 한다." 마크 밀러(Mark Miller) 또한 록이 감각에 직접적으로 호소한다는 사실 하나 만으로부터 미적 부당성과 지적 타락을 유추해내는 유사한 잘못을 저지른다. 그는 존 레넌(John Lennon)을 인용하면서 "록음악은 여러분의 두뇌를 경유할 필요 없이 여러분에게로 직접 이른다"고 못 마땅해 하였다. 그리고 이러한 감각적 직접성은 노력 없는 공허와 수동적 "정지"를 수반하는 것으로 부정적으로 여겨져, "모든 록이 사무실이나 비행기 등에서 흘러나오는 배경음악과 같은 것이 되고자" 하는 것으로 비판된다. 즉, 록은 지적인 "해석" 없이도 즐길 수 있기 때문에, 미적으로 정당화될 만큼 충분히 "두뇌적"이지 못하고 록의 이른바 "예술가들과 청취자들은 반지성적이고 대개 취해 있다." 록의 유일한 그리고 단명의 가치는 처음의 파괴적인 도전에 의해 이끌어진 비판적 의식일 뿐이다. 밀러는 대중문화 비판가의 육체 경시적인 데카르트주의를 보여주는 발언을 통해 록의 "육체"는 애초의 저항적 "영혼을 상실한 이후에도 계속 춤추고 있다"라고 탄식한다.[27]

반육체적인 의도 이외에도, 아도르노, 블룸, 밀러의 논증들은 두 가지 큰 실수를 공유한다. 첫째, 록의 감각적인 호소력이 그 창조자에게나 그 청중에게나 반지성주의를 함축하지는 않는다. 감각적인 것이 지적인

27 지금까지의 인용들은 Bloom, *Closing of the American Mind*, 71, 73; 그리고 Mark Crispin Miller, *Boxed In: The Culture of TV* (Evanston: Northwestern University Press, 1989), 175, 181에서 따왔다.

것과 기본적으로 부합하지 못할 수밖에 없다면, 그러한 함축이 올바를 수도 있다. 그러나 왜 우리 감각적인 지성들이 이러한 함축을 받아들여야만 하는가? 감각적인 것과 지적인 것을 상호배타적인 것으로 간주하는 일은 지성의 배타성, 즉 플라톤으로부터 유래한 강력한 철학적 편견일 뿐이다. 두 번째 오류는 록음악이 딱딱한 사유나 해석 없이 즐길 수 있기 때문에 록의 즐거움은 반성적 분석을 견디어 내거나 또는 반성적 분석에 보답할 수 없다고 추론하는 일이다. 록음악을 지적으로 낮은 수준에서 즐길 수 있다고 하더라도, 이 점으로부터 반드시 그렇게 즐겨야만 하며 그리고 다른 어떠한 것도 제공하지 못한다는 추론이 뒤따르는 것은 아니다.

(3)

이제 대중예술은 너무 피상적이라서 지적인 일에 참여할 수 없다는 혐의와 마주해보자. 왜냐하면 만일 대중예술이 인간경험의 육체적인 그리고 정신적으로 메마른 차원에만 참여할 수 있고 그 차원만을 만족시킬 수 있다면, 대중예술이 지닌 가치는 무시할 수는 없다고 할지라도 매우 제한될 것이기 때문이다. 지적으로 천박하다는 혐의는 두 가지의 더욱 세부적인 주장으로 나뉜다.

(a) 첫 번째 주장은 대중예술은 삶의 깊은 실재와 진정한 문제들을 다룰 수 없기 때문에 사이비 문제들과 쉽고도 상투적인 해결들로 이루어진 도피적인 몽상적 세계로 우리를 어지럽히려 한다는 것이다. "깊은 차원에서 삶에 참여하려고 하는" 그리고 실재 속에서 "본질적인 것"을 다루는 고급예술과는 대조적으로, 대중

예술은 "삶으로부터", 삶의 "진정하고 가장 중요한 문제들로부터" 벗어난다. 특히, 대중예술의 작품들은 "군중들을 자신들의 진정한 욕구를 명확히 깨달아 나가는 과정으로부터 벗어나게 한다."[28] 드와이트 맥도널드는 대중예술은 "성, 죽음, 실패, 비극 등의 깊은 실재들을 …… 무화시키거나" 무시할 수밖에 없다고 말한다. "왜냐하면 실재들은 너무 실재적이므로" 대중예술이 추구하는 "마취된 용인을 …… 유발할 수 없기 때문이다."[29] 그러나 이 주장 또한 대중예술의 목적이 항상 마취라는 점을 논증 없이 전제한다. 그러나 이와 반대되는 충분한 증거가 존재한다. 우드스탁(Woodstock)보다 오래 전에도 록음악은 귀에 거슬리는 역동적인 저항의 목소리를 빈번히 내왔다. 그리고 근래에도 여러 록 콘서트를 통해 록음악은 가치 있는 정치적 · 인도적 운동을 위한 공동의 사회적 행동에 효과적임을 입증하였다.

반 덴 하그는 왜 실재가 매스미디어의 산물들에 의해 다루어질 수 없는 가에 대한 가장 일반적인 논증을 제공한다. 대중예술은 고급스런 청중보다 더 광범위한 청중들에 호소해야 하므로 그들이 이해할 수 있게 재단되어야 한다. 그러나 반 덴 하그 및 다른 문화적 속물들에게는 이러한 재단이 실재적인 문제들이나 중요한 경험을 포용하기에는 너무 시시하다.

대중예술은 오해되기 쉬운 모든 인간의 경험, 즉 그 의미가 명확하지 않거나 승인되지 못하는 모든 경험과 표현은 생략할 수밖에 없다. 이는 매스미디어

28 Harry Broudy, *Enlightened Cherishing: An Essay on Aesthetic Education* (Urbana: University of Illinois Press, 1972), 111; van den Haag, "Of Happiness," 533, 536; 그리고 Gilbert Seldes 속에서 인용된 J. T. Farrell, "The People and the Arts," 81을 보기 바란다.

29 Macdonald, "Theory of Mass Culture," 72.

가 예술, 철학, 문학이 다루는 경험들을 건드릴 수 없음을 의미한다. 적합하고 의미 있는 인간의 경험을 적합하고 의미 있는 형식으로 제시하지 못하는 것이다. 왜냐하면 그렇게 할 경우, 새롭고, 의심스럽고, 난해하고, 아마도 공격적이 되며, 그리고 적어도 오해되기 쉽기 때문이다 …… (그러므로) 매스미디어는 …… 진정한 문제나 진정한 해결을 건드릴 수 없다.[30]

최소한 두 가지 근본적인 오류들이 이 논증을 타당하지 못하게 만든다. 첫째, 대중예술의 형식과 내용이 완전히 투명하고 전적으로 승인되지 못하면 대중예술이 대중적이 될 수 없다는 잘못된 전제가 존재한다. 그러나 이 관점은 다음과 같은 또 하나의 거짓된 전제가 깔리지 않고서는 정당하지 못하다. 즉, 대중예술의 소비자들이 너무 우둔하여 명백한 것 이상은 이해할 수 없다는 그리고 심리적으로 순진하여 자신들이 궁극적으로 동의하지 않는 관점들이 제시되는 것은 감상할 수 없다는 거짓된 전제가 깔리지 않고서는 정당하지 못하다. 텔레비전 드라마에 대한 최근의 연구는 매스미디어의 시청자들이 드라마에서 제시되는 "주인공들"과 관점들에 대해 비판적이고 복합적인 태도를 취할 수 있음을 보여준다.[31] 그리고 이 점은 마약사용과 폭력적 삶을 암시하는 노래를 즐기면서도 실제로는 그러한 행동을 승인하지 않는 록음악의 열광적 청중들에 의해 더욱 뒷받침된다. 더욱이, 대중예술의 청중들이 단순하다는 점을 전제한다고 할지라도, 이 점으로부터 대중예술의 내용이 즐거움을 주기 위해서는 완전히 명백해야하고 승인되어야 한다는 결론을 내릴 수는 없다. 왜냐하

30 Van den Haag, "Of Happiness," 516–17.

31 예를 들면, John Fiske가 *Television Culture* (London: Methuen, 1987)에서 논의한 드라마 *Dallas*와 *Dynasty*에 대한 연구를 보기 바란다.

면 오직 부분적으로 이해되거나 정말 오해될 때라도 즐거움을 줄 가능성이 남기 때문이다. 중산층 백인 청소년들이 록앤롤(rock 'n' roll)을 처음 들었을 때 그들은 자신들이 전율하는 가사를 진정으로 이해하지는 못했을 것이다. 그 가사의 많은 단어들이 숨겨진 미국 흑인언어의 의미를 담고 있다. 예컨대, 록앤롤이라는 단어 자체가 "성교(to fuck)"를 의미한다.

둘째, 반 덴 하그의 논증은 인간경험과 표현 속에서 "적합하고 의미 있는" 것을 새롭고 어려운 것과 혼동한다. 명확히 다른 이 두 개념들을 동일시하는 일은 근거가 없다. 그리고 그러한 동일시는 예컨대 사랑에 빠진다든지, 아이들에게 잘 자라고 뽀뽀를 한다든지, 명절 때 기도를 드리고 음식을 나누어 먹는다든지 하는 등의 우리의 친숙한 경험들과 전통적 형식들이 우리 삶 속에서 지니고 있는 지속적인 중요성에 의하여 논박된다. 반 덴 하그 등은 독창성과 난해성이라는 고급 모더니스트 미학에 맹목적으로 헌신함으로써 거짓된 동일시를 범한다. 독창성과 난해성은 경험적인 적합성과 중요성의 보편적 기준으로 무의식적으로 스며들어 왔다. 설상가상으로, 독창성과 난해성은 "실재적인 것"의 기준이 되어, 그 결과 대중예술에서 다루어지는 일상적인 문제들, 예컨대 실연, 경제적 어려움, 가족 간의 갈등, 소외, 마약, 섹스, 폭력 등의 문제들은 비실재적인 것으로 부정될 수 있는 반면, 예술적으로 표현될 만한 "실재적 문제들"은 일반인들의 경험과 이해를 벗어난 새롭고 난해한 문제들일 뿐이다. 이는 자신들이 지배하는 것들의 실재들에 대한 표현이 예술적으로 정당치 않다고 주장함으로써 그 실재들을 무시하고 억압하는 특권층과 보수층에게는 편리한 전략이다. 그리고 이는 미적 갈등은 "실재를, 특히 사회적 실재를 지배적으로 규정하는 권력층에게는" 기본적으로 대개 "정치적 갈등"이라고 주장하는 부르디외의 요점을 생생하게 예증시켜주는 전략이다.[32] 그러나 문화적 유미주의자에게는 흥미 없는 진부한 것일지라도 "비실재적" 문제들은 우리 세계의 중요한 차원을 구성한다. 빈곤과 폭력, 섹스와 마약, "예비부품들과 상처 난 가슴들"이 "이 세계를 계속 움직이게 한다."[33]

(b) 대중예술은 "깊은 실재"와 "실재적 문제"에 호소하지 못한다는 의미와는 또 다른 의미에서 피상적이고 공허한 것으로 비난받아 왔다. 여기서 혐의는 대중예술의 작품들이 "진지한 관심"을 정신적으로 고무시키거나 "지속시킬" 수 있을 만큼 의미의 복합성과 미묘함과 다양한 층위를 충분히 지니고 있지 못하다는 것이다. "내용이 다양한 층위에서 파악되고 이해될 수" 있게 "복합성을 지니려고 하는" 고급예술과는 대조적으로, 대중예술은 "분명하고 쉽게 인식될 수 있는 이미지", 평범하게 고정된 유형, 그리고 공허하게 상투적인 것 등만을 다룸으로써 광범위한 대중성을 얻어야만 한다.[34] 따라서, 우리의 지성을 훈련시키지 못하고 아도르노의 말을 빌자면 "공허한 시간을 한층 더 큰 공허함으로 채울" 수 있을 뿐이다(*AT* 348).

매스미디어의 많은 산물들이 지루하게 피상적이고 일차원적이기는 하지만, 문화비평가들은 매스미디어의 모든 산물들이 그럴 수밖에 없다는 잘못된 결론을 내린다. "모든 군중문화는 동일한 것이다"라는 천편일

32 Pierre Bourdieu, "The Production of Belief," in R. Collins et al., *Media, Culture, and Society: A Critical Reader* (London: Sage, 1986), 154-5.

33 Bruce Springsteen의 노래가사 "Spare Parts"로부터 인용하였다. Van den Haag의 논증은 지금까지 언급한 논리적 결점들 이외에도 매우 의문스러운 경험적 근거를 지니고 있다. 낭만적 · 모더니스트적 단계 이전의 고급예술의 역사를 들여다볼 경우, 실험적 새로움과 난해함이 미적 정당성의 필요조건이라는 점을 발견하기는 힘들다.

34 인용들은 Broudy, *Enlightened Cherishing*, 111, 그리고 Gans, *PH* 77에서 따왔다.

률적인 편견에 암묵적으로 호소하면서,[35] 그들은 대중예술의 작품들 속에서 실제로 발견될 수 있는 미묘한 복합성들을 결단코 무시한다. 그러나 아도르노마저도 대중예술의 작품들은 "서로 영향을 미치면서 그 모두가 전체 내용에 기여하는 다양한 층위의 의미들로" 자주 "구성된다"는 점을 깨달았다.[36] 그리고 텔레비전 연속극들에 대한 존 피스케(John Fiske)의 연구는 연속극들의 대중성이 그 극들이 지닌 다층적 · 다성적 · 다의적 특성에 상당히 의존한다는 점을 보여준다. 이러한 특성을 통해 연속극들은 "상이하고 때로는 상충되는 관심을 지닌" 광범위한 "다양한 집단들"에 상이하게 읽힐 수 있으면서도 또한 호소력을 지닐 수 있게 된다. 왜냐하면 미디어와 마케팅 전문가들이 인정하듯이 대중TV의 청중들은 "균질적인 군중이 아니라" "텔레비전으로부터 자신들의 사회적 경험과 연관되는 의미들을 산출하기 위해 텔레비전을 능동적으로 읽는" 많은 상이한 사회적 집단들의 변하는 성좌이기 때문이다.[37]

지식인 비평가들은 대중예술이 지닌 다층적 · 다성적 · 다의적 의미들을 깨닫는 데 대개 실패한다. 왜냐하면 그들은 시작부터 "꺼버리며" 이러한 복합성들을 헤아리는 데 필요한 공감적인 주목을 대중예술의 작품들에 기울이려고 하지 않기 때문이다. 그러나 때때로는 그들은 문제가 되는 작품들을 이해하지 못한다. 록뮤직은 오랫동안 비밀스러운 메시지들을 담아왔다. 록은 예속과 문화적 압제의 억압적 조건에서 등장하였기 때문에, 저항과 긍지를 표현하면서도 해악 없는 순진무구한 침묵을 가장

35 Horkheimer와 Adorno, *Dialectic of Enlightenment*, 121.

36 T. W. Adorno, "Television and the Patterns of Mass Culture," in Rosenberg and White (eds), *Mass Culture*, 478.

37 Fiske, *Television Culture*, 84, 94를 보기 바란다.

하기 위해 의미의 복합적 층들이 필요했다. 흑인문화에서부터 청년문화에 이르기까지 이러한 전통이 지속되어서, 밥 딜런(Bob Dylan)은 1965년의 대담에서 다음과 같이 말할 수 있었다. "만일 제가 여러분에게 우리의 음악이 진정 무엇에 관한 것인지를 말한다면, 우리 모두는 잡혀갈지도 모릅니다."[38] 오늘날에도 여전히 우리는 록음악이 아주 사소하고 공허한 것이라고 확신하는 지식인 성인들을 발견한다. 그러나 그들은 귀에 거슬리는 소리와 비표준적인 발성법으로 인해 록음악의 의미를 파악할 수 없다고 결국 고백할 것이다. 만일 성인인구의 대부분이 엘비스(Elvis)와 리틀 리처드(Little Richard)를 들으며 자랐을 만큼 젊다면, 그리하여 고전적인 록전통의 소음과 무의미에 대해 불평을 하지 않을 만큼 신식이라면, 의미 없는 소리와 타락한 텅 빈 음악이라는 혐의는 오늘날 펑크나 랩과 같은 장르에 향해질 것이다. 이러한 장르에서 소음과 언어적 일탈은 특정 노래들의 의미적, 형식적 복합성의 일부를 형성하기 위해 의식적으로 이루어진다.[39]

(4)

우리 문화는 예술을 본질적으로 창조적이고 독창적인 것으로, 필연적으로 혁신과 실험에 착수하는 것으로 간주한다. 이는 왜 많은 미학자들이 예술작품이 항상 고유하다고 주장하는지를, 그리고 T. S. 엘리어트 같은 전통주의자까지도 작품이 "새롭지 않

38 Ventura, *Shadow Dancing*, 159에서 인용하였다.

39 랩의 소음과 언어적 일탈은 몇몇 노래들의 제목 만에서도 볼 수 있다. 예컨대, Public Enemy의 "Bring the Noise," BDP의 "Gimme Dat, (Woy)," 그리고 Tone Loc의 "Funky Cold Medina"를 들 수 있다.

다면 …… 예술작품이 되지 못한다"라고 주장하는지를 설명해준다.[40] 이와 대조적으로, 대중예술은 비독창적이고 단조로울 뿐만 아니라 그 생산의 동기와 방법으로 인하여 필연적으로 그럴 수밖에 없는 것으로 전면적으로 비하된다. 대중예술의 산물들은 필연적으로 "미적지근해지고 표준화된다." 왜냐하면 그것들은 이윤에 굶주린 산업에 의해 정형화되고 "개성 없이 상투화"되어 기계적으로 만들어지기 때문이다. 이윤에 굶주린 산업은 "자율적인 취미를 개발하거나 함양시키기보다는 소비자의 취미에 맞추는 데" 힘을 쓴다.[41] 그러므로, 진정한 예술이 지닌 창조적 독창성 및 여타 특징들과는 대조적으로, "대중문화는 그 자체의 진정한 특징들, 즉 표준화, 정형화, 보수성, 허위성, 조작된 소비적 상품성 등의 특징들을 지니고 있음이 입증된다."[42]

대중예술이 필연적으로 비창조적이라는 주장은 다음과 같은 일련의 세 가지 논증에 근거한다. 첫째, 대중예술의 표준화와 기계적 생산은 개성에 제한을 두기 때문에 창조성을 배제한다.[43] 둘째, 대중예술의 집단생산과 노동분화는 한 명 이상의 예술가의 결정과 연관되기 때문에 독창적 표현을 저해한다.[44] 셋째, 거대한 청중을 즐겁게 해주려는 욕망은 개

40 T. S. Eliot, "Tradition and the Individual Talent," in *Selected Essays* (London: Faber, 1976), 15.

41 *AT* 348; Adorno and Horkheimer, *Dialectic of Enlightenment*, 125; 그리고 Ernest van den Haag, "A Dissent from the Consensual Society," in Norman Jacobs (ed.), *Culture for the Millions* (Princeton: Van Nostrand, 1961), 59를 보기 바란다.

42 Lowenthal, "Historical Perspectives," 55.

43 예컨대, Rosenberg, "Mass Culture," 12를 보기 바란다. 그는 "근대의 기술"을 "군중 문화의 필요충분한 원인"이자 문화적 야만성으로 비난하였다. Lowenthal ("Historical Perspectives," 55) 또한 근대기술사회에서의 "기계화된 작업과정 속에서 일어나는 개성의 쇠퇴"를 인용한다.

44 Macdonald, "Theory of Mass Culture," 65를 참고하기 바란다.

인적 자기 표현, 따라서 독창적인 미적 표현과 부합할 수 없다. 이 논증들 모두는 미적 창조가 필연적으로 개인적이라는 전제에 근거한다. 이 전제는 부르주아의 개인주의 자유 이데올로기에 의해 살찌워진 의심쩍은 낭만적 신화이며, 예술의 기본적이 공동체적 차원에 어긋난다. 여하한 경우든, 이 논증들 중 어떠한 것도 설득력이 없으며, 대중적인 작품들을 고급예술로부터 분리하는 데 기여하지 못한다.

표준화는 대중예술에서뿐만 아니라 고급예술에서도 찾을 수 있다. 양자는 소통을 원활히 하기 위해, 가치가 입증된 특정한 미적 형식들과 효과들을 성취하기 위해, 그리고 창조적 정교화와 혁신을 발전시키는 데 필요한 견고한 토대를 제공하기 위해 관례들이나 정형들을 채택한다. 소네트의 길이는 텔레비전 시트콤의 길이만큼이나 엄격히 표준화되어 있지만, 그 어떤 제한도 창조성을 배제하지 않는다. 정형, 관례, 일반적인 기준 등이 미적으로 타당한지를 결정하는 것은 이들이 상상력 있게 배치되는 지의 여부이다. 대중예술이 너무 자주 이들을 판에 박힌 방식으로 사용한다면, 고급예술은 아카데미즘과 같은 단조로운 표준화의 따분한 형식을 지닌다. 이러한 따분한 형식 속에서, 클리먼트 그린버그의 말을 빌리자면, "창조적 활동은 감소되며," "동일한 주제들이 백여 가지 다른 작품들 속에서 기계적으로 변형된다."[45] 새로운 기술들에 대한 사용은 고급예술에서도 분명히 존재하며, 이는 건축의 역사가 분명히 보여주듯 미적 창조성을 가로막는다기보다는 고무시킨다. 대중예술의 기술은 영화, 텔레비전 시리즈, 그리고 록비디오에서처럼 새로운 형식들을 창조하는 데 일조하였다. 그리고 이 모험적이고 예측할 수 없는 창조적 힘은 고급예술과 고급예술 후원자들의 약해져 가는 권위를 더욱 위협하여, 고급

45 Greenberg, "Avant-Garde," 98.

예술 후원자들이 대중예술은 창조적으로 무능하다는 비판을 내놓는 부분적 원인이 된다.[46]

위의 두 번째 논증도 마찬가지로 의문스럽다. 우리는 그리스의 신전들, 고딕교회들, 그리고 설화문학 등이 지닌 미학적 정당성에 의문을 제기할 경우에만 집단적 생산과 예술적 창조성 사이의 모순을 인정할 수 있다. 창조적인 예술의 목표들은 할리우드에서 가장 두드러지게 드러나듯이 조직적 압력에 의해 저해되거나 오염될 수 있다. 그러나 듀이식 표현을 빌리자면, 이는 실천 속에서 싸우고 고쳐나가야 할 점이지, 창조적 표현과 집단적 작품 사이의 필연적인 모순의 원리로 구체화되어야 하는 점이 아니다. 집단적 생산이 개인적 공상의 나래를 제한하리라는 것은 틀림없지만, 여러 정신들의 협동이 추가의 상상적 자원을 창조성에 보충해줄 수 있다는 점 또한 사실이다. 여하튼, 우리는 개인적 상상력도 전통적으로 계승된 관례들 및 청중의 기대반응을 통해 공동체와 일정한 종류의 협동 속에서 항시 작용한다는 점을 기억해야 한다. 그러므로 고급문화 예술가도 사회적으로 구성되고 사회적으로 동기 부여된 자아이기 때문에 스스로를 즐겁게 하는 바로 그 행동 속에서 또한 대단위 청중을 즐겁게 하려고 할 것이다.

이러한 성찰은 대중예술이 창조성을 본질적으로 결여하고 있다는

---

46 대중예술의 기술에 대한 공격의 배후에는 산업화된 기술이 근대적 삶을 비인간화시킨다는 신랄한 비판, 그리고 예술도 기술적 지배에 의해 비인간화되고 궁극적으로는 무력화되지 않을까 하는 두려움이 놓여 있다. 기술은 그 모든 유감스러운 남용과 거짓된 이데올로기에도 불구하고 인류가 맞닥뜨려 인간화시켜야 하는 인간의 산물이다. 대중예술은 기술과 인간 사이의 중재를 위한 표현의 장으로 간주될 수 있다. 록연주가들이 그들의 전기기타를 치장하거나, 조작하거나, 심지어는 파괴할 때, 또는 랩 DJ들이 익살스럽게 레코드판을 긁고 턴테이블을 바꾸어 치기 할 때, 우리는 기계를 익살스럽게 인간화시키는 또는 예술가의 인간적 지배를 강조하는 시도들을 발견한다. 그렇지만 오늘날의 전세계적 기술게임에서 누가 놀이의 주체이고 누가 놀이의 대상인지는 명확하기 매우 힘들다. 이 문제는 다음 장에서 랩음악과 관련하여 논의될 것이다.

점에 대한 세 번째의 가장 흔한 논증과도 연관된다. 이 논증은 대중성은 전체 군중들에 의해 쉽게 파악되고 감상되는 예술적 형식과 내용을 필요로 한다는 점을 강조한다. 그리고 이는 가장 기본적인 공통분모에 호소하기 위해 개인적인 창조적 표현은 부인됨을 의미한다. 따라서 내용과 형식에서 가장 기본적인 정형들만이 나타날 수 있다. 즉, "매스미디어는 취미의 평균을 부합시키기 위해 균질화된 것만을 제공해야 하므로," 창조적이고 도전적인 것은 전혀 말할 수 없고, "명확하고 승인된 것"만을 표현하는 데 한정된다.[47] 이러한 결론은 대중예술의 산물들이 "보통"사람들의 감수성에 정례적으로 충격과 공격을 가해왔다는 사실만으로도 거짓임이 드러난다. 그러나 이 논증을 많은 문화비평가들에게 그럴 듯하게 보이게 만드는 오류들이 무엇인지를 밝힐 필요가 있다.

첫 번째의 오류는 "다원적인 청중"과 "군집적인 청중"을 혼동하는 일이다. 대중성은 전자를 요구할 뿐이며, 오직 후자만이 균질화된 무차별적 전체를 함축한다. 고급문화 비평가들은 대중예술의 청중들이 군중이라는 잘못된 점을 전제한다. 비평가들은 어떻게 이 청중들이 다양한 취미집단들로 나뉘어 실제로 구성되는지를 깨닫지 못한다. 이 집단들은 다양한 사회, 교육적 배경들과 이데올로기들을 반영하며, 그리고 취미집단의 특정한 사회적 경험에 더 적합하고 즐겁게 대중예술의 작품들을 다양하게 해석한다. 미디어에 대한 연구들은 어떤 특정관점을 표현하는

47 Van den Haag, "Of Happiness," 517, 529. 이 논증에 대한 최근의 표현에 대해서는 Ariel Dorfman을 보기 바란다. 그는 다음과 같이 말한다. "밀집된 집단적인 사람들의 동시적인 필요에 부응하는 문화산업은 모든 사람이 노력 없이 이해할 수 있는 것만 창조함으로써 가장 기본적인 공통분모에 자신의 메시지들을 하향조정한다. (빈번히 지적되었듯이) 이 공통분모는 인류를 위한 보편적 척도로서의 세속적 규범화를 거친 전형적인 북미 일반인에 근거하고 있다." Ariel Dorfman, *The Empire's Old Clothes: What the Lone Ranger, Babar, and Other Innocent Heroes Do to Our Minds* (New York: Pantheon Books, 1983), 199.

어떤 작품이 그 관점을 거부하거나 (단순히 파악하지 못하는) 청중들에게 매우 대중적일 수 있음을 보여준다. 왜냐하면 그러한 청중들은 작품을 자신들에게 더 흥미롭고 유용하게 만들기 위해 그 작품의 의미를 창조적으로 "해독"하거나 재구성하기 때문이다. 이 점이 왜 페미니스트, 마르크시스트 그리고 이스라엘에 사는 전통적인 모로코 유대인들이 모두 〈댈러스〉(Dallas)의 열성적인 팬들이 될 수 있는지를, 그리고 왜 "〈다이내스티〉(Dynasty)가 미국에 있는 동성연애자들 사이에서 열광적인 볼거리가 되었는지를" 설명해준다.[48]

그러나 창조적 오독으로부터 이끌어진 이러한 논증을, 즉 대중예술의 창조성을 그 예술의 공식적인 창조자들에게만이 아니라 다양한 소비자들에게 한층 민주적으로 두는 이러한 논증을 우리가 무시한다고 할지라도, 다원적이 청중과 군집적인 청중을 구분하는 또 다른 이유가 존재한다. 왜냐하면 개별적인 사회적 또는 인종적 배경 (또는 공통적인 이데올로기나 예술적 전통)을 공유한 특정한 취미집단은 평균적 미국인으로 이루어진 균질적인 군중과는 분명히 구분되면서도 다중을 구성하기에 충분할 만큼 다양할 것이기 때문이다. 다원적인 청중들의 만족은 어떤 예술을 대중예술이라 간주하기에 그리고 매스미디어가 내보내기에 충분할 만큼 대중적으로 만든다. 구분되는 거대한 청중들이 있다는 사실은 대중예술이 스스로를 이른바 일반적 공중(public)에 의해 이해되고 용인되는 스타일, 정형 그리고 관점에 한정할 필요가 없다는 점을 의미한다.

---

48 이들 및 다른 예들에 대한 좀더 상세한 점은 Fiske, *Television Culture*, 71-2, 163-4, 320 등을 보기 바란다. 대중성을 성취하기 위해 단순한 균질적인 것을 요구하는 일은 다음과 같은 점이 전제될 경우에만 가능하다. 즉, 한 작품의 의미와 수용의 양태가 그 작품 독자들에게 고정되어 있고 획일적이라는 점이 전제될 경우에만, 또는 작품의 의미가 다른 텍스트들과의, 그리고 사회문화적 상황 속에 놓인 독자들과의 상호소통을 통해 이루어진 대화적이고 변화하는 산물이라기보다는 작품의 저자에 의해 확고히 규제된다는 점이 전제될 경우에만 가능한 것이다.

인기를 누린 많은 랩노래들의 레코드판 긁기, 흑인영어, 노골적인 성적 내용, 그리고 반미감정 등은 "중산층 미국인"에게 전혀 "명백하지도 승인되지도" 않지만, 이 점이 그러한 노래들이 대단한 대중성을 성취하는 것을 가로막지는 않는다. 그들의 대중성은 그들의 분명히 구분되는 인종적 · 이데올로기적 초점으로부터, 그리고 용인된 공적인 기준들에 대한 그들의 도전으로부터 나왔다. 즉, "공중의 적(Public Enemy)"이 됨으로써 그들은 대중성을 얻은 것이다. 이 "공중의 적"이라는 명칭은 대중적으로 유명하지만 공적으로는 비난받는 랩그룹이 스스로에게 재치 있게 붙인 명칭이기도 하다. 구분에 근거한 이러한 대중성이 젊은 흑인빈민가 청중들에게만 반드시 한정되는 것은 아니다. 왜냐하면 억압적 권위에 대한 신랄한 공격과 격렬한 저항을 담고 있는 랩의 메시지는 다른 사회적 배경을 가지고 있는 소외된 젊은이들에게도, 나아가 체제에 만족하지 못하는 그리고 랩의 스타일, 비유, 은어를 배우고자 하는 주변부의 지식인들에게도 받아들여질 수 있기 때문이다. 즉, 랩에 앞서 록이 보여주었듯이, 대중성은 전세계적인 "취미의 평균"에 부합할 것을 요구하지 않는다. 그리고 대중성은 새로운 문화나 대항문화적 예술전통의 선도자들만이 적절히 이해하는 의미들을 창조하는 일을 배제하지도 않는다.

대중예술가들은 대중예술의 소비자들이기도 하며, 청중의 일부를 구성하기도 한다. 종종 대중예술가들은 그들 작품이 지향하고 있는 청중들의 취미를 공유한다. 여기서, 자신을 창조적으로 표현하려는 바람과 자신의 거대한 청중들을 즐겁게 하려는 바람 사이의 모순은 실제로 존재할 수 없다. 그러한 모순의 필연성을 잘못 전제하는 일이 세 번째 논증의 두 번째 오류이다. 이 오류는 개인적 천재라는 낭만적 신화로부터 비롯한다. 이 신화에 따르면, 사회로부터의 고립과 사회의 공통적 가치에 대한 경멸은 예술적 완성과 성찰에 필수적이다. 이러한 신화를 조장시킨

역사적 · 사회경제적 압력들이 요즈음 널리 인식되고 있다. 이 신화는 예술가들이 사회후원가라는 전통적인 형태로부터 절연당하여 그들의 역할과 그들의 청중이 19세기의 급변하는 사회 속에서 불확실해졌을 때 발달하였다. 오늘날은 이 신화를 거의 신뢰하지 않으며, T. S. 엘리어트 같은 일견 엘리트주의적 예술가조차도 예술가와 공동체의 필연적인 연관을 강조하면서 그리고 가능한 한 그 공동체에 넓게 이르고픈 바람을 피력하면서 이 신화를 공공연히 부인한다.[49]

마지막으로, 대중예술의 대중성이 용인된 정형에 대한 종속적인 순응을 요구한다는 논증은 대중예술의 소비자들이 너무 단순하여 자신들이 익숙지 않고 용인할 수 없는 관점들을 감상하기 힘들다는 전제에 기반한다. 그러나 이미 언급하였듯이 미디어 소비의 경험적 증거는 이 전제가 거짓임을 보여준다. 미디어 시청자들은 지성적 상류계층들이 생각하는 "문화적 마약 중독자들"이 아니다.[50] 대중예술의 청중들이 심리적으로 너무 순진하고 일차원적이어서 모순되는 사고들이나 모호한 가치들을 즐길 수 없다는 전반적인 생각은 포스트모던적 삶에 대한 당혹스러운 경험에 의해 명확히 반박되는 듯이 보인다. 포스트모던적 삶에서, 일상은 모순적인 역할과 상충하는 언어놀이들을 즐길 것을 요구할 뿐만 아니라 그것들과 더불어 살 것을 요구하기도 한다. 엘리트적 미적 호사, 태도의 다양함, 믿음과 불신 양자 사이의 동요 등은 더 이상 삶의 필연성이 아니다. 자기기만이나 아이러니 없이 우리가 아직도 전적으로 믿고 매달릴 수 있는 것이 무엇이겠는가?

---

49 예컨대, T. S. Eliot, *The Use of Poetry and the Use of Criticism* (London: Faber, 1964), 152-3을 참고하기 바란다.

50 Stuart Hall, "The Rediscovery of Ideology: The Return of the Repressed," in M. Gurevitch et al. (eds), *Culture, Society and Media* (London: Methuen, 1982), 56-90.

(5)

공적인 기준에 대한 순응이라는 논점은 대중예술에 반대하는 다섯 번째 주요한 미적 고발을 유도한다. 즉, 대중예술은 미적 자율성과 저항을 결여하고 있다는 것이다. 미학자들은 대개 자율성을 "예술의 양도할 수 없는 측면"으로 간주한다(*AT* 1). 자율성이 예술의 가치에 필수불가결하다는 것이다. 이 자율성이라는 개념이 사회역사적 요소들의 산물이며 계층차별의 사회적 지표로 기능한다는 점을 깨달은 아도르노와 부르디외조차도 이러한 깨달음에도 불구하고 자율성이 예술적 정당성에 그리고 미적 감상이라는 개념에 본질적인 것이라고 주장한다. 왜냐하면, 부르디외에 따르면, 예술이 어떤 다른 것이 아닌 예술로 창조되고 감상되기 위해서는 "예술생산의 자율적 영역, 즉 …… 예술이 그 생산과 소비 양자 모두에 그 자신의 규범을 부과할 수 있는" 그리고 "(예술의) 특수한 전통 …… 속에 각인된 것 이외의 어떤 필요"나 외적 기능도 거부할 수 있는 예술생산의 자율적 영역을 필요로 하기 때문이다. 그러한 자율적인 규범의 핵심은 "기능에 종속되는 '주제', 즉 외적 지시대상보다는 예술가가 숙달한 형식, 품격, 스타일 등에 우선성을 둔다"(*D* 3). 이와 마찬가지로, 아도르노에게서도 예술의 규범들은 예술 그 자체를 위한 봉사 이외의 어떤 다른 기능도 배제한다. 예술은 "봉사의 기능을 하지 않을 것이며," "즐거움의 원천이 되고픈 천진스러운 생각마저도" 피해야 한다. "자율적 예술작품은 …… 그 자체와 관련해서만 기능적이다"(*AT* 89, 136, 281). 이와 대조적으로, 대중예술은 순수한 예술적 목적보다는 일상적인 인간의 욕망을 즐겁게 하려하고 충족시키려 하기 때문에 미적 타당성을 상실한다. 그러나 왜 기능성이 예술적 · 미적 비합법성을 수반하는가?

결국, 이러한 추론들은 예술과 미적인 것을 실제 삶에 기본적으로 대립되는 것으로 정의하는 데 근거한다. 아도르노에게서, 예술은 물질적 · 사회적 삶에 뿌리를 두고 그로부터 정보를 얻지만 스스로를 우리들 "세속적 실재와의 차별을 통해서"만 그리고 실천적인 기능적 절박함과의 절연을 통해서만 정의하고 정당화한다. 스스로의 자유롭고 상상적인 영역을 주장함으로써, 예술은 세상의 냉혹하게 악착같은 기능성에 대한 비판을 대변한다. 그러므로 "어떤 사회적 기능이 예술에 조금이라도 부여될 수 있다면, 이는 무기능의 기능이다"(*AT* 322). 부르디외도 이와 마찬가지로 미적 태도라는 바로 그 개념이 세상 및 일상적 관심과의 "절연을 함축"한다고 주장한다(*D* 4). 부르디외는 대중예술이 "예술과 삶 사이의 연속성, 즉 형식에 대한 기능의 종속을 함축하는 예술과 삶 사이의 연속성"을 긍정하기 때문에(*D* 32) 적법한 예술이 될 수 없다고 결론 내렸다. 대중예술은 어떤 대중적 심미성에 의해서도 미적으로 정당화될 수 없다. 왜냐하면, 부르디외의 논증에 따르면, 대중적 심미성은 명칭상 가치가 없기 때문이다. 첫째, 대중적 심미성은 결코 의식적으로 그리고 긍정적으로 ("그 자체를 위해") 정식화되는 것이 아니라, 삶과 반대되는 합법적인 미적인 것에 대한 "부정적 판단 기준"으로 기여하며 스스로를 대조를 통해 정의할 뿐이다(*D* 4, 41, 57). 둘째, 실재 삶의 관심들과 즐거움들을 받아들이고 예술의 순수한 자율성에 도전을 제기하기 때문에, 대중적 심미성은 기본적으로 예술에 반대되는 것으로 그리고 "예술의 대상들을 삶의 대상들로 체계적으로 환원시키는" 것으로 격하된다(*D* 5).

대중예술에 반대하는 이러한 논증들 모두는 예술과 실제 삶이 기본적으로 반대되고 분리될 수 있다는 그리고 그러해야만 한다는 전제에 매달려 있다. 그러나 이 관점이 미학의 고색창연한 믿음이기는 하지만, 왜 이 관점을 받아들여야 하는가? 이 관점의 출처와 동기는 의심스럽다. 예술이 실재로부터 두 단계 떨어져 있다는 플라톤의 예술에 대한 공격에서부터 비롯된 이 관점은 특정한 철학적 전통에 의해 유지되어 왔다. 이 철학적 전통은 예술을 옹호하려고 한 경우에서조차도 예술을 실재로부터 분리시킴으로써 예술의 실재적 본성을 포함한 실재를 결정하는 데 있어서 철학의 지배권을 확실히 하려고 항시 갈망하였다.

그러나 철학적 선입견과 역사적 파벌주의로부터 벗어나 이 문제를 본다면, 우리는 예술이 삶의 일부를 분명히 형성함을 안다. 이는 삶이 예술의 내용을 형성하고, 나아가 "삶의 예술"[51] 속에서 삶 자체를 예술적으로 구성하는 것과 마찬가지이다. 대상이자 경험으로서, 예술작품은 세상 속에 존재하며 우리의 삶 속에서 기능한다. 음악은 어린이를 잠재우는 데, 그리고 애국적 감정을 불러일으키는 데 사용된다. 시는 기도와 구애를 위해 사용되며, 우화는 도덕적 교훈을 가르치는 데 사용된다. 고대 아테네의 문화에서 예술은 일상적인 삶과 정신 속에 친밀하게 통합되었다. 회화와 조각은 순수한 시각적 기쁨을 위해 박물관에 놓인 것이 아니라 건축처럼 분명한 종교적 · 사회적 · 정치적 목적에 봉사하였다. 음악과 노래는 종교적 제의와 도시적 축제의 일부였다. 그리스 드라마의 고전들은 공동체적 신화를 재각색하여 들려줌으로써 사회적 통합과 시민적 긍지를 함양하려 하였고, 체육경기들과 더불어 축제에서 공연되었다. 이 공연들이 대중문화를 구성하였고, 공연에서의 행동은 오늘날 록공연들에서의 보이는 행동들과 마찬가지로 격식 및 세련과는 거리가 멀었다.[52]

---

51 Bourdieu 스스로가 이 개념을 사용하였고 (D 47-8, 57, 254, 370), 필자는 미적 삶이라는 윤리적 생각을 마지막 장에서 탐구할 것이다.

52 Alexander Nehamas, "Plato and the Mass Media," *Monist* 71 (1988), 223을 보기 바란다. "연극들은 행동이 단정한 청중들 앞에서 공연되지 않았다. 운집한 군중들은 휘파람 불기를 일삼았고 …… 극장은 그들의 '몰교양적 소음'으로 가득 찼다 …… Plato는 극장이나 여타의 장소에서 자신들의 동의와 불만을 소리쳤던 청중들의 소음에 깊은 혐오를 나타낸다(*Rep*. 492c) …… 청중들이 먹던 음식의 일부가 자신들이 싫어하는 배우들에게 던져지고는 했다."

즉, 그리스 예술은 근대적 개념의 예술적 자율성을 결여하였지만, 이 결여가 그리스 예술로부터 미적 잠재성을 박탈하지는 않았다.

물론 부르디외도 이 점을 잘 알고 있다. 그의 저작은 예술이 자율적 예술로 그리고 미적인 것이 순수히 미적인 것으로 변형되어 버린 19세기의 역사적 전개를 강조한다. 그러나 그의 순수주의적 정의들은 역사의 변화들은 변할 수 없이 영원하다는 점을, 그리고 일단 순수한 자율성 속으로 변형되면 예술과 미적인 것은 덜 순수하고 덜 삶을 부정하는 형식 속에서는 더 이상 합법화될 수 없다는 점을 시사한다. 그렇지만 역사는 변형을 거듭한다. 포스트모던 문화 속에서의 최근의 전개는 순수주의적 이상이 해체되고 미적인 것이 모든 삶의 영역 속으로 점증적으로 빨려 들어감을 보여준다. 부르디외는 순수한 것으로 널리 오해되는 미적 순수성을 그 속에 연루된 깊은 물질적 조건들과 은폐된 사회적 이해들을 날카롭게 폭로함으로써 순수함과 거리가 먼 것으로 묘사하기는 한다. 그러나 그는 순수한 자율성이라는 이러한 집단적 오해가 분쇄되고서도 미적인 것이 계속 유지될 수 있다는 생각에 반대하는 듯이 보인다. 그는 삶이 중심을 차지하는 곳에서 그리고 대중예술과 경험이 복원되는 곳에서 대안적인 미적인 것이 가능하다는 점을 부인한다. 그러나 그러한 미적인 것은 가능할 뿐만 아니라 듀이의 프라그마티스트 예술이론 속에서 강력하게 등장한다. 그의 예술이론은 "살아 있는 창조물"의 기운, 욕구, 즐거움을 미적 경험의 중심에 둔다.

예술의 자율성은 삶과의 구분 속에서뿐만 아니라 사회에 대한 저항 속에서도 표현된다. 예컨대, 아도르노는 "예술은 사회에 저항하는 힘을 가질 때에만 영위될 것이다"라고 주장한다. 이러한 저항을 통해 자율적인 구분을 이루는 데 실패한다면, 예술은 단순한 "상품"으로 전락한다(*AT* 321). 그러므로, 고급예술은 널리 상품화되었다고 할지라도 자율적 가치를 자랑스럽게 주장하는 반면, 대중문화는 "예술인 척"조차 하지 않으며 스스로를 "사업" 또는 "산업"이라고 선언한다. 설상가상으로, 대중문화의 산물들은 보수적이고 순응적인 "타협과 복종의 '메시지'"를 전파함으로써 저항을 더욱 결여한다.[53] 이러한 언급은 다음과 같은 낯익은 비판의 경향을 반영한다: 진정한 예술은 "기존의 용인된 것과 다르고" 대립되어야만 하기 때문에, 평균적 취미에 대한 대중예술의 필연적인 순응과 그 결과로 나타나는 보수적인 태도는 예술에 적합하지 않을 수밖에 없다.[54]

그러나 이 논증의 두 전제들 모두가 유지될 수 없는 것으로 밝혀졌다. 사회에 대한 반대는 예술의 영원한 본질이 아니라, 예술 및 예술가가 이전에 누렸던 사회적 유대와 지원의 전통적 형식들이 제거되어버린 사회, 경제적 과정의 결과로 19세기에 등장한 특정한 미적 이데올로기이다. 이 "예술을 위한 예술"이라는 이데올로기의 지배 이전뿐만 아니라 와중에도 대개 고급예술의 대표적 작품들은 형식과 내용 면에서 반골적이지도 진보적이지도 않았다.[55] 그리고 대중예술의 작품들이 대중성을 확보하기 위해 보수적이거나 순응적일 필요도 없다.

부르디외는 다음과 같은 좀 더 섬세한 논증을 개진하였다. 대중예

---

53 Horkheimer and Adorno, *Dialectic of Enlightenment*, 121, 157; Adorno, "Television and the Patterns of Mass Culture," 477.

54 예컨대, van den Haag, "Of Happiness," 517을 보기 바란다.

55 대부분의 예술작품들이 그 작품들을 낳은 사회에 저항하기보다는 그 사회를 긍정하려고 했었다는 점을 깨달을 수밖에 없었던 Adorno는 예술이 지닌 실재와는 다른 기능적 허구성이나 차별성을 저항활동으로 해석함으로써 예술의 기본적인 저항적 위상을 옹호하고자 한다. 그러나 이 점을 받아들인다면, 비실재적 도피주의라는 비난을 받았던 대중예술에도 동일한 점이 적용될 것이다. Adorno도 이를 깨달은 듯하지만, 곧 대중예술이 저항을 구성할 만큼 도피적이지 못하다고 비난한다. "도피적 영화들이 그토록 모순적인 까닭은 그 영화들이 실패한 존재들에 등을 돌리기 때문이 아니라 등을 아주 적극적으로 돌리지 못하기 때문이다"(*Minima Moralia*, 202).

술은 미적으로 합법화될 수 없다. 왜냐하면 대중예술은 자신을 오만하게 경멸하는 고급예술의 미적 지배를 암암리에 받아들임으로써 자신의 미적 정당성이나 자율성을 기본적으로 부인하기 때문이다. 우리의 문화 속에서는 "순수화를 지향하는" 고급예술의 미학이 "너무 보편적으로 받아들여져 …… 예술에 대한 정의가 그리고 그를 통한 삶의 예술이 계층 간의 투쟁대상임을 지적하는 목소리는 들리지 않는다." 따라서, 이러한 문화 속에 존재한다는 이유만으로도, 대중미학은 "스스로를 부단히 지배적 미학에 의해 정의할 수밖에 없는 피지배적 미학"임에 틀림없다(*D* 41, 48). 이러한 지배적 기준에 의하자면 대중예술은 예술로 인정받을 수 없기 때문에, 그리고 자신의 합법적인 합법성을 주장하거나 산출할 수 없기 때문에, 부르디외는 일정 의미에서 "대중예술은 존재하지 않는다"라는 그리고 대중문화는 "문화의 지배적인 정의를" 그리하여 자신의 비정당성을 "막무가내로 강요하는 역설적 개념"이라는 결론을 내린다(*D* 395). 그러한 자기불법화는 고급문화에 대한 가망 없는 모방을 통해 체념적 "자기비하"의 형식 아니면 "자기 파괴적 재건"의 형식을 취할 수 있다(*D* 48).

이 논증이 부르디외가 연구한 프랑스 문화에 대해서는 설득력이 있을지 모르지만, 대중예술에 대한 전세계적인 논증으로서는 옳지 않다. 왜냐하면, 적어도 미국의 경우에 대중예술은 자신의 미학적 지위를 주장하며 자신 고유의 미적 합법화의 형식들을 제공하기 때문이다. 많은 대중예술가들이 자신의 역할을 단순한 오락 이상으로 여길 뿐만 아니라, 그들 예술의 예술적 지위 또한 그들의 작품들 속에서 자주 주제화된다. 더욱이, 오스카, 에미, 그래미 등의 상들은 대부분 미국인의 눈에 미적 합법화뿐만 아니라 예술적 특권의 신분을 수여하는 듯이 보인다. 또한 대중예술에 대한 많은 그리고 갈수록 늘어나는 미학적 비평들이 존재한다. 이 중에는 대중예술의 발전을 미학적 측면에서 역사적으로 연구한 것들이 포함된다. 잡지나 책을 통해서뿐만 아니라 매스미디어를 통해서도 확산되는 이러한 미학적 비평은 합법화를 해나가는 담화의 형식임에 틀림없다. 그리고 이러한 비평은 고급예술에 적용되는 것과 같은 종류의 미적 술어를 사용한다. 그렇지만 고급예술의 미학이 미적 담화의 합법적인 사용을 독점적으로 조정한다는 점을 처음부터 전제하지 않는 한, 술어와 비평적 담화를 공유한다는 점이 고급예술로의 복속을 함축하지는 않는다. 이 전제는 독점적인 미적 합법화의 문제를 옳은 것으로 이미 가정하는 오류를 범하고 있다. 그러나 이 문제는 대중예술이 이의를 제기하는 바로 그 문제이다.

마찬가지로, 명확한 철학적 미학에 대한 대중예술의 결여가 대중예술의 미학적 합법성을 배제한다는 전제는 잘못된 것이다. 합법화는 철학적 이론과는 다른 더욱 강력한 형식들을 취한다. 대중예술은 자신이 제공하는 경험들을 통하여, 그리고 자신이 광범위하게 생성시키는 듣기, 보기, 비평적 활동 등을 통하여 미적으로 합법화될 수 있다. 더욱이, 합법화를 철학적 합법화와 혼동하는 것이 잘못이듯이, 사회적으로 용인된 미적 합법성을 사회적으로 주변화된 지적 공동체에 의해 부여되는 것에 한정하는 것도 잘못이다. 미국인들은 철학이나 지식인들의 문화적 주도권을 프랑스나 다른 유럽의 사람들처럼 심각하게 받아들이지 않는다. 미국 대중문화 속에 구현된 이러한 무관심스러운 반항적인 태도가 유럽인들, 특히 젊은이들과 문화적인 피지배층을 사로잡는 그리고 그들에게 진정으로 가치 있는 커다란 부분이다. 왜냐하면 이는 현실 유리적 지식인 철학과 고상한 궁정풍 예술이 이루어 놓은 억압적 전통이 오랫동안 공고화해놓은 문화적 지배로부터 점차 자유로워질 수 있는 귀중한 도구를 제공하기 때문이다.

부르디외의 범지구적인 주장을 미국의 문화적 차이에 주목함으로써 비판하기는 하지만, 필자는 그의 좀 더 일반적인 주장, 즉 예술과 미적인 것이 보편적이고 초시간적인 본질들이 아니라 사회적 · 역사적 조건에 의해 충전되고 변형되는 문화적 산물들이라는 주장을 전폭 지지한다. 왜냐하면, 특정한 사회적 · 역사적 요인들은 대중예술이 미학적 · 문화적 정당성에 대한 고급예술의 억압으로부터 가장 잘 살아남아 그 억압에 가장 성공적으로 도전을 제기한 곳이 왜 미국인지를 적절히 설명해줄 수 있기 때문이다. 이러한 요인들을 적절히 보여주기 위해서는 이번 장의 범위를 벗어나는 상세한 사회, 역사적 연구가 필요할 것이다. 그러나 다음에서 설명하는 요인들이 가장 유망할 것이다.

첫째, 미국이 계층 없는 사회와는 거리가 멀기는 하지만, 미국의 사회적 구조가 전통적인 유럽 사회의 구조보다는 더 유연하고 탈중심화되어 있다는 것은 거의 틀림없다. 그리고 미국의 지배적 이데올로기는 공공연히 평등적이고 반귀족적이다. 둘째, 유럽으로부터 정치적 · 경제적으로 독립하기 위해 싸웠던 신세계의 국가로서, 미국은 유럽의 문화적 지배에 반발하는 경향이 강했다. 그리고 고급문화는 귀족적인 유럽의 수입품으로 인식되어, 때론 격렬한 애국적 저항을 불러일으켰다.[56] 셋째, 다양한 문화의 이민자들로 구성된 국가이기 때문에, 구세계로부터 문제없

56 예컨대, 19세기 미국 극장에서는 영국 배우들에게 음식들이 던져졌으며, "꺼져라! 꺼져라! 영국으로 돌아가라! 돌아가서 양키들이 네 녀석들을 돌려보냈다고 말해라!"라는 고함들이 터졌다. 더욱이, "뉴올리안즈의 청중들은 이탈리아 오페라의 서곡들을 친숙한 애국적인 곡조인 'Yankee Doodle'과 'Hail Columbia' 등을 통해 증음시킬 것을 요구하고는 하였다." 한 지휘자가 이들의 요구를 무시하자, "청중들은 의자들을 부수기 시작하였다." 귀족적인 유럽 문화에 대한 저항은 넓게는 상류사회 미국인들의 유럽적, 귀족적 경향들에 대한 분노의 표시이기도 한데, 이러한 저항은 1849년 최소한 22명 이상의 사망자를 낸 Astor Place Riot에서 가장 격렬하게 폭발하였다. 고급예술이 지닌 귀족주의, 지성주의, 유럽풍의 엘리트주의 등에 대한 미국 대중들의 저항과 굴종을 좀더 상세히 알기 위해서는, Levine, *Highbrow/ Lowbrow*를 참고하기 바란다. 필자의 인용은 이 책의 62, 95쪽에서 따왔다.

이 수입되어 결속력을 가질 수 있는 고유한 국가적 전통의 고급문화가 존재하지 않았다. 그리고 문화적 통일성을 강화할 수 있는 중심적인 교육체계도 존재하지 않았다. 대중예술을 위한 문화적 다양성의 자유로운 효과는 아프리카 문화로부터 유래한 블루스, 재즈, 록 등이 미국 흑인들에 의해 발달한 사실 속에서 가장 극적으로 나타난다. 미국 흑인들은 지배적 사회로부터 야만적으로 배척당했기 때문에 사회의 지배적 미학으로부터 자유로울 수 있었다.[57]

그러나 미국 사회의 거대한 문화적 자유를 설명해주는 가장 중요한 근거는 미국 사회가 유럽의 고급문화를 구성하여 그 지배적 힘을 유지시켰던 두 가지 전통적 제도, 즉 귀족적 궁전과 국가적 교회를 지니지 않았다는 점일 것이다. 많은 사람들이 논증하듯, 고급예술의 개념은 점차 번성하는 부르주아에 대한 자신들의 지속적인 특권을 확실히 하려는 귀족들에 의해 많은 부분 고안되었다. 이는 사회적인 야망을 지닌 중산층 시민들에 의해 이후에 모방되었던 차별화의 전략이다.[58] 다른 한편, 종교적 전통은 예술작품을 경건하게 주목하는 습성을 제공하였을 뿐만 아니라 고도로 영혼화된 경험이라는 강력하면서도 제도적으로 공고화된 이상을 제공하였다. 나아가, 그러한 초월적인 경험과 담화의 타당성을 지도하고 통제하기 위해 지적으로 종교화된 계층을 제공하였다. 신학적 신념은 상

57 Carl Boggs와 Ray Pratt, "The Blues Tradition: Poetic Revolt or Cultural Impasse?," in Lazere (ed.), *American Media*, 279에서도 유사한 견해가 펼쳐진다. "블루스를 형성한 사회적 조건들이 농촌적, 前자본주의적 · 인종적이라는 점에서, 이 음악은 지배적인 경제체계와 사회관계들의 바깥에 기본적으로 존재한다." 흑인문화를 백인의 사회, 문화적 지배로부터의 피난처로 보는 관점을 좀 더 상세히 알기 위해서는 Eugene D. Genovese, *Roll Jordan, Roll: The World The Slaves Made* (New York: Pantheon, 1974), 그리고 Lawrence W. Levine, *Black Culture and Black Consciousness* (New York: Oxford University Press, 1977)를 보기 바란다.

58 Taylor, *Art, an Enemy of the People*, 43 그리고 Arnold Hauser, *The Social History of Art* (New York: Knopf, 1951), 438ff를 보기 바란다.

실되었으나 종교적 감상과 침울한 영혼화의 습성이 여전히 강렬히 잠재해 있을 때, 이러한 감상과 습성은 고급예술의 종교 속으로, 즉 지적인 예술가들과 비평가들이라는 새로운 종교화된 계층을 동반한 비세속적 경험과 신앙적 경건함의 새로운 영역 속으로 투사되었다. 미국의 종교적 전통은 이보다 훨씬 약했고, 미국을 지배한 엄격한 청교도주의는 미적 수용에 부합하지 않았다. 전통적인 귀족계층을 지니지 않은 그리고 많은 종교적 교파들을 포용한 세속적 공화국으로서, 미국은 부르디외가 기본적으로 "문화의 귀족주의"라고 기술한 것에 잘 저항할 수 있었다(*D* 11-96). 그리고 그 결과 귀족적 차별화도 의사 종교적 가치도 주장하지 않는 대중예술을 미적으로 긍정할 수 있었다.[59]

(6)

마지막으로, 대중예술은 적합한 형식을 성취하지 못한다고 비난받는다. 에이브러햄 캐플런(Abraham Kaplan)이 예리하게 지적하였듯이, "대중예술에서 비미적인 것은 대중예술이 지닌 형식 없음이다. 대중예술은 예술적 형식의 창조에 필요한 지속적인 노력을 요청하지도 허용하지도 않는다."[60] 형식에 대한 고급예술의 깊은 관심과는 대조적으로, 대중예술은 내용에 전적으로 집착하여 형식에는 하찮고 보조적인 역할만을 부여하는 것으로, 그리고 그 결과 스스로를 적절히

59 그렇지만 그러한 저항이 문화적인 귀족주의와 정치적으로 영향력 있는 고급예술의 체제가 미국에서 창출되는 것을 막을 만큼 강하지는 못했다. 중요한 점은 저항이 미적인 그리고 문화적인 합법성에 대한 고급예술의 신성불가침한 독점을 침식하기에 충분할 만큼 강했고 아직도 강하다는 것이다.

60 Abraham Kaplan, "The Aesthetics of the Popular Arts," in J. B. Hall and B. Ulanov (eds.), *Modern Culture and the Arts* (New York: McGraw-Hill, 1972), 53.

표현하거나 주제화할 수 없는 것으로 여겨진다.

대중예술의 형식적 적합성에 반대하는 논증들 자체가 그 형식이 다양하다. 대중예술이 지닌 형식적 구조의 통일성과 복합성 모두가 엄격히 부정되었다. 맥도널드와 아도르노에게서, 대중예술 작품들은 필연적으로 형식적 통일성을 결여할 수밖에 없다. 왜냐하면, 그것들은 자율적인 개인의 창작물이라기보다는 집단적 생산물이기 때문이며, 또한 분열된 퇴행적인 청중들의 비위를 맞추기 때문이다. 이러한 청중들은 진정한 예술작품의 "다층적인 통일성"을 포착할 수 있는 종합적인 능력을 상실하였다. 대중예술의 작품들은 형식을 지녔다기보다는 단순한 정형들만을 지녔다. 이 정형들은 표면상 자극적인 개별적 효과들을 전달할 뿐이다.[61]

대중예술 작품들에서 부정되는 것은 그리고 진정한 예술과 대중예술작품을 구분 짓는 것은 통일성이 아니라 형식적 복합성인 경우가 더 많다. 사물들을 "기능이 아니라 형식"으로 간주할 수 있는 능력이 미적인 태도라고 정의한 부르디외는 일상으로부터 거리를 둔 이러한 분리된 태도를 "형식적 복합성"이라는 고급예술의 목표를 푸는 열쇠로 생각한다. 오직 이 태도를 통해서만 우리는 ("예술적 자율성을 정복하는 마지막 단계로서") "고유하면서도 다의적인 '열려진 작품'을 생산"하는 데 도달할 수 있다 (*D* 3, 34-5). 부르디외에게서, 삶의 내용과 대중예술의 밀접한 연관은 "기능에 대한 형식의 종속을" 그리고 형식적 복합성에 대한 성취의 실패를 함축한다. 대중예술 속에서 우리는 작품의 내용에 더 직접적으로 연루된

61 "인기 있는 노래들의 형식들은 엄격히 표준화되어 …… 어떠한 특정한 형식이 어떠한 특정한 곡에서도 나타나지 않는다." "전체적 응집으로부터 부분들의 해방은 …… 전체로부터 개인적 기교로의 관심의 전환"을 의미한다(Adorno, "On the Fetish Character of Music," 281, 289). 또한 Macdonald, "A Theory of Mass Culture," 65를 참고하기 바란다: "통일성은 예술에서 기본적이다; 이것은 아주 유능한 전문가들의 생산라인을 통해서도 달성될 수 없다."

다. 그리고 이는 "형식과 내용의 기본적 대립을 받아들일 경우" 진정한 미적 감상과 부합할 수 없다(*D* 4, 197). 미적 합법성은 "관심을 '내용', 인물, 플롯 등에서 형식으로, 다른 작품들과의 비교를 통해 관계적으로 감상될 뿐인 특수한 예술적 효과로 대치할 때"만 성취된다. 여기서 이루어지는 "비교는 직접적으로 주어진 작품의 통일성 속으로 몰입하는 일과는 다르다"(*D* 34).

기존의 예술적 전통 속에 존재하는 다른 작품들이나 양식들과 맺는 이러한 비교적 관계성은 고급예술 속에 존재하는 형식적 복합성의 풍부한 자원임에 틀림없다. 그러나 이러한 텍스트 상호간의 연관성은 대중예술 속에서도 존재할 수 있다. 대중예술의 상당수가 다양한 예술적 효과를 산출하기 위해 상호간에 암시와 인용을 자의식적으로 한다. 이러한 암시가 대중예술의 청중들에 의해 감상되지 못하지도 않는다. 일반적으로 대중예술의 청중들은 고급예술의 청중들이 고급예술의 전통에 대해서 아는 것보다 대중예술의 전통에 대해 더 잘 안다.[62]

부르디외의 논증에서 좀 더 혼란스러운 점은 형식과 내용이 어떻든 대립된다는, 그리하여 우리가 내용으로부터 거리를 두지 않는 한 작품을 형식적으로 적절히 경험하거나 창조할 수 없다는 전제이다. 이는 매우 논란거리인 형식과 내용의 구분을 받아들이고 있는 듯할 뿐만 아니라 "형식적"이란 용어의 두 가지 의미, 즉 형식을 과시한다는 경우의 의미와

---

62 더욱이, 이 청중들은 뮤직 비디오의 경우에서처럼 내용을 해체시키고 서술의 연속성을 깨뜨리는 형식적 복합성들을 즐길 뿐만 아니라, 그들 고유의 독창적인 텍스트들을 창조하기 위해 대중예술의 산물들을 분할하고 종합함으로써 그들 고유의 형식적으로 복합적인 미적 산물들을 생산해낼 수 있기도 한다. 이는 계획적인 채널 바꾸기, 비디오 녹화와 편집을 통해, 또는 랩의 경우에서처럼 다양한 음반들을 단편적으로 샘플링하여 종합하는 방식과 더불어 이루어진다. 텔레비전과 관련된 이러한 점에 대해서는 Fiske, *Television Culture*, 103-4, 238, 250-62를, 랩과 관련해서는 다음 장을 참고하기 바란다.

단순히 형식, 구조, 형상을 지닌다는 경우의 의미를 혼동하기도 한다. 거리를 두는 태도, 의례적인 금지, 삶에 대한 부정 등을 수반하는 것은 전자의 의미일 뿐이다. 형식은 삶과 기본적으로 대립되는 것이라기보다는 삶의 형상과 리듬을 이루는 항존하는 부분이다. 그리고 (부르디외가 잘 깨달았듯이) 미적 형식은 유기적인 육체적 리듬들 속과 그 리듬들을 구성하는 데 일조하는 사회적 조건들 속에 깊지만 부인된 뿌리를 두고 있다.[63] 미적 형식은 지적인 거리를 통해서뿐만 아니라 한층 직접적이고 열광적인 육체적인 것 속에서도 발견될 수 있다. 형식은 엄격하게 형식적일 수 있을 뿐만 아니라 펑키일 수도 있다.

대중예술에 반대하는 두 가지 다른 형식주의적 고발들은 형식적 복합성과 텍스트적 상호연관성의 문제들과 연관된다. 고급예술은 미적 매체에 대한 날카로운 인식과 주제화된 관심으로 인해, 그리고 "자신들이 작업하는 매체로부터 주요한 영감"을 이끌어내는 예술가들로 인해 칭찬받는 반면,[64] 대중예술은 내용에 의해 너무 지배됨으로써 매체와 재현적 형식으로서의 자신의 지위를 경시하며 "예술의 대상들을 삶의 대상들로 조직적으로 환원"시킨다고 여겨진다(*D* 5). 둘째, 고급예술은 "형식에 대한 혁신과 실험"으로 유명한 반면(*PH* 76), 형식적 매체에 대한 대중예술

63 Bourdieu는 그 어떤 이론가들보다도 더 미적인 것의 깊은 육체적 차원을 깨달았다. "예술은 …… 지식인적 관점이 주장하는 …… 정신적인 것만이 전부가 아니다 ….예술은 '육체적인 것'이기도 하다." 이는 "빠르기와 느리기, 세기와 약하기, 긴장과 이완" 등과 같은 기초적인 "유기적" 리듬과 연관된다(*D* 80). 그렇지만 불행하게도, 긍정적인 요인들을 사회적으로 지배적인 관점들로 받아들이는 그의 사회학자적 편견으로 인하여 그는 합법적인 미적인 것을 삶과 육체와는 거리가 있는 "순수한 미적"인 것에 한정한다. 이러한 입장은 지적 형식주의의 오랜 전통을 강화할 뿐이다. 이러한 지적 형식주의 속에서는 감각적인 것은 지적 형식의 수단일 경우에만, 아도르노가 말했듯이 "전체적으로 드러나는 지적인 무엇인가를 담지했을 경우에만" 미적으로 합법화된다("On the Fetish Character in Music," 274).

64 Greenberg, "Avant-Garde," 100.

의 불충분한 주목은 주제를 통해 즐거움을 주려는 대중예술의 욕망과 겹치면서 대중예술이 "형식적 실험에 대한 취미"를 결여하고 있다는 점을 의미하게 된다(*D* 4). 형식과 내용 사이의 근본적인 대립을 다시 한 번 함축하면서, 부르디외는 대중예술과 그 청중들은 "형식적 실험들과 특수한 미적 효과들을 그것들이 망각될 수 있고 예술의 내용을 방해하지 않는 한도 내에서만" 받아들일 수 있다고 주장한다(*D* 33).

그러나 대중예술의 많은 작품들은 스타일과 매체를 전면에 명백히 내세움으로써 형식에 관심을 가진다. 더욱이, 많은 작품들이 재현으로서의 자신의 지위를 자의식적으로 드러낸다. 이는 작품의 지위를 허구적 텍스트로 자칭하는 대사 및 시각적 서술을 통해서뿐만 아니라 "지나친 멋, 자의식적인 카메라 작동, 동기 없는 편집, 그리고 180도 규칙에 대한 간헐적인 파괴 등과 같은" 형식적 장치를 통해서도 이루어진다.[65] 실험적인 측면의 경우, 대중적인 매스미디어 예술들은 매체와 형식에 대한 실험의 산물이다. 그리고 대중예술의 대부분이 형식적으로 보수적이기는 하지만, (록비디오나 랩과 같은) 새로운 장르나 양식을 창조함으로써 형식적 혁신을 위해 지속적으로 노력하기도 한다. 때로는 기존의 장르나 양식 속에서도 그러한 노력이 존재한다.

이러한 일반적인 언급들과 간단한 예들만으로는 고급예술을 미적인 것으로 식별시켜주는 형식적 성질들을 대중예술이 지니고 있다는 점이 확증되지 않는다. 즉, 통일성과 복합성, 상호연관된 텍스트성과 열려

65 Fiske, *Television Culture*, 238. 또한 Alexander Nehamas의 *St. Elsewhere*에 대한 분석을 통해 텔레비전의 자기 반영적인 양식, 형식적 복합성, 자기의식적인 상호 연관적 텍스트성 등에 관한 논의를 살펴보기 바란다. Alexander Nehamas, "Serious Watching," in David Hiley, James Bohman and Richard Shusterman (eds.) *The Interpretive Turn: Philosophy, Science, Culture* (Ithaca: Cornell University Press, 1991), 260-81.

진 다의성, 실험과 매체에 대한 표면화된 주목 등과 같은 형식적 성질들을 대중예술이 지니고 있다는 점이 확증되지는 못한다. 아마도 이 점을 입증할 그리고 앞서의 모든 고발들에 대답할 유일한 좋은 방법은 대중예술의 작품들이 그 비판가들이 고급예술에만 한정한 미적 가치를 실제로 드러낸다는 점을 구체적으로 보여주는 일일 것이다. 그리고 이 일은 특정한 장르의 실제 작품들을 주의 깊게 분석함으로써만 달성될 수 있다. 다음 장은 랩에 대한 연구와 랩작품들 중의 하나에 대한 세밀한 해독을 통해 이러한 도전과 마주한다.

4장
예술로서의 랩

… 황홀한 시,

그리고 상상되지는 않으나

언제인가 존재할 예술들

Shelley, *Prometheus Unbound*

1

랩은 대중음악의 장르 중에서 오늘날 가장 급속히 성장하면서도, 가장 비난과 박해를 많이 받는다. 예술적 위상을 요구하는 랩의 목소리는 격렬한 비판, 검열, 새 회원을 받아들이지 않으려는 상업성 등의 홍수 아래에서 익사한다.[1] 이는 분명 놀라운 일이 아니다. 왜냐하면 랩의 뿌리와 줄기가 미국 사회의 흑인하층민들에 있기 때문이다. 그리고 투쟁적인 흑인적 자긍과 빈민가 경험을 표현하는

---

1 랩에 대한 검열은 1990년 여름 플로리다에서 The 2 Live Crew가 공연금지 및 체포를 당하였을 때 국가적 뉴스거리가 되었다. 랩을 탄압하려는 초기의 시도들을 더 상세히 알기 위해서는 팜플렛인 *You Got a Right to Rock: Don't Let Them Take It Away*를 보기 바란다. 이것은 Rock and Roll Confidential의 편집자들에 의해 쓰여져, 1989년 9월 뉴욕에 있는 Duke and Duchess Ventures, Inc.에 의해 출판되었다. 공연에 대한 검열과 (Parents Musical Resource Center에 의해 격렬하게 실행된) 음반의 블랙리스트화는 랩가사 속에서 종종 주제가 되며, 표현의 미적 · 정치적 자유라는 문제와 연관된다. Ice-T의 "Freedom of Speech"와 (기지와 스타일이 많이 떨어지기는 하지만) 2 Live Crew의 "Banned in the USA"를 그 예로 들 수 있다. 물론, 최근의 랩은 너무 대중적이어서 온건한 형식을 띠며 기존의 미디어에 의해 받아들여질 수밖에 없다. 랩의 리듬과 스타일은 대형 매스미디어 광고에 사용되었으며, 온화한 매너를 지닌 랩가수인 Fresh Prince는 황금시간대에 방영되는 큰 TV방송쇼에 출연하였다.

랩은 미국 사회의 만족스런 현 상태에 대한 위협적인 사이렌을 대변한다. 랩을 평가절하하려는 정치적 동기들이 주어질 경우, 우리는 랩을 합법적 예술형식으로 신임하지 않으려는 미적 근거들을 쉽게 발견할 수 있다. 랩은 노래되지 않고 말하거나 낭송될 뿐이다. 랩은 통상 실황연주자들도, 독창적인 음악도 사용하지 않는다. 사운드트랙은 이미 만들어지고 흔히 잘 알려진 음반의 다양한 단편들 (또는 "샘플들")을 통해 구성된다. 마지막으로, 가사들은 조야하고 단순해 보이며, 발성법은 표준 이하이고, 운은 귀에 거슬리고 반복적이며 추잡하기 일쑤이다. 그렇지만 이 장의 제목이 암시하듯, 이러한 가사들은 랩이 시나 예술의 지위를 지니고 있음을 끈덕지게 주장하고 칭송한다.[2]

필자는 랩 또는 "힙합(hip hop)"의 미학을 더 상세히 살피려고 한다.[3] 필자는 이 음악을 즐기기 때문에, 이 음악의 미학적 합법성을 옹호해야 할 개인적 필요가 있다.[4] 그러나 문화적 논점들과 미학적 필요들은 더 광

2 필자는 이 장의 제목을 Ice-T가 부른 "Hit the Deck"의 가사에서 따왔다. 이 노래는 "미감적 예술로서의 랩을 증명"하려고 한다. 랩의 시적 · 예술적 지위를 강하게 선언하는 수많은 다른 랩들이 있다. Stetsasonic의 "Talkin' All That Jazz," BDP의 "I'm Still #1," "Ya Slippin'," "Ghetto Music," "Hip Hop Rules," 그리고 Kool Moe Dee의 "The Best" 등을 대표적인 것으로 들 수 있다.

3 "힙합"은 랩보다 더 광범위한 유기적인 문화복합체를 가리킨다. 이것은 브레이크 댄싱과 낙서를 포함하며, 그리고 일정 스타일로 이루어지기는 하였으나 캐주얼한 복장의 양식을, 예컨대 높다란 운동화를 유행시킨 복장의 양식도 포함한다. 랩뮤직은 브레이크댄서들을 위한 장단을 제공한다. 몇몇 랩가수들은 낙서를 했었다고 말한다. 그리고 힙합패션은 많은 랩들에서 찬양되었다. 그중의 한 예가 Run-DMC의 "My Adidas"이다. 낙서에 대한 연구를 위해서는 Susan Stewart, "*Ceci Tuera Cela*: Graffiti as Crime and Art," in John Fekete (ed.), *Life After Postmodernism* (New York: St Martin's Press, 1987), 161-80을 참고하기 바란다.

4 백인 중산층 유대인으로서, 필자는 랩에 대한 필자의 관심이 "정치적으로 올바르지" 않으며 착취적이라는 비판을 받을 수도 있다는 점을, 그리고 빈민가 경험이 없는 사람이 그 경험이 형성해 놓은 문화적 형식을 옹호하거나 연구할 권리가 없다는 점을 의식한다. 그러나 랩의 뿌리가 흑인 도시빈민가에 확고히 놓여 있기는 하지만, (우리가 앞으로 보게 되듯이) 랩은 훨씬 더 광범위한 청중들에 다가가려고 한다. 그리고 가난, 박해, 인종적 선입견 등에 반대하는 저항을

범위하다. 왜냐하면 랩은 가장 깊게 공고화된 미적 관습들의 일부에 도전을 제기하는 포스트모던 대중예술이기 때문이다. 이 관습들은 예술적 양식과 이데올로기로서의 모더니즘에 뿐만 아니라 모더니티라는 철학적 원리 및 그 원리를 따른 문화적 영역들의 날카로운 구획에도 공통적으로 자리 잡고 있다. 그러나 이러한 관습들에 도전을 제기하기는 하지만, 랩은 그럼에도 불구하고 미적 합법성을 위한 가장 중요한 관습적 기준을 충족한다. 지금까지는 대중예술이 그러한 관습적 기준을 지니지 못한다고 여겨졌었다. 그런데 랩은 순수미학적 근거에서 이루어진 고급예술과 대중예술 사이의 어떠한 엄격한 구분에 대하여도 순수한 근거라는 바로 그 개념에 의문을 제기함으로써 도전을 제기한다. 이 주장들을 구체화하기 위해, 필자는 먼저 랩을 포스트모던 미학의 용어로 살펴볼 것이다. 그러나 미적 합법성은 실제의 비평적 지각을 통해 가장 잘 증명될 수 있기 때문에, 필자는 대부분의 장을 대표적인 하나의 랩을 정독하는 데 할애할 것이다. 이러한 정독은 랩이라는 장르가 대중예술에 반대하는 주요한 미학적 고발에 어떻게 대답할 수 있는가를 보여줄 것이다.

포스트모더니즘은 성가실 정도로 복잡하고 논쟁적인 현상이다. 포스트모더니즘의 미학은 명확하면서도 의문의 여지가 없는 정의를 거부한다.[5] 그럼에도 불구하고, 어떤 주제들과 양식적 성격들은 포스트모던의 특징으로 널리 인정된다. 이 특징들은 고유한 독창적 창조보다는 재

흑인빈민가의 바깥에서 그러한 것들을 경험했던 많은 단체들과 개인들도 이해해야만 한다. 여하한 경우든, 사회-인종적 배경 때문만으로 랩을 다루는 일을 거부함으로써 현대문화와 미학에서 랩의 중요성을 무시하는 것은 더욱 정치적으로 올바르지 않다.

5 필자는 "Postmodernism and the Aesthetic Turn," *Poetics Today* 10(1989), 605-22에서 포스트모더니즘의 미학적 차원을 좀더 상세히 탐구하였다. 필자가 참고한 포스트모더니즘에 대한 매우 영향력 있는 설명은 Fredric Jameson의 "Postmodernism, or the Cultural Logic of Late Capitalism," *New Left Review* 146 (1984), 53-92이다.

생적 차용(recycling appropriation), 양식의 절충적 혼합, 새로운 테크놀로지와 군중 문화에 대한 정열적인 포옹, 미적 자율성과 예술적 순수성이라는 모더니스트 개념에 대한 도전, 그리고 보편적이고 영원한 것보다는 지역적이고 일시적인 것에 대한 강조 등을 포함한다. 우리가 이러한 특징들을 포스트모던이라 부르고 싶어 하든 안 하든, 랩은 이 특징들을 두드러지게 예증할 뿐만 아니라 의식적으로 강조하고 주제로 삼는다. 그러므로 우리가 포스트모더니즘이라는 총괄적 범주를 거부한다고 할지라도, 위에서 언급한 특징들이 랩을 이해하는 데는 필수적이다.

(1)

차용적 샘플링(Appropriative Sampling)

예술적 차용은 힙합 음악의 역사적 원천이며, 그리고 그 기법의 핵심이자 그 미적 형식과 메시지의 중심적 특징으로 계속 남아 있다. 힙합 음악은 "새로운" 사운드트랙을 만들어내기 위하여 이미 녹음된 노래들의 부분들을 선택하고 결합한다. 여러 턴테이블에서 DJ에 의해 만들어진 이 사운드트랙은 랩가사를 위한 음악적 배경을 구성한다. 랩가사는 차용된 음악을 샘플링하고 종합하는 DJ의 흉내낼 수 없는 묘기를 칭찬하는 데, 그리고 (MC라고 불리는) 랩가수의 가사적 운율적 힘을 뽐내는 데 기여하고는 한다. 랩가수의 허풍스런 자기칭찬이 종종 자신의 성적 욕망, 상업적 성공, 부 등을 강조하기는 하지만, 지위에 대한 이러한 기호들은 그의 언어능력에 비해 부수적이고 파생적이다.

일부 백인들은 언어를 구사하는 능력이 흑인 도시빈민가에서 높이 평가된다는 점을 상상하기 힘들지도 모른다. 그러나 사회학적 연구는 이

능력이 그 곳에서 매우 높이 평가된다는 점을 밝혀주며, 인류학적 연구는 언어적 솜씨를 통해 우월한 사회적 지위를 주장하는 일이 깊게 자리 잡은 흑인 전통이라는 점을 보여준다. 이 전통은 서아프리카의 구전 낭송자들에까지 거슬러 올라가며, "험담 벌이기"나 "농담 나누기" 같은 관례화된 언어 경연이나 시합을 통해서 신세계에서도 오랫동안 지속해왔다.[6] 미국 흑인영어가 지닌 전통적인 비유법, 양식적인 관습, 제한 생산된 복합성 등을 깨닫지 못했기 때문에, 즉 적대적인 백인청자들로부터 진정한 의미를 감추기 위해 비롯된 의미적 도치와 우회, 가장된 단순성, 은밀한 풍자 등을 깨닫지 못했기 때문에,[7] 랩가사들이 아주 바보스럽지는 않을지라도 피상적이고 단조롭다는 거짓된 믿음이 생겨났다. 그러나 자세하고 공감적으로 랩을 들여다 볼 경우, 많은 랩노래들이 날카로운 통찰력을 지닌 재치스런 은어적 표현을 할 뿐만 아니라 미묘한 언어적 형식

---

6 예컨대, Roger Abrahams, *Deep Down in the Jungle* (Chicago: Aldine Press, 1970)를 보기 바란다. 필라델피아의 빈민가에 대한 이 연구는 말하는 능력이 "높은 사회적 지위를 부여"한다는 점을", 그리고 심지어 청년들 사이에서는 "말하는 능력이 육체적 힘만큼이나 높이 평가된다"는 점을 밝혀준다(39, 59). 워싱턴과 시카고의 빈민가에 대한 연구들도 이 점을 확인해준다. 언어적 능력이 경쟁적인 실제적 목적을 위해서 뿐만 아니라 "오락적 가치"를 위해서도 "빈민가 사람들에게 두루 평가"받았다는 점을 언급하는 Ulf Hannerz의 *Soulside* (New York: Columbia University Press, 1969), 84-5를 참고하기 바란다. 그리고 Thomas Kochman, "Toward an Ethnography of Black American Speech Behavior," in Thomas Kochman (ed.), *Rappin' and Stylin' Out* (Urbana: University of Illinois Press, 1972), 241-64를 또한 참고하기 바란다. 흑인들의 "험담 벌이기"는 언어적인 모욕을 한다는 전통적이고 전형적인 좁은 의미와 더불어, 암호적 또는 간접적 소통이라는 더 일반적인 의미를 지니기도 한다. 이러한 소통은 해당되는 소통에 대한 특별한 배경적 지식과 특수한 문맥에 강하게 의존한다. 이러한 점에 대해서는 Henry Louis Gates, Jr., *The Signifying Monkey: A Theory of Afro-American Literary Criticism* (Oxford: Oxford University Press, 1988)을 참고하기 바란다.

7 도치와 험담 벌이기뿐만 아니라 둘러대기와 우회 같은 언어적 전략을 좀더 상세하게 알기 위해서는 Kochman, "Toward an Ethnography"; Grace Simms Holt, "Inversion' in Black Communication"; 그리고 Claudia Mitchell-Kernan, "Signifying, loud-talking, and marking"을 참고하기 바란다. 이 모두는 Kochman (ed.), *Rappin' and Stylin' Out*에 실렸다.

들과 다원적 의미의 층들을 갖추고 있다는 점이 밝혀질 것이다. 랩이 지니고 있는 다의적인 복합성, 모호성, 그리고 상호 연관성은 고급예술의 이른바 열린 작품(open work)이 지닌 동일한 특징들에 견주어질 수 있다.

랩의 또 다른 가장 두드러진 특징인 펑키 장단도 그 뿌리가 아프리카의 정글 리듬에까지 거슬러 갈 수 있다. 이 정글 리듬은 록과 디스코에서 사용되었고, 이후 랩 DJ들이 차용하였다. 그러나 힙합이 아프리카에 뿌리를 두기는 하지만, 그 탄생은 칠십년대 중반의 디스코 시대에 뉴욕의 빈민가에서 이루어졌다. 처음에는 브롱크스에서 시작하여 할렘과 브루클린으로 퍼져나갔다. 힙합은 디스코의 소리와 기법을 차용하면서, 동시에 디스코를 훼손하고 변형하였다. 이는 재즈가 대중가요들의 멜로디에 했던 바와 유사하다. 그러나 재즈와는 대조적으로 힙합은 멜로디나 악구만을 취한 것이 아니라 구체적인 일련의 사운드를 표절하였다. 그러므로 재즈와는 달리 힙합의 차용과 변형은 작곡이나 악기연주의 창조적 기술을 요구하는 것이 아니라 오직 녹음기기 조작의 창조적 기술을 요구할 뿐이다. 일반적인 디스코 클럽의 DJ는 춤의 흐름을 갑자기 방해하지 않으면서 부드럽게 변화를 주기 위해 템포에 맞추어 한 음반을 절취(cutting)하여 다른 음반과 혼합(blending)하는 기법을 발전시켰다. 디스코와 상업적 팝의 길들여진 소리에 불만을 품은 브롱크스의 DJ들은 이 절취의 기법을 음반들의 부분들 중 춤에 더 적절한 부분들을 강조하고 확대하는 데 응용하였다. 그들에게서, "음반의 중요한 부분은 드럼이 관장하는 부분인 간주이다 …… 무용수들이 날고 DJ들이 절취를 시작할 때가 이 부분에서이다."[8] 즉, 힙합은 단순한 청취가 아닌 움직임을 통해 감상

---

8 David Toop, *The Rap Attack: African Five to New York Hip Hop* (Boston: South End Press, 1984), 14를 보기 바란다.

되는 댄스뮤직으로 시작하였다. 애초에 힙합은 집, 학교, 커뮤니티 센터, 공원 같은 곳에서 행해지는 춤판에서의 라이브 퍼포먼스를 위해서만 고안되었다. 여기서 사람들은 DJ의 능수능란함과 랩가수의 개성 및 즉흥적 기술에 경탄하였다. 힙합은 대규모의 청중들을 위해 의도되지 않았으며, 수년 동안 뉴욕시에 한정되어 매스미디어 네트워크의 바깥에 머물렀다. 점증하는 팬들과 불법복제자들에 의해 비공식적으로 카세트에 녹음되어 보급되기는 하였지만, 랩이 처음으로 라디오 방송을 탄 것은 그리고 처음으로 음반으로 나온 것은 1979년에 이르러서이다. 랩 공동체 핵심의 바깥에 놓여 있었지만 음반회사와는 연계를 지니고 있었던 그룹들에 의해 만들어진 "Rapper's Delight"와 "King Tim III(Personality Jock)"라는 두 싱글음반은 경쟁 섞인 분노를 랩세계에 촉발시켰으며, 그리고 지하에서 나와 음반과 라디오로 나아가는 단초와 샘플을 제공하였다. 그렇지만 랩그룹들이 거리에서 떠나 생음악을 사용할 수 있는 스튜디오로 옮겼을 때에도, 차용을 하는 DJ의 역할은 버려지지 않고 랩예술의 중심을 차지하며 지속적으로 주제화되었다.[9]

음반들을 절취하는 기본적 기법으로부터 힙합은 자신의 소리와 미학에 중요하게 기여한 세 가지 다른 형식적 기술들을 발전시켰다. 즉, "스크래치 믹싱(scratch mixing)," "펀치 프레이징(punch phrasing)," 그리고 심플 스크래칭(simple scratching)을 발전시켰다. 첫 번째의 것은 한 음반의 특정 소리를 이미 연주 중인 다른 음반의 소리에 덧씌우고 혼합하는 기술이다.[10] 두 번째의 펀치 프레이징은 그러한 혼합을 가다듬는 일이다. DJ

9 예컨대, Ice-T의 "Rhyme Pays," Public Enemy의 "Bring the Noise," Run-DMC의 "Jam-master Jammin'," 그리고 BDP의 "Ya Slippin'"을 참고하기 바란다.

10 "스크래치 믹싱"이라고 불리는 이유는 바늘이 특정 트랙에 손으로 놓여지는 순간 음반을 긁기 때문일 뿐만 아니라 DJ가 바늘을 트랙에 밀 때 긁히는 소리를 자신의 귀로 듣기 때문

는 다른 편 턴테이블에서 계속 틀어지고 있는 저쪽 음반의 소리에 강력한 충격효과를 더하기 위해 바늘을 이쪽 음반의 특정한 현이나 드럼 소리부분에서 앞뒤로 움직인다. 세 번째 기술은 음반을 더욱 거칠고 신속하게 앞뒤로 긁는 것이다. 녹음된 음악을 파악하지 못할 정도로 너무 빠르게 움직이기는 하지만 강한 음질과 광적인 비트를 지닌 극적인 긁히는 소리가 만들어진다.

절취, 혼합, 긁기라는 이러한 기술들은 고급예술만큼이나 다양하고 상상력이 풍부한 듯이 보이는 차용의 다양한 형식들을 랩에 제공한다. 예컨대, 모나리자에 수염을 붙인 뒤샹(Duchamp), 드 쿠닝(De Kooning)의 캔버스를 삭제한 라우센버그(Rauschenberg), 그리고 상업적 이미지들을 여러 개로 재차 재현한 앤디 워홀(Andy Warhol) 등의 작업과 견주어질 수 있다. 랩은 또한 차용된 다양한 내용들을 보여준다. 다양한 영역의 대중가요들로부터 빌려올 뿐만 아니라 고전음악, TV주제가, 광고노래, 게임기에서 나오는 전자음악 등을 절충적으로 섭취한다. 나아가 랩은 비음악적 내용, 예컨대 뉴스방송 또는 맬컴 엑스(Malcolm X)와 마틴 루서 킹(Martin Luther King)의 연설 일부들을 차용하기도 한다.[11]

몇몇 DJ들은 매우 드물고 난해한 음반들로부터 차용하는 것을 뽐내며, 때로는 자신들이 샘플로 삼는 정확한 음반들을 (경쟁을 두려워하여) 숨기려고도 하였지만, 자신들이 독창적인 음악을 작곡한 것이 아니라 이

이기도 하다.

11 랩의 역사를 연구하는 David Toop (*Rap Attack*, 105)는 이러한 거친 절충을 다음과 같이 설명하였다. "Bambaataa는 칼립소, 유럽과 일본의 전자음악, 베토벤의 5번 교향곡, 그리고 Mountain과 같은 록그룹들을 섞었다; Kool DJ Herc는 Doobie Brothers를 Isley Brothers와 등을 맞대게 하였다; Ground Master Flash는 연설음반과 음향 효과를 Last Poets에 더하였다; Symphonic B Boys Mixx는 다섯 개의 턴테이블 위에 고전음악을 썰어 놓았다." 그의 책 149와 153을 또한 보기 바란다.

미 녹음된 소리들로부터 작업을 하였다는 사실을 결코 숨기려고 시도하지는 않았다. 그들은 공공연히 자신들의 샘플링(sampling)방법을 찬미하였다. 이러한 자랑스런 차용의 기술이 지닌 미학적 의의는 무엇인가?

첫째, 이것은 예술에 대한 우리의 개념을 오랫동안 속박해왔던 독창성과 고유성이라는 전통적 이상에 도전을 제기한다. 낭만주의와 낭만주의적 천재에 대한 숭배는 예술가를 신격화된 창조자로 비유하였고, 예술가의 작품들이 전적으로 새로우며, 예술가 자신만의 개성을 표현한다고 옹호하였다. 예술적 진보와 아방가르드를 지지하는 모더니즘은 급진적 새로움이 예술의 본질이라는 도그마를 더욱 강화하였다. 예술가들은 항상 서로서로의 작품들로부터 빌려왔지만, 이 사실은 독창적 창조와 파생적인 차용을 날카롭게 구분하는 독창성이라는 이데올로기를 통해 일반적으로 무시되거나 또는 은연중에 부정되었다. 랩과 같은 포스트모던 예술은 차용과 창조가 전혀 부합할 수 없는 것이 아니라는 점을 보여주기 위해 자신의 차용을 창조적으로 배열하고 주제화함으로써 이분법을 훼손하였다. 나아가 랩의 차용은 외관상으로 독창적으로 보이는 예술작품도 부지불식간의 차용의 산물이라는 점을 시사한다. 즉, 고유하고 새로운 텍스트도 항시 이전 텍스트들의 모방과 단편이라는 점을 시사하는 것이다.

따라서 독창성은 자신의 절대적인 독창적 지위를 상실하고, 옛것의 변형적 재차용과 재활용을 포함하고 있는 것으로 재인식된다. 이러한 포스트모던의 그림 속에서는 궁극적이고 절대적인 독창성은 존재하지 않으며, 오직 차용의 차용, 모상(simulacra)의 모상만이 있을 뿐이다. 그리하여 창조적 에너지는 진정으로 창조적이 될 수 있는 기회를 스스로 부인하고 있지 않나 하는 두려움 없이 낯익은 창조품들과 자유롭게 유희할 수 있게 된다. 랩가요들은 자신들의 독창성과 차용을 동시에 찬미한다.[12] 그리고 창조/차용의 이분법이 도전받음에 따라, 창조적 예술가와 차용적 청중 사이의 깊은 분리도 도전받는다. 변형적 감상이 예술의 형식을 취할 수 있다.

(2)

절취와 일과성(Cutting and Temporality)

샘플링을 하는 랩의 스타일은 통일성과 통합성이라는 예술의 전통적 이상에도 도전을 제기한다. 아리스토텔레스 이후로, 미학자들은 예술작품을 유기적 전체로, 즉 완벽하게 통일되어 부분들이 조금만 손상되어도 전체가 파괴되는 유기적 전체로 간주하고는 하였다. 더욱이, 낭만주의와 "예술을 위한 예술"의 이데올로기는 예술작품을 선험적이고 그 자체로 신성한 목적인 것으로 대하는 우리의 습관을 더욱 강화하였다. 엄격한 유기적 통일성이라는 이러한 미학과는 대조적으로, 랩의 절취와 샘플링은 포스트모던 미학의 특징인 "분열적 단편화"와 "콜라주 효과"를 반영한다.[13] 고정되고 절대적인 작품에 대한

12 예컨대, Public Enemy의 "Caught, Can We Get a Witness?," Stetsasonic의 "Talkin' All That Jazz," 그리고 BDP의 "I'm Still #1," "Ya Slippin'," "The Blueprint" 등을 보기 바란다. 이들 중 마지막 랩노래의 동기가 된 이미지는 힙합 독창성의 모상적 개념을 강조한다. BDP는 자신의 언더그라운드 스타일을 다른 랩의 "부드러운 상업적 소리"보다 독창적이고 우월한 것으로 간주하면서, 자신의 독창성을 랩의 빈민가 뿌리에 대한 자신의 근접성과 연관시킨다. "너는 복사본을 가졌지만, 나는 청사진(blueprint)으로부터 읽는다." 그러나 청사진 자체도 원본이 아니라 복사본이다. 청사진은 구체적인 독창적 대상으로는 아직 존재하지 않는 디자인된 대상의 모상 또는 재현이다.

13 Jameson, "Postmodernism," 73, 75를 보기 바란다. 그러나 이러한 언급이 랩이 그 고유의 어떤 통일성이나 형식적 일관성을 성취하기도 한다는 점을 부인하는 것은 아니다. 왜냐하면 "Talkin' All That Jazz"가 이러한 성취를 이루었다는 점을 필자는 앞으로 논증할 것이기 때문

헌신적인 숭배의 미학과는 대조적으로, 힙합은 해체적 예술의 즐거움을 제공한다. 즉, 새로운 작품들을 창조하기 위해 옛 작품들을 해체하는 그리고 이미 포장되어 있어 지루한 낯익은 것들을 흥분되게 색다른 것으로 분해하는 전율적인 아름다움을 제공한다.

DJ의 샘플링작업과 MC의 랩은 독창적 예술작품의 외면적 통일성이 인공적으로 구축되기도 한다는 사실을 또한 강조한다. 생산과정이 분화되어 있는 경우가 흔한 현대 대중음악에서는 적어도 이 점이 사실이다. 멤피스에서 녹음된 연주가 뉴욕에서 이루어진 백업 보컬(back-up vocal)들과 결합되고, 본 노래는 LA에서 녹음된다. 랩은 여러 층으로 이루어진 예술적 구성의 이러한 과정을 계속할 뿐이다. 랩은 이미 포장된 음악적 산물들을 해체하여 다르게 재구성한 후에 MC의 노래를 추가의 층으로 부과하여 새로운 작품을 생산한다. 그러나 랩은 이러한 작업을 자신의 작품이 신성불가침하다는 가장 없이, 이 예술적 과정이 최종적일 수 있다는 가장 없이, 그리고 차용적 변형이 불가능한 절대적 산물들이 존재할 수 있다는 가장 없이 행한다. 오히려, 랩의 샘플링작업은 대상으로서의 한 예술작품의 통합성이 그 대상의 사용을 통해 창조가 지속적으로 이루어질 수 있는 가능성을 결코 능가해서는 안 된다는 점을 함축한다. 그러므로 랩의 미학은 예술이 기본적으로 완성품이 아니라 과정이라는 듀이의 메시지를 암시한다. 이 메시지는 모든 예술적 표현을 물화하고 상품화하려는 경향을 강하게 지닌 우리 문화 속에서 반가운 메시지이다. 랩은 이러한 경향에 거세게 저항하면서도 또한 이 경향에 희생당해 왔다.

예술작품의 절대화된 통합성에 이의를 제기하면서, 랩은 또한 예술

이다.

작품의 불멸성, 보편성, 영원성이라는 전통적 개념에 도전한다. 찬미되는 작품들이 더 이상 엘리어트가 생각하는 식의 초시간적이면서도 전통에 의해 통시적으로 보존되는 "기념비"의 "이상적 질서"로 여겨지지 않는다.[14] "시는 영원하다"라는 전통적인 관점과는 대조적으로, 랩은 차용적 해체를 통해서뿐만 아니라 자신의 일과성을 노래 속에서 공공연히 주제화하는 작업을 통해서도 예술작품의 일과성과 비영구성을 강조한다. 예컨대, BDP의 몇몇 노래들은 "88년도 동안의 신선함, 제기랄" 또는 "89년도 동안의 신선함, 제기랄" 등과 같은 가사를 담고 있다.[15] 연도에 대한 그러한 선언은 경과성에 대한 인정을 함축하다. 88년도 동안 신선한 것은 89년도에는 분명히 상할 것이며, 따라서 89년도 산의 새로운 신선함에 뒤처질 것이다. 그러나 랩의 포스트모던 미학에 따르면, 예술적 창조품들의 한시적인 새로움이 이 작품들을 미적으로 무가치하게 만들지 않는다. 이는 크림의 한시적인 신선함이 크림의 달콤한 맛을 허구적으로 만들지 않는 이치와 마찬가지이다.[16] 미적 가치는 시간의 시험을 견뎌야만 실재할 수 있다는 관점은 공고하지만 정당하지는 못한 전제이다. 이는 실재를 영원하고 불변한 것과 동일시하는 철학적 편견으로부터 궁극적으로 기인한다.

---

14 T. S. Eliot, "Tradition and the Individual Talent," in *Selected Essays* (London: Faber, 1976), 15. 엘리어트의 이런 초기 관점에 대한 비판 및 그가 이후에 왜 이러한 관점을 포기했는지에 대한 설명을 위해서는 Richard Shusterman, *T. S. Eliot and the Philosophy of Criticism* (New York: Columbia University Press, 1988), 156-67을 참고하기 바란다.

15 "My Philosophy"와 "Ghetto Music"을 각각 보기 바란다. "Ya Slippin'"과 "Hip Hop Rules"는 자신들에 1987년과 1989년의 연도를 각각 매긴다. Public Enemy의 "Don't Believe the Hype"는 1988년도의 시간 딱지를 달고 있으며, 비슷한 시간딱지들이 Ice-T, Kool Moe Dee 등에서 발견된다.

16 이와 똑같은 이유로, 랩에 대한 필자의 현재의 설명은 비록 이 설명이 랩의 새로운 발전에 의해 곧 낡은 것이 될지도 모르지만 가치가 있다.

예술작품을 영원하고 순결한 헌신을 위한 기념비로 간주하는 것을 거부함으로써, 그리고 작품들을 더 잘 활동하게 하기 위해 그것들에 재작업을 가함으로써, 랩은 가장된 보편성에 의문을 제기하기도 한다. 즉, 좋은 작품은 보편적인 인간적 주제들을 다룸으로써 모든 사람과 모든 시대를 기쁘게 해줄 수 있어야 한다는 도그마에 의문을 제기하기도 한다. 힙합은 불의와 억압과 같은 보편적 주제들을 다루기는 하지만, 그러나 자신의 뿌리와 임무를 흑인 도시빈민가와 그 문화에 둠으로써 "빈민가음악"으로 자랑스럽게 지역화된다. 백인사회를 배척하려고 하지는 않지만, 그리고 백인 랩가수들과 청중들도 있지만,[17] 랩은 백인들과 중산층 흑인들이 다소 무시했던 빈민가 삶의 특징들인 성병의 창궐, 노상살인, 백인 경찰의 학대, 뚜쟁이질, 매춘, 마약중독 등에 초점을 맞춘다. 대부분의 랩 가수들은 자신들의 지역적 연고를 도시단위로뿐만 아니라 할렘(Harlem), 브루클린(Brooklyn), 브롱크스(Bronx) 등의 소지역 단위로 아주 구체적으로 명시한다. 국제적으로 확산되었을 때라도, 랩은 지역적인 것으로 자랑스럽게 남는다. 예컨대, 프랑스의 랩에서도 특정한 소지역을 겨냥하고 지역적 문제들에 집중하는 동일한 현상이 발견된다.[18]

지역화가 모더니즘의 국제적 스타일과 갈라서는 포스트모더니즘의 두드러진 측면이기는 하지만, 랩의 강한 지역성은 랩의 기원이 소지역의 모순과 경쟁으로부터 비롯한 데 더 기인할 것이다. 힙합은 지역갱들의 폭력적 대결을 랩단원들 사이의 음악적 · 언어적 경연으로 변형시키는

---

17 Blondie, Tom Tom Club, Beastie Boys, 3rd Bass와 같은 그룹들이 만든 그리고 백인 솔로 랩가수인 Vanilla Ice가 만든 랩음반들이 존재한다.

18 예컨대, 프랑스의 랩앨범 *Rapattitudes*를 보라. 이 앨범에서 랩가수들은 파리의 특정한 자신들의 소지역을, 그리고 자신들이 안고 있는 주거와 사회적 용인의 문제들을 언급한다. 프랑스 랩은 그 정신은 고유하지만 미국적 뿌리로부터 매우 많이 파생하였다.

데 일조하였다.[19]

아직까지는 다양한 지역의 음악들 사이에 존재하는 날카로운 스타일 상의 차이를 지적하기 어렵다. 왜냐하면 지역적 차이는 일단 랩 음악이 매스미디어를 통해 보급되기 시작하여 상업적 압력 아래 놓이게 되면 유지되기 힘들기 때문이다. 이러한 이유에서, 랩노래들은 자신들의 상업적 확장을 반기면서도 못 마땅해 한다.

(3)
기술과 매스미디어 문화

대중적 확산과 상업화에 대한 랩의 복합적 태도는 포스트모더니즘의 또 다른 중심적 특징을 반영한다. 즉, 랩은 현대의 기술, 특히 매스미디어의 기술을 열광적이고 전폭적으로 받아들인다. 이러한 기술의 상업적 산물들은 사용하기에 아주 간편하고 유익

19 Toop, *Rap Attack*, 14-15, 70-1을 보기 바란다. 힙합이 물리적 폭력과 공격을 상징적 형식으로 변형시켜주는 미적 영역을 제공한다고 주장해도 무방할 것이다. 격한 대립과 공격적 경쟁이 랩의 미학에 기본적임은 틀림없다. 아마도 랩가요의 가장 흔한 주제는 어떻게 자신이 다른 랩가수들보다 우월한지를, 어떻게 자신이 다른 랩가수들의 도전에 대처할 수 있고 랩대결을 통해 그들을 연약하고 바보스럽게 만들 수 있는지를 보여주는 것일 것이다. 이러한 랩 대결은 "농담 나누기"나 "험담 벌이기" 같은 전통적인 언어적 모욕 경쟁에서와 같이 매우 공격적인 용어들로 이루어지고는 한다. 그렇지만, "최상"임을 주장하는 이러한 비타협적인 경쟁과 더불어, 랩가수들은 동일한 예술적·정치적 입장을 공유하고 있는 다른 랩가수들과의 연대성을 노래 속에서 표현하기도 한다.

랩이 지닌 상징적 폭력의 가장 곤혹스런 표현 중의 하나가 여성에 대한 태도이다. 여성에 대한 랩의 표현은 성적으로 노골적일 뿐만 아니라 야만스럽게 잔인하기까지 하다. 이러한 폭력적인 여성혐오적 가사에 대해 랩이 제공할 수 있는 가장 최상의 변호는 이 가사들이 자의식적으로 과장되어 있으며, 그리고 남성우월주의에 대한 풍자적 비판으로 이해되어야 한다는 것이다. 의문의 여지가 많은 이러한 변호는 NWA의 경우보다는 Ice-T의 경우에 더 적절히 해당한다. 가장 고무적인 징후는 여성 랩가수들의 반격이다. 예컨대, HWA(Hoes Wit Attitude), BWP(Bytches With Problems), 그리고 가장 유력하게는 Queen Latifah에서 이를 확인할 수 있다.

한 듯이 보이지만, 기술적 산물의 실제적인 복잡성과 기술이 사회경제적 체계와 맺는 복잡한 관계는 소비자 대중에게 측량할 수 없고 제어할 없는 것으로 다가온다. 기술이 제공하는 힘에 최면화되어, 우리 포스트모던인들은 확산되기는 하지만 점점 불가해지는 매체인 기술의 거대한 힘에 막연히 방해받기도 한다. 그러나 그 경외스러운 힘에 열광하는 일은 기술을 효과적으로 사용함으로써 우리 스스로가 기술의 전문가가 되는 짜릿한 전율을 제공할 수 있다. 그러한 짜릿한 전율을 제임슨(Jameson)은 "포스트모던적 또는 기술적 숭고"의 "환각적 즐거움"이라고 특징 지웠다.[20]

힙합은 매스미디어 기술을 뜨겁게 포용하고 능란하게 차용함으로써 그러나 바로 이 기술체계와 이 체계를 지탱하는 사회에 의해 불행하게 억압받고 차용당함으로써, 제임슨이 말한 특징을 강력하게 드러낸다. 랩은 음반과 턴테이블, 앰플리파이어와 믹서 등의 상업적 매스미디어 기술로부터 태어났다. 랩의 기술적 성격은 그간 필요한 악기가 없었기 때문에 또는 그 악기를 연주할 음악적 훈련이 부족하였기 때문에 만들 수 없었던 음악을 랩의 예술가들에게 창조할 수 있게 해준다.[21] 기술은 랩의 DJ들을 소비자나 단순한 실무기술자가 아닌 예술가로 만든다. "Run-DMC는 DJ도 밴드가 될 수 있다고 처음 말하였다/ 너의 자리를 박차고 나와 스스로의 발을 딛고 서라"라고 퍼블릭 에너미(Public Enemy)는 자신의 랩에서 외친다.[22] 그러나 상업적인 매스미디어 기술이 없다면, DJ밴드는 딛고 설 그 무엇도 없었을 것이다.

랩예술가들이 새로운 기술을 차용하는 창조적인 솜씨는 매우 신명

20 Jameson, "Postmodernism," 76, 79.

21 Toop, *Rap Attack*, 151.

22 Public Enemy의 "Bring the Noise"를 보기 바란다.

나며, 랩노래 속에서 자주 칭송된다. 여러 턴테이블 위에서 많은 음반들을 절취하고 바꾸는 곡예와 같은 요술을 부림으로써, 능란한 DJ들은 상업적 음악과 그 기술을 다루는 예술적 그리고 물리적 솜씨를 보여준다. 디스코 기기로부터 출발하여, 랩예술가들은 더 많은 그리고 더 진전된 기술들을 채택해 나갔다. 예컨대, 전자드럼, 신서사이저, 계산기나 누름단추(touch-tone)식 전화기의 소리들, 그리고 가능한 소리들의 전 영역을 검색한 후 원하는 소리들을 복사하고 종합하는 컴퓨터 등의 기술들을 채택해 나갔다.

매스미디어의 기술은 빠르게 증가하는 랩의 대중성에도 또한 매우 중요하였다. 흑인문화의 산물로서, 기본적으로 문자문화가 아닌 구두문화로서, 랩이 적절히 감상되기 위해서는 힘있게 요동치는 소리를 통해 직접적으로 들려지고 느껴질 필요가 있다. 어떤 악보도 랩이 행하는 광적인 음악콜라주를 전달할 수 없으며, 그리고 가사들조차도 랩의 표현적 리듬, 억양, 파도치는 듯한 강조와 분출 등으로부터 분리된 문자적 형식으로는 적절히 전해질 수 없다. 오직 매스미디어 기술만이 그러한 구두적 퍼포먼스의 광범위한 확산과 보존을 가능케 한다. 라디오와 TV 방송을 통해서 그리고 음반, 테이프, CD 등의 녹음 매체를 통해서, 랩은 원래의 빈민가 청중을 넘어서서 그 음악과 메시지를 미국 백인과 유럽인들의 귀에까지 크게 들려주었다. 빈민가 삶의 절망스런 억압을 그리고 사회적 저항과 변화에 대한 당당하고도 강렬한 희망을 귀에 거슬리게 표현하곤 하는 탓에 미국 중산층들이 억누르려고 했던 힙합이 우리 대중문화 속에서 익히 들을 수 있는 목소리가 될 수 있었던 것은 매스미디어 덕분이다. 그러한 체계가 없었다면, 랩은 "국가의 핵심에 침투"(Ice-T)할 수도, "부르주아를 가르칠"(Public Enemy) 기회를 가질 수도 없었을 것이다.[23] 이와 마찬가지로, 힙합이 예술적 명성과 번영 그리고 상업적 성공을 거둘 수 있었던 것도 매스미디어 덕분이다. 이러한 성공은 예술적 재투자를 가능케 하였으며, 흑인이 지닌 문화적 자긍심의 부인할 수 없는 원천으로 기여하였다.

랩은 매스미디어의 기법과 기술에 의존할 뿐만 아니라 그 내용과 이미지의 많은 부분을 대중문화로부터 끌어온다. TV쇼, 유명운동선수, 전자오락 게임, 아디다스 운동화 같은 친숙한 상표의 물건 등이 가사에 자주 등장하며, 이것들의 음악적 주제들이나 후렴 등도 종종 샘플링된다. 고급문화의 전통이 알려지지 않은 또는 호소력을 지니지 못하는 사회 속에서는 매스미디아 문화의 이러한 산물들이 예술적 창조와 소통을 위한 문화적 배경을 제공한다.

그러나 이러한 도움에도 불구하고, 매스미디어는 믿을 만하고 확실한 동지가 아니다. 매스미디어는 깊은 의심과 분노에 찬 비판의 초점이 되기도 한다. 랩가수들은 미디어의 거짓되고 겉치레적 대우를, 상업적으로 규범화되고 소독된 그러나 비실재적이고 공허한 내용을 욕한다. "엉터리 미디어, 우리는 그것이 필요 없지 않은가? 미디어는 속임수이다"라고 퍼블릭 에너미는 외친다.[24] 그리고 이들은 또한 "She Watch Channel Zero"에서 일반 TV 쇼들이 흑인여성의 지성, 책임성, 문화적 뿌리 등을 침식시키는 것을 한탄한다. 랩가수들은 라디오가 정치적으로 설득력 있거나 성적으로 노골적인 랩을 회피하고 온순한 "상업적 빵죽(commercial pap)"으로 방송을 채운다고 지속적으로 비판한다(BDP). "빌어먹을 라디오

---

23 Ice-T의 "Heart Beat"와 Public Enemy의 "Don't Believe the Hype"을 보기 바란다.

24 "Don't Believe the Hype"를 보라.

는 결코 나를 틀지 않는다"라고 Public Enemy는 불평한다. Ice-T도 "상업적 폐물 오직 그것만"을 지속적으로 방송하게 하기 위해 라디오와 미국 연방통신위원회가 표현의 자유와 삶의 괴로운 실재들을 부인하는 검열을 수행한다고 말한다.[25] Ice-T는 모든 진보적 랩을 괴롭히는 중요한 "미디어 문제"를 제기하고 이에 답한다. "라디오가 진실을 다룰 수 있는가? 천만에." 그러나 그는 미디아가 전복적인 시도들을 통제하는 방식을 제공한다는 점을 암시하면서 자신이 라디오의 금지에도 불구하고 테이프를 통해 수백만 명에 다가갈 수 있다고 주장한다("그들은 라디오 마약을 만들고 있고, 사람들은 탈출구를 찾아야 한다/ 그러나 비록 내가 금지 당한다고 할지라도, 나는 수백만 개의 테이프를 팔 것이다").[26]

마지막으로, 거짓되고 피상적인 내용과 억압적인 검열 이외에도, 미디어는 힙합의 주요한 청중들을 착취하고 억압하는 세계화된 상업적 체계 및 사회와 연결되어 있다. 지배적인 기술-상업 복합체를 통제하고 옹호하는 사람들이 흑인하류계층의 지속적인 호소에 무관심하다는 점을 깨달으면서 ("나와 같은 녀석들에게는 쥐뿔도 해주지 않는 땅이 여기 있다 …… 그러나 통제권은 빌어먹을 놈들이 가졌다"), 랩가수들은 우리 자본주의 사회가 군대 및 경찰에서의 흑인들의 복무를 통해 자신의 사회, 정치적 안정을 유지하기 위해서 그리고 불필요한 상품에 대한 흑인들의 욕구증진을 통해 자신의 이윤을 증진시키기 위해서 흑인들을 어떻게 착취하는지를 비판한다.[27]

---

25 BDP의 "Ghetto Music," Public Enemy의 "Rebel Without a Pause," 그리고 Ice-T의 "Radio Suckers"를 보기 바란다. 그렇지만, 이들 랩가수들이 인정하듯, 어떤 방송들은 어떤 경우에 (통상 심야에) "가공하지 않은 실재 소리"를 틀려고 한다.

26 "Radio Suckers" 중에서.

27 Public Enemy의 "Black Steel in the Hour of Chaos"를 보라. 백인사회가 흑인사회를 착취하는 주제에 대해서는, BDP의 "Who Protects Us From You?" 그리고 Ice-T의 "Squeeze the Trigger"를 또한 참고하기 바란다.

힙합의 한 가지 매우 두드러진 주제는 과시적 소비를 이상화하는 고급차, 의류, 첨단기술의 전자제품 등에 대한 광고가 빈민가 젊은이들을 범죄의 삶으로 어떻게 유혹하는 가를 보여주는 것이다. 범죄의 삶이란 이러한 상품들을 쉽게 가질 수 있는 기회를 주지만, 그러나 결국은 죽음, 감옥, 또는 빈곤으로 끝이 나서, 가난과 절망의 빈민가 순환을 강화한다.

랩가수들은 소비적 부귀의 성취를 칭찬하면서 동시에 그것이 행하는 무비판적 이상화를 그리고 빈민가에 있는 청중들에게 잘못되고 위험한 방식으로 다가가려는 일을 비판한다. 이는 힙합이 지닌 포스트모던적 역설의 하나이다. 이와 유사한 방식으로, 자칭 "언더그라운드" 랩가수들은 상업주의에 대해서는 예술적 · 정치적 변절로 격하하면서 동시에 자신들의 상업적 성공에 대해서는 자신들의 예술적 힘을 보여주는 것으로 찬양한다.[28] 그러한 역설들은 빈민가 삶의 그리고 이른바 비상업적 예술의 사회문화적 영역들 속에서 발생하는 한층 더 기본적인 모순들을 반영한다.[29]

분명, 미국 흑인문화 속에는 독립적 표현과 경제적 성취 사이에 매우 깊은 연관이 존재한다. 이 연관은 비상업적 랩가수들에게도 상업적 성공과 재산을 염탐케 만든다. 왜냐하면, 휴스턴 베이커(Houston Baker)가 아주 잘 예증하였듯이, 미국 흑인예술가들은 흑인적 경험과 표현의 기반

---

28 첫 번째 역설의 예로는 Ice-T의 "High Rollers," "Drama," "6'N the Mornin'," "Somebody Gotta Do It(Pimpin' Ain't Easy!)," 그리고 Big Daddy Kane의 "Another Victory"를 들 수 있다. 두 번째 역설의 예로는 Ice-T의 "Radio Suckers"와 BDP의 "The Blueprint"를 들 수 있다. 랩이 지닌 또 다른 곤란한 모순은 소수층에 대한 억압과 착취를 비난함에도 불구하고 여성을 폭력적으로 착취하는 지독한 남성우월주의를 채택하고는 한다는 것이다.

29 Pierre Bourdieu의 *Distinction: A Social Critique of the Judgement of Taste* (Cambridge, Mass.: Harvard University Press, 1984)는 이른바 순수하고 비상업적 예술의 활동을 허용하는 그리고 순수하고 비상업적인 것으로의 효과적인 은닉을 허용하는 물질적 · 상업적 · 계층적 이익들과 메커니즘들이 어떤 숨겨진 논리를 지녔는가를 폭로한다.

을 형성하는 노예 및 상업적 착취의 역사를 의식적이든 무의식적이든 항시 감수해야 한다.[30] 노예가 독립적 인간에서 재산으로 둔갑했듯이, 독립을 재성취하는 노예의 방식은 자유를 살 만큼 충분한 재산을 획득하는 데 있었다. 소유물이었던 탓에 오랫동안 자신들의 목소리를 낼 수 없었던 미국 흑인들은 "오직 재산만이 표현을 가능케 한다"는 결론을 추론해 냈다.[31] 그렇다면, 언더그라운드 랩가수들에게 상업적 성공은 자유로운 예술적 · 정치적 표현을 가능케 하는 그리고 역으로 그러한 표현에 의해 더욱 가능케 되는 경제적 독립의 기호로 기능할 수도 있다. 이 찬미되는 경제적 독립의 주요한 차원은 범죄로부터의 독립이다.[32]

(4)
자율성과 거리(Autonomy and Distance)

랩의 자유분방한 취사선택이 미적 순수성과 통일성이라는 고급모더니스트의 관례를 위반한다면, 문화의 깊은 정치적 차원에 대한 랩의 호전적인 강조는 모더니티의 가장 기본적인 예술적 관례들 중의 하나인 미적 자율성에 도전을 제기한다. 베버(Weber) 등에 따르면, 모더니티는 전통적인 종교적 세계관을 해체한 후 이를 과학, 예술, 도덕이라는 세속적 문화의 세 가지 독립적이고 자율적인 영역으로 나눈 서양적 합리화, 세속화, 차별화 등과 관련이 있다. 이들 세 가

30 Houston Baker, *Blues, Ideology, and Afro-American Literature: A Vernacular Theory* (Chicago: University of Chicago Press, 1984), 34-63.

31 Ibid. 57.

32 예컨대, Ice-T의 "Rhyme Pays" 그리고 Kool Moe Dee의 "They Want Money"와 "The Avenue"를 보기 바란다.

지 영역들은 이론적 · 미적 · 도덕적-실천적 판단이라는 자체 내부의 논리에 의해 각각 통제된다.[33] 물론, 이러한 삼분법은 인간사유를 순수이성, 실천이성, 미적 판단으로 나누어 비판적으로 분석한 칸트에 의해 반영되어 더욱 강화되었다.

문화적 영역들의 이러한 분리 속에서, 예술은 지식의 형성이나 보급에는 관심을 기울이지 않는 존재로 간주되어 과학과 구분되었다. 왜냐하면 예술의 미적 판단은 기본적으로 비개념적이며 주관적이었기 때문이다. 예술은 또한 실재의 관심이나 욕망적 의지와 관련되는 윤리학이나 정치학의 실천적 활동과도 엄격히 다르다. 대신에, 예술은 쉴러가 이후에 놀이와 가상의 영역이라고 기술한 무관심적이고 상상적인 영역으로 여겨진다.[34] 미적인 것은 지식과 행동의 합리적인 영역과 구분될 뿐만 아니라 인간본성의 감각적이고 욕망적인 만족과도 확연히 구분된다. 미적 즐거움은 형식적 성질들의 거리를 둔 무관심적 관조이다.

"지적 랩(knowledge rap)"(또는 "메시지 랩")이라는 힙합의 장르는 예술과 미적인 것에 대한 이러한 구획화되고, 사소화되고, 형식화된 관점을 부수는 데 전념한다. 이 랩들은 예술가와 시인으로서의 자신들의 역할이 실재에 대한 통찰력 있는 탐구가로서의 그리고 진리의 교사로서의 자신들의 역할과 분리될 수 없다고 거듭 주장한다. 특히, 이들은 기존의 역사책과 현대의 미디어에 의해 경시되고 왜곡된 실재와 진리의 측면들에 관심을 기울인다. BDP의 KRS-One은 "가장 핵심에서 새로운 개념들을 시작하는 교사와 예술가"로서 뿐만 아니라 철학자(*Ghetto Music* 앨범에는 "형

33 예컨대, Jurgen Habermas, *The Philosophical Discourse of Modernity* (Cambridge, Mass.: MIT Press, 1987), 1-22를 보기 바란다.

34 Friedrich Schiller, *On the Aesthetic Education of Man* (Oxford: Clarendon Press, 1982)를 보기 바란다.

이상학자"라고 쓰여 있다)와 과학자("나는 과학을 중단하지 않는다, 나는 과학을 가르친다. 그렇다!")로 자칭한다.[35] 그는 미디어의 정치적 표백화, 고정 유형, 공허한 도피적 오락과 대조하여 다음과 같이 자랑스럽게 주장한다. "진리를 노래 속에 담음으로써/ 나는 도망가지 않고 문제와 정면으로 부딪칠 것이다 …./ 간단하다; BDP는 실재를 가르칠 것이다./ 우리의 곡조가 그러하듯; 둘러대지 말고, 바로 말할 것이다./ 그러므로 우리 시인의 작업은 결코 끝나지 않았다./ 그러나 나는 결코 과로하지 않는다, 왜냐하면 그래도 나는 최고이기 때문이다."[36]

물론, 힙합이 드러내는 실재와 진리는 전통적 철학의 선험적인 영원한 진리가 아니라 물질적, 사회-역사적 세계의 변화하는 사실들과 유형들이다. 그렇지만, 실재의 시간적으로 변화하며 그리고 변형될 수 있는 성질에 대한 이러한 강조는 미국 프라그마티즘과 연관되는 상당히 그럴듯한 형이상학적 입장을 구성한다. 미국 프라그마티즘을 거의 알지 못하겠지만, 랩 철학자들은 형이상학에서뿐만 아니라 사회적 기능, 과정, 구체적 경험을 강조하는 비구획화된 미학에서도 듀이를 "압도"한다.

왜냐하면 지성적 랩은 미적인 것과 인식적인 것의 결합을 주장할 뿐만 아니라, 실천적 기능성이 예술적 의미와 가치의 일부를 구성할 수 있다는 점을 마찬가지로 강조한다. 많은 랩 노래들은 흑인의 정치적 의식, 긍지, 혁명적 충동 등을 고양하는 데 열중한다. 몇몇 노래들은 미적 판단들이, 특히 무엇이 예술로 간주되는가라는 판단들이 정당화와 사회적 투

---

35 BDP의 "My Philosophy"와 "Gimme Dat, (Woy)"를 보기 바란다. 이들의 지성적 랩인 "Who Process Us From You?"의 가사는 자신들의 랩을 "부기 다운 프로덕션(Boogie Down Production)의 과학자들이 행하는 공익성명"으로 기술한다.

36 "I'm Still #1"을 보라. 기존의 역사와 미디어 그리고 미디어의 고정유형 등에 대한 BDP의 공격은 "My Philosophy," "You Must Learn," "Why is That?"을 보기 바란다.

쟁이라는 정치적 논점들과 연관된다는 점을 강력하게 주장한다. 다른 랩들은 범죄, 마약, 성병 등에 대해 경고하고 조언하는 거리의 도덕적 우화로 기능한다(예컨대, Ice-T의 "Drama"와 "High Rollers," Kool Moe Dee의 "Monster Crack"과 "Go See the Doctor," BDP의 "Stop the Violence"와 "Jimmy" 등을 들 수 있다). 백인중심의 역사와 교육이 지닌 획일적 주장에 도전하고 흑인의 역사를 대신 제시하는 랩들도 있다(예컨대, BDP의 "Why is That?," "You Must Learn," "Hip Hop Rules" 등을 들 수 있다). 마지막으로, 랩은 빈민가 교실에서 쓰기, 읽기, 그리고 흑인역사를 가르치는 데 효과적으로 사용되어 왔다.[37]

제임슨은 전통적인 모더니스트 경계들을 해체하는 일이 "새로운 혁신적인 문화적 전략"을, 즉 "정치적 예술과 문화의 인식적 · 교육적 차원을 전면에 내세운" 포스트모던 미학을 대안으로 제공할 수 있다고 주장하였다.[38] 그는 이 새로운 문화적 형식을 아직은 "가설적"인 것으로 간주한다. 그러나 이 새로운 형식이 랩 속에서 전개되고 있을지도 모른다. 랩의 예술가들은 힙합의 대중적 지위와 예술적 지위를 함께 주장함으로써 합법적인 고급예술과 대중적 오락 양자 사이의 사회적으로 억압적인 이분법을 침식하려 하며, 이와 마찬가지로 교육과 정치적 행동주의를 공공연히 목적으로 한다.

그러나 대부분의 문명 비평가들이 그러하듯, 제임슨 또한 포스트모던 예술이 "비판적 거리의 폐지"로 인해 효과적인 사회적 비판과 정치적 저항을 제공할 수 있을지를 염려하였다. 예술적 자율성의 요새를 침

37 가장 좋은 예로는 랩을 통한 글읽기 프로그램을 계발한 뉴욕의 라디오 DJ인 Gary Byrd를 들 수 있다.

38 여기와 다음 두 문단에서의 제임슨 주장에 대한 인용은 그의 "Postmodernism," 85, 87, 88, 89에서 했다. 다음에 등장할 아도르노의 주장은 그의 *Aesthetic Theory* (London: Routledge & Kegan Paul, 1984), 322에서 따왔다.

식하고 일상적이고 상업적인 삶의 내용을 열광적으로 차용함으로써, 포스트모던 예술은 예술이 "자본의 거대한 존재 바깥"에 서는 데 필요한, 그리하여 아도르노가 "추잡한 실재"라고 부른 것에 대한 대안을 나타내는 데 필요한 "최소한의 미적 거리"를 결여하고 있는 듯이 보인다. Public Enemy, BDP 또는 Ice-T 등을 듣는 사람들은 그 그룹들이 지닌 저항적 에너지의 진정성과 강도를 의심하기 거의 힘들다. 그러나 모든 현대의 "문화적 저항의 형태들은 이 형태들을 자신의 일부로 간주하는 체제에 의해 비밀리에 해제되고 재흡수된다"라는 혐의가 랩에 향해지는 것은 당연하다. 왜냐하면 랩은 미디어의 고정유형들, 폭력, 화려한 생활에 대한 탐구 등을 비난하는 한편, 이것들을 이용하고 찬양하곤 하기 때문이다. 상업주의와 자본주의 체제를 비난하기는 하지만, 랩의 "언더그라운드" 노래조차도 이와 동시에 자신의 상업적 성공과 판촉의 이력을 찬양한다. 예컨대 몇몇 노래들은 상업적 이유로 레코드 회사를 바꾼 것을 묘사하고 정당화한다.[39]

힙합이 제임슨이 다국적 자본주의라는 "새로운 세계체제의 범세계적이고 전체적인 공간"이라고 간주한 것의 바깥에 전적으로 놓여 있지는 물론 않다. 그러나 이러한 포괄적인 체제가 일순간이나마 존재한다고 할지라도, 왜 이 체제의 몇몇 특징들과 맺는 랩의 이로운 관계가 랩의 사회적 비판력을 무효화시켜야만 하는가? 어떤 것을 효과적으로 비판하기 위해서는 그것의 바깥에 완전히 놓여야만 하는가? 존재론적으로 기반화

39 예컨대 Ice-T의 "409"와 BDP의 "Nervous"를 보기 바란다. 비상업적이라 자칭하는 랩 예술가들조차도 상업세계를 암시하는 이름을 지니고 있다. Ice-T는 "Rhyme Syndicate Productions"로 불리며, BDP는 "Boogie Down Productions"를 의미한다. 상업적 랩들은 가사가 음반을 또는 발신자 부담의 상업적 전화선을 선전하곤 한다. 예컨대, LL Cool J의 랩 "1-900-LL Cool J"를 보기 바란다.

된 명확한 경계를 해체하는 포스트모던적 그리고 후기구조주의적 비판은 "완전히 바깥에" 놓인다는 개념 전체에 심각한 의문을 제기하는 것 아닌가?

안/바깥이라는 명확한 이분법에 대한 이러한 도전과 더불어, 우리는 왜 적절한 미적 반응이 냉정한 무관심적 주체의 거리를 둔 감상을 전통적으로 요구해야만 하는지에 대해서도 의문을 제기해야 한다. 거리를 필연적으로 상정하는 것은 예술적 순수성과 자율성이라는 모더니스트 이데올로기를 또 한 번 드러내는 것이다. 힙합은 이를 거부한다. 랩가수들은 거리를 둔, 비참여적인, 형식적 판단으로 이루어진 미적인 것보다는 심층적으로 구현된 참여적 개입으로 이루어진 미적인 것을 역설한다. 그들은 정적인 관조와 무감정적인 연구를 통해서가 아니라, 정력적이고 열정적인 춤을 통해서 감상되기를 원한다.[40] 예컨대, Queen Latifah는 자신의 감상자들에게 "나는 네가 나를 위해 춤출 것을 명한다"라고 강력하게 지시한다. 왜냐하면, Ice-T의 설명처럼, 랩가수들은 춤추는 사람들이 땀에 젖고, "통제력을 잃고", 그리고 장단에 거칠게 "홀리기 전까지는 행복하지 않을 것이기" 때문이다. 그리고 랩가수들 또한 압운(rhyme)을 사용하는 신묘한 재능을 통해 청중들을 춤추게 만들기 위해서는 스스로 홀려야 한다.[41] 이러한 신적이면서도 육체적인 홀림의 미학은 신적인 뮤즈로부터 예술가와 공연자를 거쳐 청중에까지 뻗어 내려가는 신적인 광기의 연쇄줄로 시와 시의 감상을 설명하는 플라톤을 생각나게 한다. 플라

---

40 Grandmaster Flash는 자신의 절취기법의 새로움과 능란함에 "군중들이 춤을 멈추고 세미나에서처럼 둥글게 모이는 것을" 못 마땅해 하였다. "이것은 내가 원하는 바가 아니었다. 여기는 학교가 아니다 너의 엉덩이를 흔들어야 할 때이다"(Toop, *Rap Attack*, 72로부터 인용).

41 Queen Latifah의 "Dance for Me" 그리고 Ice-T의 "Hit the Deck"을 보기 바란다. 공연자나 청중 양자 모두에서 나타나는 랩이 지닌 최면술적 홀림과 물리적 · 정신적 감흥력에 대한 강조의 유사한 예를 위해서는, Kool Moe Dee의 "Rock Steady"와 "The Best"를 보기 바란다.

톤은 이 홀림을 신적임에도 불구하고 참된 지식에 비해 비합리적이고 열등한 것으로 비판한다.[42] 더 한층 중요한 의미에서, 신적인 육체적 홀림이 주는 정신적 환희는 미국 흑인음악의 뿌리인 아프리카 종교의 형이상학을 생각나게 하기도 한다.[43]

합리화와 세속화라는 모더니티의 계획으로부터 무엇이 더 멀어질 수 있겠는가? 모더니즘의 합리화되고, 탈실체화되고, 형식화된 미학에 무엇이 더 적대적일 수 있겠는가? 기존의 모더니스트 미학이 랩 및 록 뮤직 일반에 아주 적대적인 것은 놀랍지 않다. 모더니스트의 합리화된 미학과 전혀 비합리적인 미학 사이에 숨쉴 공간이 있다면, 이는 포스트모던 미학을 위한 공간일 것이다. 필자는 랩이 그 공간 속에 거주한다고 생각하며, 그 곳에서 계속 번성하기를 희망한다.

---

42 이 점은 플라톤의 *Ion*에서 가장 분명히 언급된다.

43 예컨대, Michael Ventura, *Shadow Dancing in the U. S. A.* (Los Angeles: J. P. Tarcher, 1986), 그리고 Robert Farris Thompson, *Flash of the Spirit* (New York: Vintage, 1984)를 보기 바란다.

2

지금까지 필자는 랩을 전통적인 예술적 관례에 도전하는 이탈자로 묘사하였다. 그렇다면 왜 랩을 예술로 불러야 하는가? 랩의 가사들은 자신을 자랑스럽게 예술이라고 주장한다. 그러나 자기주장만으로는 표현적 형식의 예술적 또는 미학적 특징을 구축하기에 충분치 않다. 주장에 확신이 있어야 한다. 물론, 확신은 기본적으로 경험으로부터 나와야 한다. 우리는 한 작품의 예술적 · 미학적 힘이 우리의 감각과 지성에 각인됨을 느껴야 한다. 그리고 일정 종류의 사회문화적 용인도 또한 필요하다. 작품이나 장르를 위한 가능한 공간이 예술의 사회문화적 영역 속에서 존재함이 틀림없다. 그러나 이론적 정당화는 이전에는 용인되지 않던 형식들을 예술이라는 명예로운 범주 속에 통합시킴으로써 그러한 공간을 창조하고 예술의 한계를 넓히는 데 일조할 수 있다. 그러한 통합을 위한 한 가지 입증된 전략은 표현적 형식이 기존의 관례로부터 명백히 벗어났음에도 불구하고 여전히 예술적 또는 미학적 정당성을 보장하는 중요한 기준을 충분히 충족하고 있음을 보여주는 일이다. 대중예술은 그러한 기준을, 특히 복합성과 깊이, 창조성과 형식, 예술적 자긍과 자의식 등의 기준을 충족하지 못한다고 간주되었기 때문에 예술적 · 미학적 정당성이 거부되고는 하였다.

랩은 대중예술들 중에서 가장 비난받는 것일 수도 있지만, 필자는 랩의 좋은 작품들은 위의 중심적인 예술적 기준들을 충족할 수 있다고 생각한다. 이를 입증할 수 있는 최상의 방식은 일반적인 논쟁이나 변호를 통해서가 아니라 이 장르의 구체적인 특정 작품에 대한 자세한 통찰을 통해서 이루어질 수 있다. 그러므로 지금부터 필자는 Stetsasonic이라는 브루클린 그룹에 의해서 1988년에 녹음된 "Talkin' All That Jazz"를 자세히 살펴보도록 하겠다. 이 노래는 필자가 좋아하는 것도 가장 예술적으로 정교하다고 생각하는 것도 아니다. 이 노래가 지닌 대중성과 대표성 때문에 그리고 랩이 제기하는 중심적인 미적 논점들 중 일부를 강조하기 때문에 선택하였다. 이 노래는 여러 랩 선집들에 수록되었다.[44]

이 랩을 살펴보는 필자의 목적이 이 랩의 미적 풍부함을 보여주는 데 있기는 하지만, 살펴보는 방법 자체, 즉 쓰여진 텍스트로써 이 랩을 드러내고 분석하는 방법 자체는 이 랩이 지닌 가장 중요한 미적 차원들의 일부를 그리고 이 랩이 의도한 미적 감상 양태들의 일부를 간과할 수밖에 없다. 왜냐하면 필자는 소리의 중요한 차원들을 생략할 수밖에 없기 때문이다. 인쇄된 페이지는 음악도 노래의 발성이나 억양도 포착하지 못한다. 그리고 랩의 미적 차원들에 대한 완전한 감상은 랩을 듣는 일뿐만 아니라 랩에 맞추어 춤을 추는 일, 즉 랩의 리듬을 율동으로 느끼는 일도 필요로 할 것이다. 우리 문자문화의 인쇄매체는 이러한 일을 배제한다.

---

44 예컨대, 이 곡은 대중적인 *Yo! MTV Raps*와 *Monster Rap Hits* 양자 앨범 모두에 수록된 유일한 곡이다.

이러한 배제는 구두문화를 문자문화에 깊게 공고화되어 있는 학문적 수단으로 감상하고 합법화하는 일이 지닌 어려움을 암시한다.

그럼에도 불구하고, 랩이 문자화된 시로서의 빈곤한 형식 속에서라도 미적 기준을 충족할 수 있다면, 음악으로서의 그리고 리듬감 있는 발성으로서의 풍부하고 강력한 실제 존재 속에서는 미적 기준을 한층 더 잘 충족할 수 있을 것이다. 이러한 점을 염두에 두고, 문자화된 텍스트 상태에서나마 랩이 미적 지위를 어떻게 주장할 수 있는가를 우리가 앞에서 언급했던 중심적 기준들에 입각하여 살펴보도록 하자.

(1)
토킹 올 댓 재즈(Talkin'All That Jazz)

자, 시작은 이러하였다.
라디오에서 네가 랩에 대해
말하는 것을 들었다.
우리가 샘플(Sample)을 취하는 방식에 대해
헛소리만을 지껄였다.
일례를 들어보자.
이 예와 함께 너를 몰아 내버릴 수 있을 것이다.
너는 우리가 음반을 만드는 방식에 대해
비판한다.
너는 예술이 아니라고 말했는데,
우리는 너의 입을 찢어 버리러 갈 것이다.
잠깐, 생각해보자.
우리의 음반은 힙합 밴드의 음악이다.

재즈, 네가 그렇게 부를 수도 있겠지만,
그러나 이 재즈는 새로운 형식을 유지하고 있다.
네가 우리를 잘못 판단하고, 사변하고, 소동을 폈을 때,
너는 정치인들이 범한 것과 같은 잘못을 범하였다.
토킹 올 댓 재즈.

(간주)

말(talk), 나는 말은 값싸다고 들었다.
아름다움과 마찬가지로, 말이란 단지 피부 두께일 뿐이다.
그리고 네가 거짓말을 하고 말을 많이 할 때,
사람들은 너에게 너무 많이 벗어났다고 말한다.
너는 오해했다.
하나의 샘플은 단지 하나의 사실일 뿐이다.
내 방법의 한 부분처럼, 하나의 도구이다.
사실상, 내가 샘플링에 최우선을 둘 때 중요할 뿐이다,
그리고 우리가 샘플링한 것이 다수파에 속한다.
그러나 너는 소수파이다, 생각으로 치자면,
힙합의 목적에 대해 편협하고 생각이 모자라다,
그리고 아무도 사용할 수 없게 나의 음악을 포옹하는
바보스런 게임을 벌인다.
네가 우리를 짓밟는다면, 우리도 너를 짓밟을 것이다.
갖고 있지 않은 케이크는 먹지도 못한다.
토킹 올 댓 재즈.

(간주)

거짓말이다.

네가 진실을 감출 때,

네가 증거보다는 재즈를 더 많이 이야기 할 때.

그리고 네가 알지 못하는 것을 거짓말하고 설명할 때.

너무 엄청난 거짓말이기 때문에 반드시 드러나게 되어 있다.

네가 나와 밴드에 대해 거짓말 할 때, 우리는 화낼 것이다.

우리는 우리의 연필을 깨물고 다시 쓰기 시작할 것이다.

우리가 쓰는 것들은 항시 올바르다,

애송아, 지금 우리는 너에 대해 이야기하고 있으니 정신차려라.

너는 문제를 지닌 듯이 나에게 보인다,

문제들을 풀기 위해 우리가 무엇을 할 수 있는지를 우리는 알 수 있다.

　　랩을 일시적 유행이라고 생각한다면, 너는 미쳤음에 틀림없다,

우리는 아주 나쁘기 때문에 너는 결코 받지 못했던 존경을 우리는 받는다.

Eric과 Rak이 'I got soul'을 발표할 때까지,

진실을 말하라, James Brown은 늙었다.

랩은 옛 R&B를 복원시킨다.

만일 우리가 그러하지 않았다면,

사람들은 잊어버렸을 수도 있다.

우리는 이 점을 아주 분명히 하고 싶다:

우리는 재주 있고 강하다,

그리고 판단을 하지만 활기를 결여한 자들을

우리는 전혀 두려워하지 않는다,

토킹 올 댓 재즈.

(간주)

이제 우리는 너를 지배하려 하지 않는다.
네가 토킹 재즈를 하고 있다면
이길 수 없는 상황이라는 점을
우리는 너에게 이해시키고자 할 뿐이다.
친구여, 너는 다칠 수도 있다.
Stetsasonic, 힙합 밴드.
Sly and the Family Stone처럼
우리는 일어설 것이다
우리가 영위하고 연주하는 음악을 위해
그리고 우리가 오늘 노래하는 노래를 위해.
당분간은, 우리에게 기록을 바로 세우게 하라,
그리고 나중에는 포럼과
공식적 논쟁을 열도록 하겠다.
그렇지만 명심하라,
심은 대로 거둔다.
토킹 올 댓 재즈.
토킹 올 댓 재즈.
토킹 올 댓 재즈.

(2)

복합성(Complexity)

언뜻 보기에는, 이 노래는 너무 단순하여 미학적 고려의 대상이 되지 못하는 듯하다. 이 노래는 모더니스트 시의 특징적인 복합성을 구성하는 박식한 암시, 모호한 생략, 구문론적-의미론적 난해함 등을 결여하였다. 이 노래가 지닌 직설적 진술, 은유의 부족, 반복되는 상투적 표현 등은 이 노래가 의미의 어떠한 복합성이나 깊이도 결여하고 있음을 암시한다. 그러나 풍부한 의미론적 복합성과 다의성이 이 노래의 외견상 비예술적인 단순한 언어 속에 깊게 담겨 있다. 이 노래가 지닌 의미의 다층들은 바로 제목에서 감지되며, 그리고 핵심어라 할 수 있는 "재즈" 속에 요약되어 있다. 재즈는 이 노래의 문맥 속에서 적어도 두 가지의 아주 상이한 의미들을 지닌다. 첫 번째는 미국 흑인문화로부터 시작되어 기존의 문화에 의해 오랫동안 방해받고 무시 받았으나 오늘날은 전세계에 걸쳐 문화적으로 합법화된 음악적 예술형식으로서의 재즈이다. 두 번째는 가장 흔하게 은어적으로 사용되는 재즈의 의미로, 이는 "거짓되고 과장된 이야기; 무의미하고 바보스런 이야기"를 뜻한다.[45]

재즈라는 의미 속에 담겨 있는 이러한 모호함과 대립은 이 랩의 중심 주제로 전개되며, 랩 일반에 중심적인 듯이 보인다. "토킹 올 댓 재즈"는 이런 대립을 이용하면서 또한 의문시한다. 이 노래는 랩을 비합법적인 것을 합법화하는 힘으로 제시하며, 그러한 합법화와 연관된 사회, 문화적 요소들을 드러내며, 랩의 합법성을 부정하는 강자의 합법성에 도전한다. 이러한 논쟁점들과 마주하면서, 이 노래는 진리와 예술의 본성 그리고 이들 권위의 원천에 깊은 철학적 의문을 제기한다. 왜냐하면 예술이 오늘날은 문화적으로 신성화되지만 한 때는 위선적인 거짓말과 무의미한 바보스런 이야기로 비정당화되었기 때문이다.

45 필자는 이 정의를 *Funk and Wagnall's Standard Desk Dictionary* (New York: Thomas Y. Crowell, 1980)에서 취하였다. *Webster's New Collegiate Dictionary* (Springfield, Mass.: Merriam, 1979)와 The Random House College Dictionary (New York: Random House, 1984)도 "공허한 이야기: 거짓말" 그리고 "거짓되고, 과장되고, 위선적인 이야기"라는 기본적으로 유사한 의미를 전한다.

이런 종류의 해석에 반대하여, "재즈"라는 용어가 제목의 문맥에 의해, 특히 전체 노래에 의해 모호성을 벗을 수 있다는 주장이 제기될 수도 있다. 왜냐하면 "토킹 올 댓 재즈"라는 구절은 우리가 관심을 가지는 것이 긍정적인 음악으로서의 재즈가 아니라 힙합에 대한 무지한 비판을 구성하는 부정적인 이야기와 거짓말로서의, 특히 위선적인 바보스런 거짓말로서의 재즈라는 점을 암시하는 듯이 보이기 때문이다. "라디오에서 네가 랩에 대해/ 말하는 것을 들었다./ …… 헛소리만을 지껄였다." 재즈를 이야기하는 것을 거짓말과 바보스런 이야기를 하는 것과 동일시하는 일은 정치인들의 이야기와 연관짓는 데에서도 확인된다("너는 정치인들이 범한 것과 같은 잘못을 범하였다./ 토킹 올 댓 재즈") 그리고 이러한 동일시는 다음과 같은 가사를 통해 최종적으로 확인되는 듯이 보인다. "거짓말이다./ 네가 진실을 감출 때,/ 네가 증거보다는 재즈를 더 많이 이야기할 때./ 그리고 네가 알지 못하는 것을 거짓말하고 설명할 때./ 너무 엄청난 거짓말이기 때문에 반드시 드러나게 되어 있다."

그러나 "토킹 재즈"는 예술로서의 랩이라는 노래의 주제에 의해 음악적 예술과 긍정적으로 동일시되기도 한다. 그런데 재즈만을 이야기하는 랩이란 도대체 무엇인가? 랩은 단지 재즈와 연관된 악기적 음악이 아니며, 재즈 리듬이나 곡조에 맞추어 불려지는 노래도 아니다. 랩음악의 가장 두드러진 특징은 노래되는 것이 아니라 도전적으로 이야기된다는 것이다. 랩이라는 단어는 이야기한다는 것과 동의어인 속어이다. 그리고 랩뮤직의 재즈와의 연관은 첫째 연에서 확인된다. "우리의 음반은 힙합 밴드의 음악이다./ 재즈, 네가 그렇게 부를 수도 있겠지만,/ 그러나 이 재즈는 새로운 형식을 유지하고 있다."

이 행들은 의미론적 복합성들을 한층 더 구현한다. 여기서 Stetsasonic 밴드는 가장 존경받는 흑인문화형식과 전통으로서의 재즈를 자신과 동일시한다. 그러나 약간의 주저가 있다. 왜냐하면, 랩은 기존 재즈의 단순한 변형으로 간주되고자 하지 않기 때문이다. 진보적 재즈로 간주되기도 원하지 않는다. 랩은 그 자신의 독창성을 주장한다. 기존의 표준적 재즈와는 달리 랩의 재즈는 "새로운 형식을 유지하고 있다." 그리고 변화하는 대중적 경험 및 지역적 표현과 밀접한 연관을 유지함으로써 새로움과 신선함을 유지한다. 힙합이 재즈의 독창적 정신에 더 충실하다는 단서가 존재한다. 그리고 재즈가 기존의 문화에 의해 이루어진 자신에 대한 대우를 통해서 그리고 그러한 대우에 대한 자신의 순응을 통해서 어느 정도 오염되었다는 단서 또한 존재한다.[46] 왜냐하면 재즈를 거칠게 과장되고 바보스런 음악으로 간주하면서 기존의 문화가 재즈에 행한 애초의 거부가 재즈라는 용어에 바보스런 위선과 거짓이라는 부정적인 속어적 의미를 부여하는 데 일조했기 때문이다. 이런 부정적인 의미는 애초의 거부의 의미를 유지하면서, 음악으로서의 재즈의 표준적인 의미에도 부정적인 흔적을 도입시켜 재즈가 고전 음악과 같은 표준적인 성스러운 의미에서 진정한 음악인가 하는 의문을 끊임없이 떠올리게 하였다.

이러한 재즈의 깊은 모호함은 랩을 예술로서 옹호하는 Stetsasonic에 의해 아주 솜씨 있게 다루어진다. 위선적 거짓말이라는 재즈의 의미는 랩이라는 형태의 새로운 재즈에 대한 거부를 위선적 거짓말로 격하하는 데 사용된다. 랩가수들은 랩을 타락하고, 차용적이고, "토킹 재즈"로 거부하는 사람들의 자칭 합법적 담화를 "토킹 재즈"로 거부한다. 이 밴드는 자신들의 토킹 재즈는 참인 반면 랩과 재즈를 반대하는 비평가들의 이야기는 부정적 의미에서 "토킹 재즈"라는 점을 주장함으로써 재즈/진

---

46 랩이 재즈보다 훨씬 더 흑인의 자긍을 그리고 백인의 문화적 · 정치적 지배에 대한 도전을 역설한다. 이는 놀라운 일이 아니다. 왜냐하면 재즈는 노예제에 친숙한 흑인의 경험 속에서 전개되었기 때문이다.

정한 진리의 이분법을 받아들이면서 동시에 도치시킨다. 왜냐하면 후자의 비평가들이야말로 잘못 알고 있고, "편협하고 생각이 모자라"기 때문이다. 참된 예술에 대한 이들 비평가들의 자칭 참된 이야기는 진리도 예술도 아니며, 비판적 이해와 창조적 재치를 결여한 무지한 수다이다. 고집 센 비판가들의 빈약하고 "엄청난" 거짓말과는 대조적으로, 랩의 가사들은 "항시 올바르다." 더욱이, 이 가사들은 라디오 토크의 "값싼" 경멸적 "헛소리"와 같이 부주의하게 말해지는 것이 아니라 글[47]을 통해 사려 깊게 구성되며, "재주 있고 강한" 예술가들에 의해 그리고 이러한 "새로운 형식" 속의 독창적 표현에 헌신하는 예술가들에 의해 공연된다. 그러므로 랩 비판가들의 비난과는 대조적으로, 랩은 진리와 예술성을 동시에 보여주는 것으로 주장된다.

의미의 복합성과 논증의 재치 있는 구성이 이 랩에서 분명히 발견되지만, 이 복합성과 구성이 실제 랩청중들을 위해 의도되거나 존재하는지에 대해서는 부정적일 수도 있다. 어쩌면 이것들은 모호성을 발견하기 위해 텍스트를 읽는, 심지어는 왜곡하는 우리의 학문적 습관의 산물인지도 모른다. 랩을 복합적으로 읽는 일은 랩이라는 장르와 그 청중들이 지닌 자발성과 단순성에 어긋난다고 주장할 수도 있다. 더욱이, 단순한 반응들은 열등한 이해라는 점을 암시함으로써, 복합적 읽기는 랩이라는 예술을 대중적인 사용으로부터 그리고 이를 사용하는 사람으로부터 몰수하는 데 기여한다. 이러한 과정을 통해 대중예술이 엘리트 예술로 변형

47 단순한 이야기라기보다는 정교하게 구성된 글이라는 의미에서의 랩에 대한 강조는 기교뿐만 아니라 문학성을 요구하는 랩의 특징을 강하게 드러낸다. 그러나 노래가 거짓말로서의 이야기와 진리로서의 글이라는 이분법을 긋는 것은 아니다. 왜냐하면 적대적인 비판가들에게 진리를 보여주기 위해, 랩가수들은 쓸 뿐만 아니라 말하기도 하기 때문이다. 일반적으로 랩가수들은 자신들이 지닌 즉흥적 말의 기술을 글쓰는 자신들의 재주만큼이나 강조하려고 한다.

되고는 하는데, 이는 문화사에서 아주 일반적이다.[48]

필자의 랩읽기에 대한 이러한 식의 반대는 강력하기 때문에 직접적인 대답이 필요하다. 첫째, 랩의 의미를 명백한 저자의 의도에 한정할 절대적 이유는 존재하지 않는다. 왜냐하면, 랩의 의미 또한 그 언어 및 독자들의 함수관계 속에서 규정되며, 저자 개인의 통제를 넘어선 사회적 산물이기 때문이다. "재즈"라는 말의 모호성 그리고 그 모호성이 구현하는 문화적 갈등과 역사는 저자가 사용하는 언어 속에 그가 의도하든 안 하든 이미 존재하고 있다. 둘째, 예술은 많은 방식으로 그리고 많은 층위에서 감상될 수 있기 때문에, 새로운 청중을 통한 감상의 새로운 양태들이 원래 청중의 감상양태들을 훼손할 수밖에 없는 것으로 불법화될 수는 없다. 이러한 훼손은 새로운 지적 형태들이 자신들의 특권적이거나 배타적인 지위를 합법적인 것으로 강요할 때만 생긴다. 랩은 단지 춤을 통해서도 적절히 감상될 수 있지만, 이 점이 랩의 전형적인 청중들이 랩을 오직 그러한 한정적이고 비(非)지적인 양식으로만 감상한다는 점을 말하는 것은 아니다. 의도적 오류와 의도된 청중의 우선성에 대한 우리의 관점이 무엇이든 간에, 모호성과 도치가 여기서 소개한 랩에서 의도되지 않았다고 보기에는 너무 두드러지게 나타난다. 그리고 주요한 랩의 청중들은 이 모호성과 도치를 이해할 만큼 잘 준비되어 있다. 왜냐하면 바로 이러한 종류의 모호성과 도치가 흑인언어 공동체의 기본이기 때문이다.

미국 흑인영어는 매우 모호하다. 예컨대, 백인영어에서 "검둥이(nigger)"는 분명 욕설이지만, 흑인언어에서는 "종종 애정, 칭찬, 승인 등의

48 예컨대, 셰익스피어와 오페라가 대중예술에서 엘리트 예술로 미국에서 어떻게 변형되었는가에 대해서는 Lawrence Levine, *Highbrow/ Lowbrow: The Emergence of Cultural Hierarchy in America* (Cambridge, Mass.: Harvard University Press, 1988)를 보기 바란다.

의미로" 사용된다.[49] 이렇듯 모호성이 큰 이유는 분명하다. "검둥이 노예들은" 자신들의 바람을 적대적인 감시자들에게 들키지 않으며 표현하기 위해 "비밀스러운 방언을 만들 수밖에 없었다." 그들은 이를 위해 일상적인 영어단어에 특정한 흑인적 의미를 부여하였다.[50] 복합적 의미를 부여하는 중요한 방식 중의 하나는 의미를 도치시키는 것이다. 언어는 사회적 역학관계를 구현하고 유지시키기 때문에, 도치의 방식은 저항의 원천으로서 그리고 아주 미묘한 언어적 기술의 원천으로서 특히 중요하다. G. S. 홀트(Holt)는 이를 다음과 같이 설명한다.

흑인들은 다음과 같은 점을 명확히 깨달았다. 즉, 백인들의 언어를 숙달한다는 것은 의미론적/사회적 체계 속에 구축된 계층에 대한 백인들의 정의를 통해 언어에 숙달되는 것이라는 사실을 명확히 깨달았다. 그러므로 도치는 흑인들을 언어적 · 심리학적 덫과 싸울 수 있게 해주는 방어 장치이다 ……. 단어와 숙어들에 반대의 의미가 제공되고, 기능들이 변화한다. 흑인들을 통해 발달한 의미론적 이중성, 함의, 외연 등에 다가갈 수 없는 백인들은 원래의 단일한 의미로만 이것들을 해석할 수 있을 뿐이다 ……. 흑인들은 이러한 방식을 통해 보복을 당하지 않고서도 백인들을 속일 수 있다. 흑인들에게 이해되고 공유되는 이러한 보호과정은 기지를 겨루는 경연이 되었다 ……. 그리고 피지배층을 보호하는, 진정한 감정을 숨기고 위장하는, 자신을 미묘하게 주장하는, 그리고 집단적 연대감을 증진시키는 언어적 게릴라전의 형식으로 되었다.[51]

---

49 Holt, 'Inversion' in Black Communication," 154를 보기 바란다.

50 Claude Brown, "The Language of Soul," in Kochman (ed.), *Rappin' and Stylin' Out*, 135.

51 Holt, "Inversion' in Black Communication," 154.

물론, 이러한 과정은 모호하고 도치된 메시지들을 만들고 해독하는 데 흑인공동체가 익숙하게끔 만들기도 하였다. 그러므로 랩 애호가들은 자신들의 일상적인 언어훈련을 통해 간접적인 소통기술을 잘 숙달하여 왔다. 이러한 기술에 대한 숙달을 통해 랩 애호가들은 의미론적 복합성을 지닌 텍스트를 만일 그 텍스트가 자신들의 경험에 부합할 경우 쉽게 분석할 수 있게 된다. 그러므로 "토킹 재즈"라는 개념에 대한 Stetsasonic의 모호하고 도치적인 사용도 랩 애호가들의 능력을 벗어난 것은 아니다. 물론, 이 도치가 이 노래에서 등장하는 가장 명확한 도치인 "나쁜"을 "좋은"의 의미로 사용하는 도치보다 덜 명확하기는 하다("랩을 일시적 유행이라고 생각한다면, 너는 미쳤음에 틀림없다,/ 우리는 아주 나쁘기 때문에 너는 결코 받지 못했던 존경을 우리는 받는다").

"아무도 사용할 수 없게 나의 음악을 포옹(embrace)"한다는 구절은 한층 더 난해한 모호성을 지닌다. "포옹"이라는 용어는 받아들인다 또는 채택한다는 좋은 의미를 통상 지니지만, 여기서는 "감싸다, 두르다, 둘러막다" 등의 이차적 의미를 지녀 랩음악의 사용을 격리하고 부정하는 듯이 보인다. 그렇지만, 전자의 의미로 사용할 수도 있다. 즉, 이 구절을 랩음악을 어떤 진정한 예술적 · 정치적 용도도 결여한 단순한 유행적 오락으로 받아들이는 바보스런 게임에 반대하는 저항으로 읽을 수도 있는 것이다. 마지막으로, "부정한 수단을 통해 (재판관이나 배심원)에게 영향을 끼치려 한다"는 법률적인 의미를 embrace라는 단어가 지니고 있기도 하다.[52] 이러한 다소 낯선 의미가 의도되었는지의 여부를 떠나, 이 의미는 랩가수들의 저항, 즉 판정관인 일반인에게 랩 비판가들이 사용하는 부정한 허위에 대한 랩가수들의 저항과 정확히 일치한다.

52 The Random House College Dictionary를 보기 바란다.

랩가수들 중에서 가장 유명하면서도 가차 없는 행동가는 James Brown이다. 그는 여기서 다소 비판적으로 묘사되고 있다. "Eric과 Rak이 'I got soul'을 발표할 때까지,/ 진실을 말하라, James Brown은 늙었다./ 랩은 옛 R&B를 복원시킨다,/ 만일 우리가 그러하지 않았다면,/ 사람들은 잊어버렸을 수도 있다." 이 가사는 또 다른 모호한 도치를 제공한다. 왜냐하면, James Brown은 일반적으로는 최상의 랩장단과 펑크 미학과 흑인적 자긍 등의 원조로 칭찬받지만, 다른 한편으로 여기서는 낡고 덜 진보적인 것으로 비판받기 때문이다. 그의 감동적인 "I got soul" 열창은 이 랩의 가사가 제시하듯 Eric과 Rak(랩 듀오인 Eric B. 와 Rakim)에 의해 샘플링되었을 뿐만 아니라 새로워지고 잊혀지지 않기 위해 의당 그러했어야 한다. 옛 것은 존중되어야 한다. 그러나 새 것을 방해해서는 안 된다. 왜냐하면 살아있는 전통에 대한 그러한 방해는 과거의 망실로 끝날 뿐이기 때문이다.

(3)

철학적 내용

이제 필자는 랩이 다의적인 복합성을 고무시키기 때문만이 아니라 그 철학적 통찰 때문에도 지적으로 음미할 만하다는 점을 주장하고자 한다. 왜냐하면 대중예술은 그것이 지닌 단순한 의미론적 구조로 인하여 필연적으로 피상적이다는 비난을 받을 뿐만 아니라 깊은 내용을 결여하고 있다는 혹평도 받기 때문이다.

대중예술의 상투적 표현사용은 대중예술이 천박하다는 주요한 근거로 자주 지적되기 때문에, "Talkin' All That Jazz"에서 등장하는 상투적 표현을 옹호하기 위해 몇 가지 점을 언급할 필요가 있다. 왜냐하면 이 노래는 가장 진부하고 상투적인 격언들로 가득 차 있기 때문이다. "말은 값싸다," "아름다움 …… 이란 단지 피부 두께일 뿐이다," "갖고 있지 않은 케이크는 먹지도 못한다," "심은 대로 거둔다." 그렇지만, 이 랩의 특정 문맥 속에서, 이들 격언들은 새로운 의미들을 획득한다. 이 새로운 의미들은 이 격언들이 표준적으로 구현하는 문화적 생각의 상투성에서 벗어나 있을 뿐만 아니라 이 상투성에 도전을 제기하기도 한다. 이 격언들은 랩은 예술이 아니라는 식의 문화적 상투성에 반대하는 논증에 사용됨으로써 진부한 상투적 특징의 일부를 상실한다. 더욱이, 이러한 사용은 이 랩의 주제인 차용적 샘플링을 뒷받침하는 언어적 대응물로서 정당화된다. 왜냐하면, 랩DJ들이 독창적 소리를 만들어 내기 위해 낯익은 악구들을 새로운 문맥 속에 떼어내 놓듯이, MC들도 옛 격언들을 차용하여 자신의 랩 속에 재문맥화함으로써 그 격언들에 새로운 의미를 부여할 수 있다.

진실과 아름다움에 관한 첫 번째 두 가지의 상투적 표현을 살펴보도록 하자. "말(talk), 나는 말은 값싸다고 들었다./ 아름다움과 마찬가지로, 말이란 단지 피부 두께일 뿐이다." 이 랩의 특정 문맥 속에서 결합될 때 이 상투적 표현들은 결코 단순하고 상투적인 의미를 지닌 것이 아니다. 이것들은 단순한 상투적 진실을 침식시키면서, 다른 한편으로는 언어, 아름다움, 미적 판단 등의 본성에 대한 철학적 주장들을 기존의 상투적인 주장들과는 극히 다른 관점에서 제시한다.

물론, "말은 값싸다"는 표현이 여기서 표준적 의미로 이해될 수도 있다. 즉, 랩을 무식하게 비난하기 위해서는 어떤 대가, 노력, 지식 또는 재능도 들지 않는다는 의미로 이해될 수도 있다. 그러한 무지한 "토킹 재즈"는 무가치하고 값싼 이야기이다. 격언의 표준적 의미는 단순한 이야기와 실제 행동 양자 사이의 상투적인 대립을 암시하기도 한다. 즉, 쉽지만 어떤 영향력도 없는 단순한 이야기와, 노력이 필요할 뿐만 아니라 실제로 무엇인가를 하는 실제행동, 이 양자 사이의 상투적인 대립을 암시하기도 한다. 그리고 Stetsasonic은 "편협한" 비판가들과 랩 예술가들 양자 사이의 대비 속에서 이러한 대립을 채택한다. 여기서 편협한 비판가들은 예술을 창조하기 위한 활기는 결여한 채 단순히 예술에 대해서 이야기하고 "단정"내리는 반면, 랩 예술가들은 "재주 있고 강하며" 두려움 없이 행동하고 창조한다. 랩 예술가들은 "값싼" 이야기를 단순히 "사변"하지 않는다.

그렇지만 이러한 표준적 의미를 반대로 넘어서서, 이 랩의 문맥상의 내용은 이른바 값싼 이야기가 실제로는 전혀 값싸지 않다는, 즉 많은 대가를 지불한다는 점을 두드러지게 주장한다. 첫째, 랩에 대한 무지한 중상모략은 일반인들을 속이고, 랩 예술가들과 그 청중들을 모독하고 박해한다. 그 결과, 힙합의 본성에 대하여 혼란스런 "소동"을 만들어 낸다. 그러므로 단순한 이야기가 값비싼 대가를 치르는 행동을 구성할 수도 있다는 점을 보여줌으로써 이야기와 행동 사이의 상투적 구분이 도전받는다. 이 논증은 랩음악에 전혀 무지한 사람들이 랩에 행하는 비난과 박해를 통해 고통스럽게 확인된다. 이런 부류의 사람들은 다른 사람들의 풍문에 의존하는데, 이 다른 사람들도 랩을 그 자체로 들리는 대로 듣기를 거부하려는 사람들이다.[53] 더욱이, 이 노래에서 주장하듯, 비판가들이 벌이는 외관상의 싸구려 비난은 그들에게도 결국 끔찍한 대가를 지불케 한다.

---

53 예컨대 FBI 책임자는 NWA (Niggers With Attitude)의 랩에 대해 한 번도 노래를 들어보지도 않고 공식적인 경고를 내렸다. 그리고 이 그룹에 날아드는 항의 우편들을 조사한 결과 이 랩 비판가들 중 그 누구도 문제가 되는 노래를 사실상 듣지 않았거나 여타의 랩음악에 정통하지 않았다는 점이 밝혀졌다. 이러한 풍문에 근거한 적대감이 랩공연의 취소와 랩음반들에 대한 검열과 압수를 낳았었다. 이러한 문제들을 더 상세히 보기 위해서는, Dave Marsh와 Phyllis Pollack의 "Wanted for Attitude," Village Voice, 10 Oct. 1989, 33-7을 참고하기 바란다.

"네가 거짓말을 하고 말을 많이 할 때,/ 사람들은 너에게 너무 많이 벗어났다고 말한다." 비판가들의 "랩에 대해 말하는," "헛소리만을 지껄"이는데 상처입은 Stetsasonic은 랩의 비판가들에게 그러한 값싼 이야기가 지불할 높은 대가를 경고한다. "너는 예술이 아니라고 말했는데,/ 우리는 너의 입을 찢어 버리러 갈 것이다."

'값싼' 무지한 이야기가 강력한 영향력을 지닌다면, 담화가 지닌 힘과 권위의 근원은 무엇인가? '토킹 재즈'가 거짓된 비판 혹은 진정한 예술이 될 수 있다면, 일반적인 담화가 거짓 혹은 참으로 간주될 수 있다면, 무엇이 담화적 참과 미적 정당성을 결정하는가? 이러한 철학적 쟁점들은 말이나 담화가 아름다움과 마찬가지로 "단지 피부 두께일 뿐"인 것으로 규정되는 앞서의 상투적 표현 속에서 설명된다. 여기서 다시 한 번 우리는 랩의 특정 문맥이 오래 된 상투적 표현에 새로운 급진적 의미를 어떻게 제공하는지를 본다. 랩의 뿌리인 빈민가, 랩이 행하는 미적 거부, 그리고 랩이 흑인음악으로서 당한 박해 등을 고려한다면, 아름다움이 단지 피부 두께일 뿐이라는 불평은 겉모습 위주의 피상적 아름다움에 대한 진부한 비판이 아니라 피부의 겉 색깔과 연관된 인종적 편견에 대한 강력하면서도 도전적인 비판이다. 좀더 일반적으로 말한다면, 미적 판단은 형식에 대한 순수하고, 고상하고, 무관심적인 관조가 아니라 (인종을 포함한) 사회, 정치적 선입견과 관심에 의해 깊이 조건화되고 통제된다.

그러므로 진리와 미를 권력관계로부터 독립된 것으로 간주하는 상투적 관점과는 반대로, Stetsasonic의 랩은 진리와 미적 정당성을 결정하는 여러 권력의 관계들을 강조한다. 담화적 권위의 두 가지 원천들이 존재한다. 첫 번째는 미디어와 정치적 제도들의 조정에 의해 드러나고 실행되는 사회, 정치적 권력이다. 무지하면서도 해로운 편견을 지니고 있지만, 랩에 반대하는 비판가들은 라디오라는 광범위한 합법적 매체를 통해 자신들의 판결을 전달한다. 그리하여 랩이 미적 장점을 결여하고 있으며 예술적 지위를 누릴 만한 가치가 없다는 그들의 비난은 진리로 통용될 수 있게 된다. 왜냐하면, 그 비난은 주류 매체를 통해 방송되어 전문성과 권위라는 아우라를 획득하기 때문이다. 이와는 반대로, 언더그라운드의 정치적 메시지를 지닌 랩가수들은 라디오에 출연하여 자신들의 예술을 발표하고 옹호할 수 있는 기회를 얻지 못한다. 그러므로 진리와 예술적 지위는 넓게는 사회, 정치적 통제의 결과이다.

Stetsasonic의 노래는 랩에 대한 미디아의 비난을 흑인사회를 경시하는 정치가의 오류와 연결시킴으로써 위의 메시지를 강화한다. 이 노래는 랩의 예술적 지위에 대한 정당성이 독립적으로 떨어져서 발견되는 것이 아니라 도전과 극복을 통해 만들어져야만 하는 것이라는 점을 시사한다. 이 노래는 그러한 도전을 자극하고 대변한다. 예술적 정당성을 확보하려는 투쟁에 연루되어 있는 사회정치적 힘을 인정하면서, 이 노래는 그러한 투쟁이 기본적으로 폭력적임을 깨닫는다. 비판가들에 맞서 힙합을 옹호하기 위해, 랩가수들은 폭력을 사용할 준비가 되어 있다. "너는 예술이 아니라고 말했는데,/ 우리는 너의 입을 찢어 버리러 갈 것이다." 폭력적 위협은 진지하게 의도되어 있다. 왜냐하면, 이 위협이 나중에 다시 반복되기 때문이다. 랩에 반대하여 목청을 높이는 모든 사람들에게 다음과 같은 경고를 보낸다. "너는 다칠 수도 있다."[54]

예술적 지위와 사회정치적 힘 사이의 연관을 인식함으로써, 랩가수

54 이러한 투쟁적 폭력이 종종 단순한 상징적 폭력의 영역을 넘어선다. 비판과 비판에 대한 응대를 넘어서서, 기존체제는 검열과 체포라는 실제폭력을 행사하고, 랩 지지자들도 격렬한 소음을 통해 그리고 오랜 좌절과 억압이 낳은 물리적인 위협을 통해 보복적인 폭력을 행사한다. 이러한 두 가지 형태의 보복적인 폭력은 Spike Lee의 *Do the Right Thing* 속에서 강조되고 또 재간 있게 연결된다. 여기서 시끄러운 랩에 대한 폭력적 입막음은 지역의 폭동으로 이어진다.

들은 힙합에 대한 기존체제의 거부가 이 체제가 지닌 사회정치적 토대의 모순과 약점에 대한 공격을 통해 저지될 수 있음을 깨닫는다. 미국 사회가 언론의 자유와 다수결의 원칙을 지키는 자유민주주의를 공언하지만, 이러한 공언은 랩에 대한 검열과, 더 일반적으로는 진정한 예술을 고급예술에만 국한시키는 문화지도자들의 경향과 모순된다. 자신들의 음악을 옹호하면서, Stetsasonic은 엘리트 문화 권력자들이 민주적 힘의 토대를 넘어서 버렸다고 주장한다. 미를 감상하는 측면에서 보았을 때, 그 권력자들은 "소수"이다. 그리고 "생각으로 치자면," 그들은 더 민주적이고 해방적인 대중예술을 지향하는 "힙합의 목적에 대해 편협하고 생각이 모자라다."[55] 이와 대조적으로, 랩가수들은 자신들의 예술을 다수와 결합시킴으로써 옹호한다. "우리가 샘플링 한 것이 다수파에 속한다"는 랩가수들의 주장은 자신들이 대중적 취미와 다수의 관심을 반영한다는 점을 암시함으로써 샘플링이라는 자신들의 방식뿐만 아니라 그 결과로 생기는 음악적 창조까지도 정당화하려고 한다.

이 주장이 얼마나 타당한 것인가? 뉴욕타임스의 록 평론가인 존 파렐레스(Jon Pareles)는 랩을 "대중음악 속에서 가장 빨리 성장하고 있는 장르이자 수백만 명의 애호가들을 위해 선택된 사운드트랙"이라고 기술하였다. 더욱이, MTV에서의 일상적인 랩방송이 "가장 많은 유선방송 시청자들을 끌어 모은다"는 사실은 랩이 그 기원인 흑인도시를 훌쩍 뛰어넘었음을 시사한다.[56] 흑인이 다수를 차지하는 미국의 대도시들에서 랩의

55 민주적 체제의 랩에 대한 검열이 지닌 모순들은 Ice-T 앨범의 주제곡인 *Freedom of Speech ...... Just Watch You Say*에서 예리하게 표현되며, 그리고 Public Enemy라는 그룹이름 자체 속에서도 또한 암시된다. 이 그룹의 이름은 "public"이라는 단어가 지닌 모순 관계에 놓인 두 가지 상이한 의미들을 가지고 장난을 친다. 즉, 제도적인 공적인 것, 그리고 사람들이나 공동체를 진정으로 대변하는 것, 이 두 가지 의미 사이에서 말장난을 친다.

56 Jon Pareles, "How Rap Moves to Television's Beat," New York Times, Sunday, 14,

대중성은 의심할 여지가 없다. 거리에서의 랩의 지배가 도전적으로 들려오며, 공연과 음반 판매에서의 대중성은 이미 막대할 뿐만 아니라 계속해서 증가한다.

"Talkin' All That Jazz"는 도시 내에서의 다수적 힘에 호소할 뿐만 아니라 논쟁을 통해 랩의 대중적 지지를 역동적으로 확산시키려 한다. 이러한 논쟁적 전략 중의 하나가 인칭대명사의 문제와 연관된다. 이 노래의 전체가 "너"와 "우리" 사이의 대립 위에서 구성된다. 가장 좁고, 문자적인 수준에서, "우리"는 이 노래를 부르는 힙합 밴드인 Stetsasonic이다. 이는 노래를 듣는 청중이 "너"의 일부임을 암시한다고 볼 수도 있다. 그러나 이 노래는 성난 저항이기 때문에 랩의 청중을 "너"로 부르지 않고 라디오에 등장하는 랩 비판가들을 "너"라고 부르며 랩의 청중을 적대적인 "너"와 구분한다. 이 노래청중의 절대다수파는 라디오에서 말하는 사람들이 아니라 단순한 청취자들이다.

이 노래의 청중은 적대적인 "너"와의 대립을 통해 스스로를 이 노래의 칭찬받는 "우리"에 동화시키도록 유도된다. 여기서 적대적인 "너"는 무지하고 무능하지만 아주 공격적이고 신경질적인 소수파로 혹독히 공격당한다. 그러므로 "우리"는 Stetsasonic을 의미할 뿐만 아니라 전체 힙합 공동체를 의미하기도 한다. 그리고 아직 힙합의 팬들은 아니지만 미디어와 정치적 권위에 반대한다는 점에서 이 팬들과 동일시 될 수 있는 사람들에게 호소함으로써 우리를 더욱 넓혀간다. 미디어 등장인물들과

Jan. 1990, sect. 2, Arts & Leisure, 1, 28을 보기 바란다. MTV는 랩을 소개하는 데 있어서 상업라디오와 네트워크 TV보다 더 잘해 왔다. 그러나 상업적 랩에만 집중하여, 더 위협적이고 흥미로운 많은 언더그라운드 랩은 적절히 대변하지 못한다. 랩과 그 대중적 호소력이 텔레비전 매체에 의해 기본적으로 형성된다고 주장함으로써, Pareles는 불행하게도 TV에 의한 랩의 검열과 TV에 대한 랩의 비판을 간과하였다.

정치가들의 지껄임에 분개한 모든 자들, 우리 사회의 권위적 대변인과 그들의 간악한 권력 남용에 격분한 모든 자들, 재능이나 활력을 결여한 비판가들에 의해 부정적으로 평가받는 데 분노한 모든 예술가들 (또는 운동선수들이나 노동자들), 이 모든 이들에게 이 노래는 열정적인 저항정신을 통해 호소해야 한다. 그리하여 본래의 빈민가 청중을 넘어서 랩에 대한 지지를 얻어야 한다.

지지의 사회문화적 토대를 넓힘으로써 랩에 대한 승인을 얻으려는 이러한 전략은 적어도 세 가지 다른 수사학적 장치를 통해 재치 있게 수행된다. 우선, 셋째 연을 통해, 랩은 리듬 앤 블루스("R&B")와 연관된다. 리듬 앤 블루스는 모든 록음악의 원천이며, 미국에서뿐만 아니라 전세계적으로 백인청중들 사이에서 큰 인기를 얻은 장르이다. 만일 "랩이 옛 R&B를 복원시킨다면," 랩은 가치 있음에 틀림없다는 점을 이 노래는 함축적으로 주장한다. 랩의 R&B로의 재생적이고 재구성적인 복귀가 생명성이 유지되고 창조적으로 기억된다면 ("만일 우리가 그러하지 않았다면,/ 사람들은 잊어버렸을 수도 있다"), 랩의 예술적 가치는 인식되고 검열과 학대로부터 보호되어야 한다. 즉, 우리가 랩 그 자체를 좋아하지는 않는다고 할지라도, 리듬 앤 블루스, 재즈, 록 등을 생성시키는 혁신적인 흑인음악의 전통을 살아 있게 한다는 점에서 랩의 음악적 가치는 인정해야 한다. 여기서 리듬 앤 블루스, 재즈, 록 등은 일반적인 백인청중들에게도 인기를 얻는 형식들이다.

백인들도 포함한 광범위한 청중들을 향한 이러한 함축적인 호소는 마지막 연에서의 "Sly and the Family Stone"에 대한 언급 속에서도 미묘하게 전개된다. 힙합 밴드인 Stetsasonic은 스스로를 이 그룹과 동일시한다. 샌프란시스코에서 DJ로 출발한 Sly Stone은 James Brown과 함께 힙합의 선조이자 영감을 불어넣은 자로 인정된다. 그러나 그 음악과 개성이 흑인적 특성과 호소력에 집중되는 James Brown과는 달리, Sly는 흑인음악에 뿌리를 두고 흑인적 긍지를 가지기는 하지만 백인 록 청중들을 완전히 사로잡아 그들로부터 사회문화적 인정을 받았다. 인종적 · 성적 장벽을 부수고 뛰어넘는 Sly의 작업은 흑인들과 백인들, 남자들과 여자들로 구성된 그의 밴드 "The Family"의 결성에서 두드러지게 드러난다. 그레일 마르쿠스(Greil Marcus)가 파악했듯이, 우드스탁에서 인종 색깔의 경계를 부수고 "페스티벌 중 최대의 성공을 거둔" 사람이 Sly였다.[57] 더욱이, 문화적 자신감과 용기를 가지고 그 스스로를 "시인"이라고 기술함으로써 자기 노래의 예술적 지위를 주장한 사람도 Sly였다.[58] Sly는 Stetsasonic 등의 랩가수들에게 랩이 예술과 시로 인정받아야 한다는 점을 주장하는 방식을 보여주며, 그러한 선언과 사회문화적 저항이 노래를 통해 성공적으로 이루어질 수 있음을 또한 보여준다. 그의 히트작 "Stand"는 억압받고 소외된 사람들에게 그들 자신의 믿음, 권리, 문화를 위해 투쟁하라고 설득한다. "네가 옳다고 아는 것들을 위해 일어서라." 이 노래는 랩가수들에게 다음과 같은 예언적이 경고를 하기도 한다. 억압적인 권력들은 "네가 말하는 것이 조금이라도 유의미하다"는 점을 깨달을 때 "너를 기게 하려고 애쓸 것이다." 그러나 그럼에도 불구하고 이 노래는 계속 투쟁할 것을 고무시킨다. 왜냐하면, "의기양양하게 서 있는 난쟁이"가 "옆에서 쓰러져 가는 거인"을 넘어뜨리는 데 일조할 수 있기 때문이다. Sly의 히트곡은 Stetsasonic에 의해 인용된다. "Stetsasonic, 힙합 밴드./ Sly and the Family Stone처럼/ 우리는 일어설 것이다/ 우리가

57 Greil Marcus, Mystery Train: Images of America in Rock 'n' Roll Music (New York: Daqlton, 1982), 82. 이 책은 한 장에서 Sly Stone의 경력에 관해 뛰어나게 기술하고 있다.

58 그의 앨범 *Riot*에 수록된 곡인 "Poet"를 보라. 이 곡에서 그는 "나는 노래 작곡가, 시인이다"라고 노래한다.

영위하고 연주하는 음악을 위하여/ 그리고 우리가 오늘 노래하는 노래를 위해." Sly를 환기시킴으로써, 이 가사들은 흑인적 자긍과 저항의 굽힐 줄 모르는 정신과 더불어, 백인청중을 향한 개방성을 표현한다.

Sly와 "R&B"에 대한 환기 사이에서, 우리는 랩을 일반청중에게 잘 받아들이게 만드는 제삼의 전략을 발견한다. 예술적 지위에 대한 랩의 요구가 헤게모니에 대한 요구가 아니다는 점을 확신시키는 일이 그것이다. "우리는 너를 지배하려 하지 않는다"고 약속함으로써, Stetsasonic은 자신들이 비록 랩을 검열하는 사람들을 "다치게" 할 태세가 되어 있기는 하지만 자신들의 주목적은 다른 사람들을 침묵시키는 데 있는 것이 아니라 단지 들려지는 데 있다고 말한다. (패자만이 있을 뿐인 폭력적 문화투쟁과는 반대인) 평화로운 다원적 공존의 목표를 제시함으로써, 이들은 미국 사회가 가장 넓고 깊게 간직하고 있는 기조 중의 하나인 다원적 관용의 자유에 호소한다. 우리의 이상을 부르주아 자유 이데올로기로 격하한다고 할지라도, 이 이데올로기를 공유한 자들에게는 이러한 이상이 논증으로서 유효하게 작용할 수 있다. 그리고 이러한 이상의 범주는 실제로 부르주아 자유 이데올로기를 훨씬 넘어선다. 왜냐하면 이 이상은 아도르노 같은 마르크스주의자의 유토피아적 전망 속에서도 등장하기 때문이다. 아도르노의 사회정치적, 미학적 이상은 절대적 지배 없는 상태에서의 서로 다름에 대한 인정이다. 이러한 이상에 대한 옹호는 이 노래가 지닌 풍부한 철학적 내용의 또 하나의 측면이기도 하다.

이제 이 노래가 깨닫고 있는 담화적 · 미학적 권위의 두 번째 원천을 살펴보도록 하자. 두 번째 원천은 예술적 · 수사학적 힘이 지닌 막강한 권위이다. 진리와 예술적 지위가 사회문화적 힘의 구조에 근거한다면, 이 구조는 영원히 고정되는 것이 아니라 갈등을 통해 변화하는 영역이다. 그리고 다수의 믿음과 취미가 변경될 수 있는 한 가지 방식은 그들에게 보이는 담화나 예술의 표현력을 통해서이다. 그러므로 이 노래가 암시하듯, 우리 감상자들은 표현력의 차이를 감지함으로써 비판가의 "토킹 재즈"는 거짓말로 거부하면서도 랩의 "토킹 재즈"는 예술, 진리, 증거로 받아들일 수 있다. 비판가의 담화는 명백히 미약하고 "활기"를 결여한 반면, 랩의 담화는 "재주 있고 튼튼한" 힘을 통해 그 진리와 예술적 지위를 입증한다.

지각적 설득(perceptual persuasion)을 통한 그러한 입증은 논증의 혼란스런 변종이 아니라 중요한 형식이다.[59] 그리고 랩 속에서의 랩 선언서인 이 노래는 자신의 예술적 힘을 통해 랩의 예술적 지위를 지각적으로 설득력 있게 입증한다. Stetsasonic은 과도한 연구나 확장된 "공식적 논쟁"을 제공하는 척하지 않는다. 그들은 "(자신들이) 오늘 노래하는 노래"의 설득력 있는 모범을 통해 랩과 랩의 샘플링에 대한 "기록을 바로 세우"겠다고 주장한다. 이는 랩이 예술이라는 진리에 대한 자의식적으로 자기주장화된 그리고 논증적으로 자기 정당화된 선언이다.

(4)
예술적 자의식, 창조성, 형식

예술적 지위에 대한 이러한 자의식적인 자기 확증은 보기보다 더 중요하다. 왜냐하면 예술적 자의식은 많은

59 필자는 이러한 논증의 형식을 다음 글들에서 상세히 다루었다. "The Logic of Interpretation," *Philosophical Quarterly* 28 (1978), 310-24; "Evaluative Reasoning in Criticism," *Ratio* 23 (1981), 141-57; "Wittgenstein and Critical Reasoning," *Philosophy and Phenomenological Research* 47 (1986), 91-110; 그리고 *T. S. Eliot and the Philosophy of Criticism*, 91-106.

미학자들에게 예술의 기본적 특징으로 여겨지기 때문이다.[60] 그러므로 대중예술이 예술적 지위를 부정당했던 하나의 이유는 대중예술이 예술적 지위를 주장하는 데 실패했기 때문이다. 호르크하이머와 아도르노가 논증했듯이, 대중예술은 "예술인 것처럼 시늉"도 내지 않고 오히려 자신의 지위를 오락산업으로 받아들인다. 부르디외가 논증하듯, 대중예술은 자기 자신의 미적 합법성을 주장하지 않고, 오히려 자신을 기본적으로 부정하는 지배적인 고급예술의 미학을 고분고분 받아들인다.[61] 예술적 지위를 주장하는 데 필요한 예술적 자의식과 자존을 결여하기 때문에, 대중예술은 예술적 지위를 누리거나 획득하지 못한다. 이러한 점이 여타 대중예술에는 해당한다고 할지라도, 랩에는 들어맞지 않는다. 다른 많은 랩가수들과 마찬가지로, Stetsasonic은 "우리는 일어설 것이다/ 우리가 영위하고 연주하는 음악을 위해"라고 외치며 예술로서의 랩을 공격적으로 주장하고 자랑스럽게 찬양한다.

"Talkin' All That Jazz"는 예술적 지위에 대한 확고한 주장 이외에도, 자랑스런 예술적 자의식을 적어도 다섯 가지 측면에서 드러낸다. 첫째, 예술은 일상적 행동이나 진부한 경험과는 뛰어난 기술과 질을 통해 구분되는 무엇이기 때문에, 이 노래는 랩이 지닌 뛰어난 재능, 힘, "활기"를 일상적인 값싼 이야기와 대조하여 강조한다. 둘째, 예술작품이 된다는 것이 예술적 전통에 속한다는 것을 의미한다면, 이 노래는 랩이 그러한 전통과 연관이 있음을 강조한다. 이는 스스로를 새로운 종류의 재즈

60 예컨대, Wollheim은 "지속적이고 뿌리 깊은 예술의 자의식"에 대해 언급한다. Richard Wollheim, *Art and its Objects* (Harmondsworth: Penguin, 1975), 16.

61 M. Horkheimer와 T. W. Adorno, *Dialectic of Enlightenment* (New York: Continuum, 1986); Bourdieu, *Distinction*, 41, 48, 395; 그리고 이들의 견해에 대한 앞장에서의 필자의 논의를 보기 바란다.

라고 묘사하는 데서 가장 첨예하게 드러난다. 이를 통해 이 노래는 합법적인 예술로 가장 널리 받아들여진 흑인 음악형식과 랩을 결부시킨다. 그리고 나아가 "old R&B," Sly Stone, James Brown, 랩밴드인 Eric B. and Rakim과도 연관시킨다. 이러한 연관은 예술적 전통 속에서 그 전통을 형성하는 위상을 랩에 부여하며, 그리고 랩이 건강하고 풍부한 전통이 의당 지녀야 하는 용인 및 경쟁과 관련 맺음을 드러낸다.[62]

근래의 예술적 전통이 지닌 매우 중요한 측면은 그리고 예술의 본질로 통상 간주되는 특징은 예술이 반대자로서의 입장을 견지한다는 점이다. 많은 이론들이 예술은 용인될 수 없는 실재나 기존현상과 대립을 유지해야만 한다는 입장을 펼친다. 그러한 반대자로서의 특징이 진정 예술의 본질인가에 대한 논란을 떠나, 이러한 특징이 공공연히 그러나 종종 자의식적으로 랩 속에 나타남은 분명하다. 기성문화와 미디어, 정치가들과 경찰들, 이들이 부과하려는 표상과 실재들 등과 같은 기존현상에 반대하는 폭력적 저항이 이미 우리가 살펴본 것처럼 랩가사의 중심적인 그리고 주요한 특징이다. 그러나 "Talkin' All That Jazz"는 랩의 미적 합법성이나 예술적 지위를 부정하는 문화적 독재자들을 공격하고 격하함으로써 **예술적** 반대자로서의 랩의 자의식을 가장 분명히 예화한다.

근대적인 예술적 자의식의 두 가지 다른 특징들은 예술이라 명명되기 위해서는 본질적인 것으로 그러나 대중문화의 산물에는 부적절한 것으로 여겨졌다. 창조성에 대한 관심과 형식에 대한 주목이 그 두 가지 특징들이다.[63] 이 양자 모두 "Talkin' All That Jazz"에 강하게 드러난다. 이

---

62 전통과 관련된 이러한 측면에 대해서는 필자의 *T. S. Eliot and the Philosophy of Criticism*, 157-64, 170-90을 참고하기 바란다.

63 이 두 가지 특징들 양자 모두 예술의 이른바 반대자로서의 성격과 연관된다. 왜냐하면 새로워져야 한다는 예술의 창조적 훈령은 옛것과 익숙한 것에 대한 일정한 반대를 함축하며, 그

점에 대한 설명을 끝으로 이 랩노래 그리고 랩일반에 대한 필자의 미학적 설명을 마무리하도록 하겠다.

랩이 지닌 차용적인 샘플링이 순수한 독창성이라는 낭만적 개념에 도전을 제기하기는 하지만, 랩은 여전히 창조성을 요구한다. 더욱이, 랩은 독창성을 옛것에 대한 개정적 차용 속에서 구현할 수 있다고 주장한다. 참으로, "Talkin' All That Jazz"는 새로운 예술적 형식으로서의 자신의 새로움을 예민하게 의식한다. 이는 박해를 통해 고통스럽게 예민해진 의식이다. 단출한 두 행 속에서, Stetsasonic은 재즈와의 연관을 통해 랩을 예술적 전통과 연결시키면서, 동시에 랩이라는 장르가 지닌 새로운 예술적 형식으로서의 창조적 차이와 중요성을 거듭 강조한다. "재즈, 네가 그렇게 부를 수도 있겠지만,/ 그러나 이 재즈는 새로운 형식을 유지하고 있다." 더욱이, 랩이 "새로운 형식을 유지하고 있다"라는 표현은, 즉 랩이 새로운 형식을 고안했다고 하지 않고 유지하고 있다고 말한 표현은 엘리어트가 표현하려고 애쓴 예술적 전통과 혁신의 복잡한 역설을 천재적으로 포착한다. 이 역설은 예술은 전통적이 되기 위해 새로울 수 있으며 또 새로워져야만 한다는, 그리고 새롭게 되기 위해서 전통적이 될 수 있고 또 전통적이 되어야만 한다는 것이다. 우리는 단순히 우리의 예술적 전통에 순응하기만 해서는 그 전통에 순응할 수 없다. 왜냐하면 우리의 예술적 전통이라는 것은 순응을 벗어난 새로움과 일탈의 전통이기 때문이다.

그러므로 랩은 형식과 형식적 실험에 대한 관심이 대중예술 속에서 발견될 수 없다는 도그마를 반박한다. 더욱이, 랩은 현대 고급예술의 징

리고 내용보다 형식에 대한 집착은 우리의 평범한 인식적 · 실천적 관심들과 대립되는 듯이 보이기 때문이다.

표로 간주되곤 하는 예술적 매체와 방법에 주목한다. 샘플링은 랩의 가장 급진적인 형식적 혁신일 뿐만 아니라 랩의 예술적 매체와 가장 크게 관련맺고 있기도 하다. 그리고 이는 문화의 법정에서뿐만 아니라 법의 법정에서도 가장 크게 논란을 빚고 있는 부분이기도 하다. 샘플링에 대한 미적 옹호가 "Talkin' All That Jazz"의 주제 중의 하나다. 이 노래는 시작부터 랩의 미적 합법성의 논점을 샘플링 방식의 논점과 연관시킨다.

> 자, 시작은 이러하였다.
> 라디오에서 네가 랩에 대해
> 말하는 것을 들었다.
> 우리가 샘플을 취하는 방식에 대해
> 헛소리만을 지껄였다.
> 일례를 들어보아라.
> 그 예와 함께 너를 몰아 내버릴 수 있을 것이다.
> 너는 우리가 음반을 만드는 방식에 대해
> 비판한다.
> 너는 예술이 아니라고 말했는데,
> 우리는 너의 입을 찢어 버리러 갈 것이다.

창조적 예술이라는 랩의 주장을 옹호하기 위해서는, 샘플링의 방식이 단순히 기존의 노래들에 대한 표절이나 복제라는 분명하면서도 그럴 듯한 혐의로부터 벗어나야 한다. 벗어나기 위한 옹호는 랩의 샘플링이 그 자체가 목적이 아니라 기존의 대중음반들을 재생산하고 모방하기 위한 시도라는 것이다. 샘플링은 음반산업의 기술적 매체를 혁신적으로 조작함으로써 옛 단편들을 "새로운 형식"을 지닌 새로운 노래로 변형하는 형식적 기법이나 방식이다. 모든 예술적 방식이나 "도구"가 그렇듯이, 샘플링이 지닌 미학적 의의나 가치는 어떻게 사용되느냐에 달려 있으며 ("내가 샘플링에 최우선을 둘 때 중요할 뿐이다"), 그러므로 특정한 구체적 문맥 속에서 판단될 필요가 있다. 나아가, Stetsasonic은 샘플링이 랩이 지닌 방식의 "일부"일 뿐이며, 항시 최상의 우선권을 지니는 것은 아님을 암시한다.

랩의 혁신적인 샘플링의 기법이 덧없는 책략으로 치부될 수도 있다는 점을 의식하면서, Stetsasonic은 랩이 창조적 잠재력과 지속력을 결여한 "일시적 유행"이다라고 생각하는 "얼빠진" 비판가들에게 랩 예술가들의 "강한" 재능을 그리고 점증하는 청중들 사이에서 얻는 지속적인 "존중"을 지적함으로써 확고히 응수를 한다. 그리고 Stetsasonic은 단순히 "토킹 재즈"를 하는 것이 아니다. 왜냐하면, 대중문화 전문가들은 랩이 1979년에 첫 녹음되었을 때 한 철을 넘기지 못할 것이라고 생각했지만, 결국은 비평가들의 인정을 성취해나가고 있다. New York Times의 비평가인 존 파렐레스는 "90년대의 시작과 더불어, 랩은 대중음악 중에서 가장 독창적이고 가장 급속히 성장하는 장르이다"라고 썼다.[64]

그러나 랩이 지닌 창조적 독창성을 옹호하기는 하지만, 파렐레스는 랩이 일관된 형식을 성취하고 있다는 점에 의문을 제기한다. 샘플링과 혼합의 기법, 그리고 단편화된 대중매체적 성향은 정연한 형식과 논리적 구조에 대한 창조를 가로막아, "불화와 불연속"에 의해 갈라진 노래를 낳는다는 것이다. "리듬이 압도하고, 조리에 맞지 않는 연결들이 지속된

64 Pareles, "How Rap Moves," 1. 많은 랩 노래들, 특히 힙합의 역사를 추적하고 찬양하는 랩노래들은 랩이 일찍 사라지리라고 예상한 비평가들을 뛰어넘는 랩의 놀라운 성공을 공공연히 과시한다. 그리고 랩이 지닌 이러한 지속력에 근거해 랩의 가치와 풍부한 창조적 잠재력을 옹호한다. 예컨대, BDP의 "Hip Hop Rules"를 보기 바란다.

다.” 랩노래들은 “처음에서 끝으로 전개되지 않아,” “노래가 어떤 순간에도 끊길 수도 있다는” 느낌을 준다. 이러한 지적이 몇몇 랩에는 해당됨에 틀림없다. 그러나 이는 랩장르 전체에 대한 매우 부분적이고 과장된 설명에 불과하다. 왜냐하면, 랩은 분명한 서술적 전개나 일관된 논리적 주장 위에 확고히 구축된 노래들로 가득 차 있기 때문이다. 서술적 형식은 랩가수들이 차용하는 반복적인 후렴구를 지닌 발라드를 포함하며, 마약, 성병, 범죄 등에 관한 경고적인 도덕적 이야기를 또한 포함한다. 논리적 형식은 저항을 담은, 그리고 랩의 자긍을 포함한 흑인의 긍지를 담은 많은 랩노래들에 의해 예증된다. “Talkin’ All That Jazz”는 랩의 자긍을 담고 있는 범주에 해당하며, 이 노래가 지닌 형식적 · 논리적 일관성은 부인될 수 없다.

이 노래는 네 개의 명확히 구성된 연으로 이루어져 있고, 각 연들은 길이가 다소 틀리기는 하지만 각 연들을 구별하면서 동시에 연결하는 동일한 간주로 동등하게 정형화된다. 그리고 각 연들은 이 노래의 제목이기도 한 동일한 한 행짜리 후렴으로 끝나면서 형식적으로 통일된다. 마지막으로, 이 후렴이 처음 세 연의 각각에서는 한 번 나타나는 반면, 네 번째 마지막 연에서는 세 번 나타난다. 이는 앞서 세 연과 그 연들의 논증을 상기하고, 강화하고, 요약하는 효과를 낸다.

랩을 옹호하는 이 노래의 논증 또한 일관되게 구성된다. 첫 번째 연은 랩과 샘플링에 대한 비난에서 시작하여, 랩의 창조적 지위를 옹호하는 위협적이고 저항적인 반론이 뒤따른다. 두 번째 연은 샘플링의 역할에 대한 설명, 랩의 대중적 호소력에 대한 강조, 랩 비판가들이 지닌 엘리트적 편협함과 무지에 대한 지적 등을 통해 랩을 옹호해 나가면서, 보복적인 폭력을 가하겠다고 위협하기도 한다(“네가 우리를 짓밟는다면, 우리도 너를 짓밟을 것이다”). 세 번째 연은 랩 비판가들의 사악한 거짓말에 대한 분노에 찬 보복이라는 주제를 계속 이어나간다. 그러면서 다른 한편으론 랩의 합법성을 랩이 보여주는 진리, 재능, 힘 등을 통하여 그리고 미국 흑인음악이 지닌 예술적 전통에 대한 혁신적 보존에 근거하여 정당화한다. 마지막 연은 이러한 전통적 연관을 재강화하고 이 노래의 저항적 기조와 폭력적 위협을 유지하면서, 동시에 아직 랩을 받아들이지 않는 청중들에게 평화스런 공존을 제의한다. "지배하려 하지 않는다"는 다원주의적 관용을 옹호하는 이러한 마무리는 비판적 성찰에 의해 랩의 취약점이 드러날지도 모른다는 두려움으로부터 비롯된 것은 아니다. 랩은 "공식적 논쟁"을 벌일 준비가 되어 있다. 그러나 이것은 스스로를 표현하는 데 적합한 "포럼"(즉, "공적 공간")이 마련될 수 있을 경우에만 해당한다. 미디어와 기존의 문화체제는 지금까지 이러한 공간을 부인했었다.

여기서 다시 한 번 우리는 미적인 것과 정치적인 것의 통찰력 있고 정교하게 짜여진 결합을 확인한다. 미적 합법성을 위한 투쟁, 즉 더 일반적인 사회적 투쟁의 한 징후인 미적 합법성을 위한 투쟁은 청취의 자유가 보장될 때에만 형식에 관한 세련되고 사려 깊게 추론된 논증의 형태를 취할 수 있다. 랩가수들은 그 청취의 자유를 보장받기 위해 아직 투쟁하고 있는 단계이다. 그를 위해, Stetsasonic은 지금은 격식을 갖추지 않고 다소 다급하게 폭력적으로 발언한다. 랩의 목소리에 대한 비난과 억압이 부드러운 미적 추론보다는 폭력적 저항을 불러일으킨다면, 랩의 적대자들이 스스로 책임져야 할 것이다("심은 대로 거둔다").

형식을 둘러싼 논쟁에 앞서 청취의 자유를 우선에 두는, 그리고 형식의 복합성에 초점을 맞추기에 앞서 표현의 합법성을 보장받으려는 이러한 태도는 이 노래 자체의 형식적 지위에 대한 방어적인 자기해명으로 간주될 수도 있다. 그리고 이는 랩이 맞닥뜨려야 하는 중요한 형식주의적 논점을 제기한다. 왜냐하면, "Talkin' All That Jazz"가 형식적 통일성과 논리적 일관성을 성취하고 있기는 하지만, 여전히 많은 다른 랩들에 비해서는 형식적으로 더 단순하고 전통적이다. 많은 랩들은 샘플링에 대해서 덜 이야기하지만 대신에 샘플링의 방식을 더 광범위하고, 복합적이고, 강력하게 적용한다(예컨대, "The Adventures of Grandmaster Flash on the Wheels of Steel"). 그러나 이 노래들이 훨씬 더 급진적인 새로운 형식을 만들어 내기는 하지만, 형식적으로 일관되지 못하다는 파렐레스의 비판에 더 많이 노출되어 있는 듯이 보인다. 이러한 점은 형식적 혁신과 형식적 일관성 사이의 갈등을 암시하는 듯하다. 왜냐하면, 랩의 예술적 형식, 특히 샘플링의 기법은 형식의 파편화, 일탈, 파괴 등과 밀접하게 연관되기 때문이다.[65]

형식적 혁신과 형식적 일관성 사이의 긴장은 랩이 요즈음 적극적으로 개입하고 있는 형식적 논쟁을 이루어낸다. 올바른 균형을 찾기 위해 랩의 혁신적 기법의 한계를 그리고 청중들의 형식에 대한 감수성을 시험하는 일은 아직 진행 중이다. 랩은 아직 스물이 안 된 나이로, 이러한 문제에 대한 해결이나 예술적 성숙성에서 한참 멀리 있다. 랩이 기존 문화체제의 억압이나 횡포로부터 벗어나 그리고 상업적 압력의 강요로부터 벗어나, 자기 자신 및 청중의 발전을 추구하는 데 필요한 예술적 합법

65 물론, 랩의 혁신이 형식적 일관성과 통일성의 성취를 논리적으로 배제하는 것은 아니다. 선율적 긴장, 샘플링된 파편, 일탈된 삽입 등이 엘리어트의 "황무지"와 같은 작품들에서 확인되는 강력한 예술적 총체성을 이루어낼 수 있다. 그리고 "The Adventures of Grandmaster Flash on the Wheels of Steel" 속에서도 복합적 일관성을 발견할 수 있다. 그렇지만 실제적인 측면에서의 긴장은 여전히 어느 정도 남는다. 왜냐하면, 혁신적 기법과 예술적으로 혁명적인 충동을 자유롭게 방출함으로써, 랩은 형식을 갖추지 못한 무의미한 소음을 내는 데 그칠 수도 있기 때문이다. 또 때때로 이러한 일이 벌어지기도 한다. 그러나 형식의 전통적 요구를 충족시키기 위해 그러한 혁신을 포기한다는 것은 형식에 대한 우리의 감각을 재구성하고 확장하는 랩의 잠재력을 포기한다는 것을 의미할 수 있다. 랩은 우리가 한때 형식을 갖추지 못한 것으로 간주했던 유형을 다시 보고 감상할 수 있게 가르쳐 준다.

성을 우선적으로 확보하지 못할 경우, 랩은 문제에 대한 해결도 예술적 성숙성도 성취하지 못할 것이다. 랩의 새로운 형식을 옹호하기는 하지만 여전히 전통적 형식에 친근하게 머물고 있는 노래인 "Talkin' All That Jazz"는 그러한 합법성에 대한 호소이자, 전통적 미적 기준을 충족시키는 방식 덕분에 실제로 호소력을 지니고 있기도 하다. 그러므로 이 노래는 우리들을 랩에 대한 공식적 논쟁으로 매혹적으로 초대한다. 이 논쟁은 미래로 유예된 그리고 오직 미래만이 해결할 수 있는 논쟁이다.

5장
포스트모던 윤리학, 그리고 삶의 예술

1

비트겐슈타인은 *Tractatus Logico-Philosophicus*의 명제 6.421에서 "윤리학과 미학은 하나이다"라고 주장하였다.[1] 젊은 비트겐슈타인이 의미한 바가 무엇인지를 알기 위해서는 *Tractatus*의 문맥뿐만 아니라 이 주장이 간단한 설명과 함께 처음 등장한 그의 이전 *Notebooks*도 들여다보아야 한다.[2] 외관상, 그는 윤리학과 미학이 다음과 같은 세 가지 측면에서 근본적으로 하나라는 생각을 전달하려고 한 듯하다. 첫째, 양자 모두 사물을 영원한 상에 비추어, 즉 "바깥"에서 선험적으로 본다. 미학에서, "예술작품은 영원한 상에 비추어 본 대상이며, (윤리학에서) 좋은 삶은 영원한 상에 비추어 본 세계이다. 이것이 예술과 윤리학 사이의 연관이다"(*N* 83). 둘째, 윤리학과 미학은 양자 모두 "신

1 Ludwig Wittgenstein, *Tractatus Logico-Philosophicus*(London: Routledge & Kegan Paul, 1963), 146, 147. 앞으로는 *T*로 약칭할 것이다.

2 Ludwig Wittgenstein, *Notebooks* 1914-1916, 2nd edn (Chicago: University of Chicago Press, 1979). 앞으로는 *N*으로 약칭할 것이다.

비성"의 영역에 관심을 둔다. 이는 양자의 경험적이지도 논리적 명제이지도 않은 진술들이 말할 수 없는 것에 속할 뿐만 아니라 양자 모두 비트겐슈타인이 신비성 및 "절대적인 가치"와 연관시키는 선험적 세계관을 채택하기 때문이다.[3] 셋째, 양자 모두 행복과 기본적으로 연관된다. "예술은 쾌활하기" 때문에 "사물을 바라보는 예술적 방식은 …… 행복한 눈으로 세계를 바라본다." 이와 마찬가지로, 윤리학은 "행복이냐 불행이냐"는 질문에 해당한다. "그것이 전부일 뿐 선과 악은 존재하지 않는다고 말할 수 있다"(*N* 74, 86).

그러나 이 세 가지 연관들은 우리가 이 속에서 아무리 의미와 설득력을 발견한다고 할지라도 윤리학과 미학의 완전한 통일성을 수립하기 힘들다. 더욱이, 비트겐슈타인의 이 명제가 많은 *Tractatus*의 명제들과는 달리 그의 이후 철학에서 논박되지 않기는 하지만, 그렇다고 명백히 확증되거나 발전되지도 않는다. 후기에 이루어진 언어게임에 대한 그의 탈중심적 · 비선험적 · 다원론적 철학은 윤리적인 것과 미적인 것의 그 어떠한 균질적 통일과도 대립할지 모른다. 왜냐하면, 이 영역들은 어느 정도 다른 언어게임과 연관되는 듯이 보이기 때문이다.[4] 리오타르(Lyotard)는 그의 이러한 후기 철학을 포스트모던 사유의 주요한 원천이라고 주장하기도 한다.[5] 다른 한편으론, 윤리학과 미학의 눈에 보이지 않는 실질적

---

3 *T* 6.45와 비트겐슈타인의 "윤리학 강연 (Lecture on Ethics)"을 보기 바란다. 1929년과 1930년 사이에 쓰여져 사후 *Philosophical Review* 74 (1965), 3-12에 출판된 이 강연과 *N* 86에서 비트겐슈타인은 신비성을 놀라움과 경이로움이라는 개념을 통하여 언급한다.

4 윤리학과 미학 사이의 논리적 차이에 대한 연구로는 Stuart Hampshire, "Logic and Appreciation"을 들 수 있다. 이 논문은 W. Elton 편, *Aesthetics and Language* (Oxford: Blackwell, 1954), 161-9에 재수록되었다.

5 Jean-Francois Lyotard, *The Postmodern Condition* (Minneapolis: University of Minnesota Press, 1984), 10, 40-1.

인 연관이 미적 감상에 대한 후기 비트겐슈타인의 설명 속에 강하게 함축되어 있다. 왜냐하면, 미적 감상은 고립되고 공식화된 비평적 규칙에 환원될 수 있는 것이 아니라 삶의 윤리적 차원을 포함할 수밖에 없는 복합적인 문화적 배경 속에 깊이 그리고 필연적으로 놓이기 때문이다.[6] 우리가 비트겐슈타인의 최종적 입장을 정리해야 할 경우, 윤리학과 미학 양자가 완전하게 통일되어 동일하다고도 혹은 완전히 다르다고도 보지 않는 것이 균형잡힌 관점일 것이다.

이제 이 문제를 떠나, 왜 윤리학과 미학이 하나라는 그의 명제가 오늘날 중요한지를 살펴보도록 하자. 이 명제는 포스트모던 시대의 윤리학 이론과 미학 이론 양자 모두에 통찰력과 문제점을 시사해준다. 이 명제는 모더니스트 시에 그리고 형식주의적이고 추상적인 조형예술의 경향에 공통적으로 깔린 예술적 순수성이라는 모더니즘의 미학적 이데올로기를 부인한다. 이 명제는 그러한 고립적 이데올로기가 더 이상 생명력이 없음을 함축한다. 왜냐하면, 지식과 문화의 전통적인 구획화는 상호 연관된 활동의 다양한 형태들로 해체될 처지에 놓여 있기 때문이다. 이러한 여건 속에서, 도덕적 · 사회적 · 정치적인 동기를 지닌 예술을 비평할 공간과 필요성이 존재한다. 이는 그런 동기를 지닌 예술 자체가 존재할 필요가 있는 것과 마찬가지이다.

필자는 예술과 예술비평에서의 윤리적 · 정치적인 문제에 대해 더 이상 언급하지는 않을 것이다. 대신, 이 마지막 장에서는 그 역인 윤리적인 것에 미적인 것을 부여하는 문제, 즉 윤리적인 것에 대한 심미화의 문제를 논의해볼 것이다. 이 논의의 초점은 미적인 성찰이 우리의 삶을 이

---

6 비트겐슈타인의 후기 미학이론이 지닌 이러한 측면 및 여타의 측면에 대해서는 필자의 "Wittgenstein and Critical Reasoning," *Philosophy and Phenomenological Research* 47 (1986), 91-110을 참고하기 바란다.

끌고 형성하는 방식을 선택하는 데 있어 그리고 좋은 삶이 무엇인가를 평가하는 데 있어 가장 중요한 결정력을 지니며 또 지녀야만 한다는 것이다. 이는 미적인 것을 적절한 윤리적 이상으로 그리고 좋은 삶에 대한 평가의 모델과 기준으로 설정함으로써, 비트겐슈타인의 윤리적인 것과 미적인 것은 하나라는 모호한 명제에 구체성을 부여하는 일이다. 그러한 심미화는 주로 사적인 윤리 영역에, 즉 한 개인이 자아를 스스로 실현하기 위해 어떻게 자신의 삶을 형성해야만 하는가라는 문제에 방향이 맞추어진다.[7] 그러나 공적인 영역에도, 즉 좋은 사회는 어떠해야 하는지에 대한 문제에도 자연스럽게 연장될 수 있다. 최소한, 좋은 사회는 그 개개 구성원에게 삶을 미적으로 만족시켜 줄 가능성을 보장해주어야 한다. 더욱이, 좋은 사회를 다양성 속에서 통일성을 가장 최적으로 조화시킨 유기적 통일로 상정함으로써 미적 기준에 의해 특징지으려는 시도는 상당히 일반적이었고 여전히 매력적이다.

윤리적인 것의 심미화가 포스트모던 시대의 지배적인 흐름이라면,[8]

---

7 "사적 윤리"와 "공적 윤리" 사이의 이러한 구분은 상당히 일반적인 것이며, 최근에는 Rorty가 자기 자신의 심미화된 윤리학을 옹호하기 위해 채택하였다. 이 구분이 유용하기는 하지만, 사적 윤리학을 입안하는 일이 공적 윤리학을 입안하는 일과 로티가 생각하듯 명확히 구분되는지에 대해서는 의심이 든다. 로티는 다음의 글에서 공적/사적 윤리의 구분을 도입하였다. Richard Rorty, "Freud and Moral Reflection," in J. H. Smith and W. Kerrigan (eds.), *Pragmatism's Freud: The Moral Disposition of Psychoanalysis* (Baltimore: Johns Hopkins University Press, 1986), 1-27. 앞으로는 *R*로 약칭할 것이다. 이 구분은 그의 *Contingency, Irony, and Solidarity* (Cambridge: Cambridge University Press, 1989)에서 중심 주제가 되기도 하였다. 앞으로는 *CIS*로 약칭할 것이다.

8 이러한 흐름이 유래가 없는 것은 아니다. 플라톤 및 일반적인 그리스인들에게, 선과 미에 대한 관념은 명확히 구분된 것이 아니었다. 선과 미는 합성어인 *kalon-kai-agathon*("미와 선")으로 집합적으로 흔히 지칭되었고, 미를 지칭하는 *kalos*는 도덕적 선을 지칭하는 데도 *agathos*만큼이나 많이 사용되었다. eudaemonia라는 목표에 의해 지배되던 그리스의 윤리적 세계가 신성한 계율과 의무에 의해 지배되는 윤리적 세계에 양도되자, 윤리적인 것을 미적인 것으로부터 분리하는 일이, 심지어는 양자를 모순되는 원리들로 간주하는 일이 훨씬 쉬워졌다. 미학과 윤리학 사이에 이루어진 고전주의 시대 이후의 연관은 이러한 분리에 대한 각성을 표현한 것

이는 학문적 철학에서보다는 우리의 일상적인 삶과 우리 문화의 대중적 상상력에서 더 두드러질 것이다. 이는 풍만함과 만족에 대한, 개인적 외모와 부에 대한 우리 문화의 집착에서 입증된다. 우리 시대의 유명인사들은 용맹한 남자나 정숙한 여인이 아니라 "아름다운 사람들"이라고 불리는 자들이다. 우리는 그리스도를 모방하려 하기보다는 마돈나의 화장술과 의상을 모방하려고 한다. 오늘날 그 누구도 교육과 모범을 위해 성자의 삶을 읽지 않는다. 그렇지만 영화 스타나 기업체 백만장자의 성공담은 장기 베스트셀러이다.

그러나 취미에 대한 포스트모던 윤리학이 철학적 옹호가들 없이 존재하는 것은 아니다. "존재의 미학"을 이상으로 삼는 푸코(Foucault)에게서 그리고 니체적 전통을 계승하고 있는 여타 유럽 대륙의 사상가에게서 분명한 지지를 발견할 수 있다. 그렇지만 필자는 근래의 영미철학에서 이루어진 옹호에 집중하도록 하겠다. 필자의 초점은 리처드 로티(Richard Rorty)이다. 그는 미국의 대중적 상상력에 대한 가장 솔직하고 강력한 설명가이며, "미적 삶"을 좋은 삶으로 적극적으로 옹호하는 사상가이다. 로티에게서, "미적 삶"은 "개인완성" 및 "자아창조" 중의 하나이다. 미적 삶은 "스스로를 넓히려는 욕망", "더욱 많은 가능성들을 품으려는" 그리고 스스로에 대한 "선천적 규정"의 제한을 회피하려는 욕망이 동기가 되어 이루어지는 삶이다. 이 욕망은 "새로운 경험과 새로운 언어에 대한 미적 모색" 속에서 표현된다(*R* 11, 12, 15: *CIS* xiv, 29). 즉, 미적 만족, 자아계발,

---

이다. 칸트는 미를 도덕성의 상징으로 보았다. 쉴러는 미적 교육을 도덕성을 함양하는 수단으로 보았다. 키에르케고르는 삶에 대한 미적 태도를 윤리적 삶에 대한 차선책으로 보았다. 취미에 대한 포스트모더니즘의 윤리학은 철학적 분화의 오래 된 전통을 비판적으로 의식하고 두 영역을 진정으로 통합하려고 시도한다는 점에서 그 고유함이 있을 것이다. 여기서 미학은 윤리학의 상징이나 수단이나 대행자가 아니라, 동일한 하나를 이루는 구성적 실체이다.

자아창조 등은 삶 속에서의 실제 실험을 통해서뿐만 아니라 "도덕적 반성의 새로운 어휘들"들을 채택하는 한결 내성적인 선택을 통해서도 모색된다. 이러한 선택은 우리의 행동과 자기 이미지를 한결 새로운 호소력과 풍성함을 지니게끔 만든다(*R* 11).

개인완성에 대한 로티의 심미화된 윤리학은 자유주의를, 즉 개성을 용인하고 잔인함을 혐오하고 "인간평등을 위한" 절차상의 정의를 강조하는 자유주의를 공적 도덕과 사회적 연대의 최상형태로 긍정하는 것과 짝맞춘다(*CIS* 88). 그러나 그는 이러한 사적 · 공적 이상들이 한 가지 이론이나 탐구 속에서 융합될 수 있다고 생각하지 않는다. 그리고 삶에 실제적 내용을 부여하게 특권화되어 있는 것은 심미화된 사적인 윤리인 반면, 자유주의는 평화를 추구하는 데 그리고 우리의 개인적인 미적 목표들을 고무시키는 데 필요한 안정된 사회적 조직의 틀을 우리에게 제공할 뿐이다. 로티는 정당하고 자유로운 사회의 기본가치와 목표를 "그 사회의 시민들이 자신들의 시간을 이용하여 하는 한, 남을 해치지 않는 한, 그리고 덜 혜택을 받은 사람들에게 필요한 자원들을 자신들을 위해 사용하지 않는 한, 그들이 원하는 만큼 사적 자유를 존중해주고 비합리주의적이고 심미적이게 내버려두는 것으로" 보았다(*CIS* xiv). 윤리적인 것에 대한 로티의 심미화는 몇 가지 중요한 점에서 비판되고 변형될 필요가 있기는 하지만 전도가 유망한 방향이라고 필자는 믿는다. 어떠한 경우든, 그의 주장에 대한 평가는 미적 삶에 대한 다른 논증들 및 전망들의 문맥 속에서 검토될 필요가 있다.

2

왜 포스트모던 철학은 윤리적인 것을 심미화해야 하는가? 취미의 윤리학이 대두하는 현상은 넓게는 윤리적인 것에 대한 전통적 모델들이 쇠퇴한 결과로 설명될 수 있다. 우리는 일단 탄생하면 일정 형태로 우리의 삶을 영위해야 하듯이, 삶의 방식에 대해 윤리적으로 일단 반성하기 시작하면 우리는 일정 형태로 반성해야만 한다. 전통적인 윤리이론들에 대한 신념의 쇠퇴는 윤리적인 공황을 초래하였고, 자연히 취미에 대한 윤리학은 이를 메우려고 달려들었다. 로티의 다음과 같은 주장은 그가 이러한 점을 말하려고 했음을 보여준다. 갈릴레오, 다윈 그리고 프로이트 이후에는, "종교적 도덕성도, 세속적 도덕성도, 자유주의적 도덕성도 가능하지 않는 듯이 보인다. 그 어떤 제 삼의 대안도 등장하지 못했다."[9] 그가 옹호해 나가려고 하는 미적인 도덕성만이

9 Richard Rorty, "Freud, Morality, and Hermeneutics," *New Literary History* 12 (1980), 180.

예외인 듯이 보인다. 현대 철학자들에게 전통적 윤리학을 거부하게 만드는 가장 강력한 근거는 두 가지 일반적인 철학적 태도에서 기인하는 듯하다. 첫째가 인간본성에 대한 역사주의적이고 다원주의적인 반본질론이라면, 둘째는 완벽히 만족스러운 윤리학을 부적절하게 만드는 도덕성의 엄정한 한계에 대한 자각이다. 이들 각각의 태도는 주목을 요하는 여러 가지 측면들이나 단계들과 연관된다.

(1)

전통적으로, 윤리학의 이론들은 스스로의 이론들뿐만 아니라 버나드 윌리암스(Bernard Williams)가 명명한 아르키메데스적 관점에서의 전체적인 윤리적 기획까지도 정당화하려고 했었다. 즉, "비도덕주의자나 회의주의자들조차도 받아들이는 그러나 우리에게 그들이 비합리주의적 · 비이성적 또는 여하튼 오류적이라는 것을 보여주는 그 무엇인 전체적인 윤리적 기획까지도 정당화하려고 했었다."[10] 대체로, 이러한 토대론적 이론들은 인류에게 기본적인 것 또는 인류 속에 기본적인 것으로부터 어떤 삶이 기본적으로 인간에게 좋은 것인가를 이끌어 내려고 노력함으로써 그리고 어떠한 윤리적 "해야만 한다(ought)"도 일정한 비윤리적 "할 수 있다"에 의존한다는 점을 인정함으로써, 인간본성에 관한 일반적 이론들에 근거한다. 기쁨이나 행복에 대한 바람은 그리고 합리적인 사유와 행동에 대한 능력과 실행은 그러한 기본적 특징들을 위한 가장 친숙하면서도 강력한 후보들이었다. 이 양자를 종합함으

10 Bernard Williams, *Ethics and the Limits of Philosophy* (London: Fontana, 1985), 29. 앞으로는 *ELP*로 약칭할 것임.

로써, 그리고 인간을 위한 좋은 삶을 구성하는 것이 무엇인지를 한결 구체적이고 실질적으로 그려냄으로써, 아리스토텔레스의 윤리학 이론은 칸트의 윤리학 이론보다 우위를 누린다. 왜냐하면, 칸트의 인식론은 인간의 감각적인 본성과 합리적인 본성 양자 모두를 충분히 깨달은 반면, 그의 윤리학은 합리적 행위자로서의 인간이라는 매우 순수하고 알맹이 빠진 추상적 개념에 의존한다. 그러한 행위자는 자신의 합리적 본질을 깨닫고 행위에서 일정한 선택의 자유를 요구한다. 그리고 그는 신중한 방편이나 감정에 대한 부수적인 고려 없이 합리적이고 보편적인 원리에 근거하여 선택함으로써 그런 자유를 윤리적으로 적절히 행사한다.

아리스토텔레스와 칸트의 기획이 지닌 특수한 문제들이 여기서의 우리의 관심은 아니다. 윤리학을 인간의 본성을 통해 설명하려는 이들 및 이들과 유사한 시도들이 지닌 더 근본적인 문제는 본성과 같은 그러한 것이 실제로 존재하느냐는 우리의 강한 포스트모더니스트적 의심 속에서 드러난다. 인류 속에 보편적으로 발견되고 존재론적으로 고정되지만 윤리적 이론을 논리적 추론만으로 만들어 내거나 정당화하기에 충분할 만큼 결정적이고 실질적인 비역사적 본질이 있는가에 대해서는 더욱 강한 의심이 든다. 우리는 본질적 지위를 위한 가장 최상의 후보조차도, 예컨대 합리성이나 행복조차도 실제로 이러한 것들을 구성하는 것이 무엇인지에 대한 문화적이고 역사적인 다양한 설명들을 우리가 깊이 천착하지 않는 한에서만 전도유망한 듯함을 보았다.

비역사적이고 존재론적으로 주어진 인간의 본질이 존재하지 않는다고 해서 인간의 본성으로부터 윤리적 이론을 추론할 모든 가능성이 닫히는 것은 아니다. 왜냐하면 어떤 비존재론적인 그러나 여전히 초역사적이고 여러 문화에 두루 걸친 인간의 본질을 통해, 인간 삶에 현존하면서도 필요한 언어적 · 문화적 · 생물학적 보편자들의 일정한 종류의 결합을 통해, 그리고 좋은 삶을 구성하는 것에 대한 명확하고도 일관된 그림의 투사를 통해, 그러한 윤리적 이론이 마련될 수도 있기 때문이다. 그러나 명백한 역사적 · 문화적 차이에 직면하게 되면 여기서도 여전히 회의주의가 힘을 발휘한다. 동일한 문화적 전통이라고 생각되는 곳에서조차도, 무엇이 인간 삶에 기본적이고 바람직한 것인지에 대해 매우 다른 답변들이 나올 수 있다.

그러나 우리가 어떤 보편적 윤리학의 토대로서의 비역사적 · 초역사적 인간 본질을 거부할 수는 있지만, 우리의 고유한 특정한 시대와 문화를 위한 기본적인 윤리이론을 만들어 낼 수 있는 온건한 가능성은 여전히 남는다. 이러한 제한된 목적은 분명 우리가 가장 원하는 것이다. 왜냐하면, 우리가 알고자 하는 것은 우리의 선조나 후손의 삶이 아닌 우리 자신의 삶을 어떻게 사느냐는 것이기 때문이다. 그러나 초점을 현대 미국 사회에 국한한다고 할지라도, 너무나 많은 다양함이 존재하기 때문에 좋은 삶을 추구하기 위해서 추구해야 할 것이 무엇인지를 알려줄 수 있는 어떤 형식적 본질도 자신 있게 말할 수 없다. 우리는 자유 및 행복추구의 기회를 지지하는 데는 일치하는지도 모른다. 그러나 이 개념들도 자유주의에 대한 비판가들이 불평하듯이 매우 모호하고 추상적이다. 그리고 이 개념들이 외관상 제공하는 통일성도 자유, 행복, 기회 등의 진정한 의미에 대한 상이한 견해들로 인해 해체된다.

이러한 국지화된 인간본질조차도 왜 찾을 수 없는지를 설명해주는 적어도 두 가지 이유가 존재한다. 첫째, 미국뿐만 아니라 모든 선진화된 문명에서는 고도의 노동의 분화, 직업의 분화가 존재한다. 아리스토텔레스와 여타의 윤리이론들이 상정한 개념인 인간의 일반적인 기능적 본질은 남자와 여자가 수많은 다양한 조화하기 힘든 기능적 직업을 가진 지금의 상황에서는 더 이상 생명력이 없다. 농부와 증권중계인, 예술가와 공장노동자, 성직자와 미용사, 과학자와 카지노직원 등의 기능적 본질을 어떻게 조화시키는가? 더욱 혼란스러운 점은 우리가 상이한 기능적 본질의 모순을 집단적으로 경험할 뿐만 아니라 그것을 우리의 개인적 자아 내부에서 강력하게 느낀다는 사실이다. 한 여자의 직장인으로서의 기능적 본질과 어머니로서의 기능적 본질 사이의 모순은 현대에 들어와서 이루어진 이러한 정체성의 문제들 중 가장 잘 알려지고 중요한 문제일 것이다. 그러나 우리의 직업적 역할이나 자아규정이 친구, 가족, 정치적 행동가로서의 우리의 자아 규정과 모순되는 경우는 무수히 많다. 이 경우, 자신이 지닌 사회적 역할의 어떤 일관된 혼합체 속에서 개인을 위한 기능적 본질을 발견하는 것은 불가능한 듯이 보인다.

통합될 수 없는 역할들의 다원성 속에 집합적으로 그리고 개인적으로 살기 때문에 포스트모던인은 자신의 특정한 기능적 역할로부터 일반적인 윤리는 물론이거니와 개인적 윤리조차 만들어 낼 수 없다고 말하는 것은, 비트겐슈타인과 리오타르를 빌자면, 우리가 너무나 다양하게 혼합된 언어게임 속에 사는 탓에 그리고 너무나 많은 형태들의 대화에 의해 형성된 탓에 더 이상 우리가 누구인지를 명확하게 말할 수 없다고 말하는 것이다. 우리는 우리에게 좋은 삶이 무엇인지를 말할 수 없다. 왜냐하면, 우리의 본성은 우리의 변화하는 역할과 자기재현에 따라 의문시될 수 있고 불안정하기 때문이다. 로티가 주장했듯이, 우리의 본성은 명확하게 존재하여 발견되는 것이 아니라 만들어지고 형성되는 것이기 때문에 의문시될 수 있으며, 그러므로 미적으로 형성되어야만 한다.

더욱이, 로티에 따르면, 존재하지 않는 공통된 인간의 본질을 발견하기 위해 우리의 사회적 역할을 꿰뚫어 보는 일은 무의미할 뿐만 아니라, 특정한 개인의 일관된 내재적 본질이 존재한다는 생각 또한 프로이트가 효과적으로 깨뜨렸던 신화에 불과하다. 우리의 고유한 자아나 개성은 역사적 조건을 통해 형성되는 그리고 "믿음과 바람의 상충적인 체계"를 통해 구성되는 다수의 모순되는 (의식적 · 무의식적) "의사 개인들(quasi persons)"의 불편한 결합으로 밝혀진다. 이는 개인의 "진정한 자아"라는 개념 전반을 불신하는 관점이다(*R* 5, 9, 19). 자아는 자율적이고 안정적이고 합리적인 핵심으로부터 출현하는 통일되고 일관된 것이라기보다는 "중심이 없으며," "의사 자아들"의 집합이며, "조건적이고 특수한 필요의 자의적인 결합"이 산출해내는 것이다. 그리고 이는 왜곡된 기억과 다의적 단어들을 통해 변형이 이루어진 "특유하고 우연적인 삽화들"에 의해 형성되고 변경된다(*R* 4, 12, 14). "말소리로부터 잎새의 색깔을 거쳐 피부의 느낌에 이르기까지 모든 것은 프로이트가 보여주었듯이 자기정체성에 대한 인간 존재의 감각을 극화하고 구체화한다 …… 그러한 대상들의 자의적으로 보이는 모든 배열들이 삶의 색조를 정할 수 있다"(*CIS* 37). 로티에게서, 자아에 대한 이러한 프로이트적 탈중심화, 다층화, 자의화는 윤리적인 것으로서의 "미적 삶을 위한 새로운 가능성을 열었다." 왜냐하면, 발견할 수 있는 적합한 진정한 자아가 존재하지 않는다면, "도덕적 반성과 정교화"의 가장 유망한 모델들은 "자기인식"과 "순수화"라기보다는 "자기창조"와 "자기확장"이기 때문이다(*R* 11-12).

그러므로 인간본성에 관한 반본질론은 취미의 윤리학에 이른다. 그렇지만, 이를 논리적 귀결로 보는 것은 잘못일 것이다. 인간이 본래적으로 본질을 결여하고 있다는 점이 확정된 윤리를 함축하지 않는다는 점을 의미한다면, 미적인 윤리 또한 함축할 수 없다. 그러나 취미의 윤리에는 여전히 이를 수 있다. 왜냐하면, 윤리적인 것을 정당화할 수 있는 어떤 본질적 토대의 부재 속에서도, 우리에게 가장 호소력이 있는 것을 선택하도록 합리적으로 장려될 수는 있기 때문이다. 그리고 그러한 호소력이라고 하는 것이 궁극적으로 미적인 문제, 즉 우리에게 가장 매력적이거나 가장 완벽하게 다가오는 것이 무엇인가라는 문제일 가능성이 높다.

(2)

전통적 윤리이론들을 비판하면서 취미의 심미화된 윤리학을 발달시키는 역할을 하는 두 번째 일반적 태도에 이제 관심을 돌려보자. 이 태도는 "도덕성에 의한 윤리학의 미결정성"이라고 명명될 수 있으며, 두 가지 측면을 지닌다. 첫 번째 측면은 전통적으로 상정된 도덕성이 윤리적 관심의 전영역을 포괄하지는 못한다는 현대철학의 점증하는 깨달음에서 드러난다. 윤리적인 것은 우리가 어떻게 살아야 하는가와 관련된 가치와 선을 광범위하게 고려해야 한다. 이러한 고려의 대부분은 자기 자신의 이익이나 자기 가족의 이익에 대한 특별한 관심의 경우에서처럼 분명 개인적이고 자기중심적이며, 그렇지 않더라도 최소한 보편적이지는 못하다. 그리고 상당수가 후한 인심 및 조건 없는 친절과 용기에서처럼 비의무적이다. 그러나 도덕성에 대한 전통적 기획들은 윌리암스와 볼하임이 주장하듯이 윤리적인 것보다 훨씬 더 좁은 특수한 "하위체계"를, 즉 의무와 보편성에 의해 지배되는 하위체계를 구성한다. "좁은 의미에서의 도덕성을 …… 의무를 그 핵심으로 지니는 것으로" 규정하면서, 볼하임은 이 도덕성을 가치 및 선의 영역과 날카롭게 대비한다. "전자인 도덕성은 (위협적 형상의) 투입에서 비롯하고, 후자인 가치는 ('고풍스런 행복의, 만족스런 사랑의') 투사에서 비롯한다. 전자는 그 기원상 대체로 방어적이고 강제적이며, 후자는 그렇지 않다. 전자는 공포로부터 보호하려 하며, 후자는 사랑을 지속하려 한다."[11] 그리고 도덕성에

11 Richard Wollheim, The Thread of Life (Cambridge, Mass: Harvard University Press,

대한 볼하임의 설명이 도덕성이 지닌 위협적 징후와 위해한 측면을 강조한다면, 윌리암스는 "도덕성이 없다면 한결 더 잘 살게 될 것이다"라고 주장한다는 점에서 입장이 더욱 분명하고 강경하다(*ELP* 174).

"독특한 제도"나 "특별한 체계"인 도덕성에 대한 윌리암스의 비판은 도덕성이 지닌 곤란한 심리적 근원과 결과에 집중하기보다는 우리의 윤리적 사유를 설명하는 데서의 도덕성이 지닌 논리적 독특성과 불충분함에 집중한다(*ELP* 174). 이러한 불충분함을 더욱 훼손하는 것은 도덕성이 윤리학은 충분히 결정짓지 못하면서, 스스로에 대해서는 전면적인 충분한 결정성을 지닌 체계로 스스로를 구성하고 간주하는 데 있다. 도덕성은 스스로를 의무의 일관된 체계로, 즉 우리가 해야만 하는 것을 어떤 경우이든 말해줄 수 있는 의무의 일관된 체계로 제시한다. 우리가 무엇인가를 해야만 한다는 점은 우리가 할 수 있다는 점을 함축하며, 그러므로 이 의무들은 자신들의 모순을 방지할 수 있게 계층적으로 정렬된다. 왜냐하면, 실행할 수 없는 모순적 행동들을 하게 의무들이 허락될 수는 없기 때문이다. "도덕적 의무는 회피할 수 없다." 그리고 여러분이 그 체계를 지지하고자 하든 안하든, 그 체계는 자신의 절대적인 보편적 논리 속에 여러분을 포괄할 것이다. 의무의 포괄적 체계에 따라 행동하지 않을 경우, 도덕적 비난을 여러분에게 가할 것이다(*ELP* 177-8).

1984), 215-16. 앞으로는 *TL*로 약칭할 것이다. Wollheim이 여기서 "윤리학"이란 말을 실제로 사용하는 것은 아니다. 그러나 그는 비의무적 가치를 포함하는 "넓게 상정된 도덕성"을 의무에 의해 지배되고 투입 위에 기반하는 "좁게 상정된 도덕성"과 대비시킴으로써 Williams와 기본적으로 동일한 구분을 한다(e.g. *TL* 221). Wollheim과 Williams가 의무에 의해 지배되는 도덕성의 근대적 윤리학에 도전을 제기하기는 하지만, 그들 어느 누구도 포스트모던 철학자는 아니다. 그들의 비판이 포스트모던 경험을 반영하고 있는 것은 틀림없지만, 철학적 스타일이나 객관주의자로서의 면모는 근대적 형태로 남아 있다. 이와 대조적으로, 로티는 포스트모던 철학자로 간주될 수 있다. 이 점에 대해서는 "Postmodernism and the Aesthetic Turn," *Poetics Today* 10 (1989), 604-22를 참고하기 바란다.

윌리암스는 도덕성의 절대적인 전제들, 즉 적용을 철저히 확장하라는 도덕성의 요구와 적용되는 모든 곳에서의 압도적이고 절대적인 도덕성의 힘이라는 전제들에 도전을 제기하는 데 주로 열중한다. 그는 어떻게 도덕성이 친절과 관용의 명백한 사례들에 반하는 첫 번째 요구를 옹호할 수 없는 가라는 점을 보여준다. 친절과 관용은 비의무적이며, 나아가 몇 가지 중요한 명백한 의무와 확연히 모순된다. 그리고 몇몇 철학적 노력들이 (특수의무, 일반의무, 부정적 의무, 외관상의 의무, 자신에 대한 의무, 타인에 대한 의무 등) 상이하게 정열된 의무들의 정교한 가설적 체계를 설득력 없이 설정함을 통해 이 요구를 구하려다 실패했다는 점을 폭로한다.

도덕성이 모든 윤리적 행동과 선택을 남김없이 규명할 수 있다는 도덕성의 전제, 모든 가치 있는 행동은 어떤 의무를 통해서만 궁극적으로 정당화될 수 있다는 도덕성의 전제는 모든 윤리적 질문 속에서 도덕적 성찰이 그 어떤 여타의 것보다도 항시 우선되어야만 하고, 또한 우리가 어떻게 행동하거나 살아야 하는지를 항시 결정해야만 한다는 전제이다. 그러므로 친절이라는 고상한 비의무적 행동의 수행이 저녁식사 약속시간을 지켜야 한다는 사소한 의무를 지키는 일을 막는다면, 친절과 연관된 모호한 일반적 의무가 내 행동의 명백한 가치를 정당화하기 위해 설정되어야만 한다. 몇몇 특정한 것들은 의무와 상관없이 선할 수 있다는, 그리고 윤리적인 면에서 의무를 능가할 수조차 있다는 생각은 도덕성의 체계에는 극히 낯설고 맞지 않다. 윌리암스는 "의무만이 의무를 이길 수 있다"(*ELP* 187)는 이러한 도덕성의 격률을 환기시킨다. 그리고 이것이 지닌 거짓에 대한 깨달음이 도덕성에 의한 윤리학의 미결정성이라는 포스트모던적 주장의 두 번째 부분을 구성한다. 도덕성과 구분되는 윤리학은 의무의 완수보다 삶에 더 좋은 것이 존재한다는 점을 깨달으며, 나아가 "자기 자신과는 다른 것들도 자신 자신의 삶을 가치롭게 만드는 것의 일부로써 (삶에) 중요하다는 점을 파악할 수 있다"(*ELP* 184). 이점이 윤리학은 도덕적 고려를 전적으로 거부해야 할 필요가 있다는 점을 의미하는 것은 아니다. 전면적인 힘을 내세우는 도덕성의 주장을 거부해야만 한다는 점을 의미할 뿐이다. 볼하임의 말을 빌자면, "도덕성은 절대적이거나 지배적이다는 관점"이 거부되는 것이다(*TL* 225).

도덕적 의무를 어떻게 좋은 삶을 사는가에 대한 윤리적 성찰의 한 가지 중요한 요소로 떨어뜨리는 일은 윤리적 성찰을 삼단논법이나 법률적 대화보다는 미적 판단과 정당화에 훨씬 더 가깝게 만든다. 무엇이 올바른 것인가를 발견하는 일은 가장 적합하고 호소력 있는 형태를 발견하는 일이다. 즉, 주어진 상황이나 삶 속에서 다양한 그리고 다양하게 저울질된 특징들의 가장 매력적이고 조화로운 배열을 지각하는 일이다. 이 일은 한 의무를 다른 한층 일반적인 의무나 의무들의 집합으로부터 연역하는 일이 아니다. 또한 이 일은 의무들의 명확한 위계질서에 근거한 논리적 계산의 결과물이 아니다. 마찬가지로, 윤리적 정당화는 삼단논법이나 연산법이 아닌 지각적으로 설득력 있는 논증에 호소한다는 점에서 미적 설명을 닮는다. 윤리적 정당화는 적정한 행동의 범위에 대한 일정한 기본적 합의에 근거하며, 그리고 이러한 합의를 유지하고 확장하는 일을 목표로 한다. 그렇지만 윤리적 정당화는 이러한 (개정 가능한) 범위 내에서의 지각이나 취미의 차이를 깨닫고 그에 대한 관용을 증진시키는 일에 기여하기도 한다. 미학적 해석이나 평가의 경우에서와 마찬가지로, 우리는 우리의 친구들과 동료들이 우리의 윤리적 관점과 선택을 이해하고 이를 합리적인 것으로 보아주기를 바란다. 그러나 그들이 우리의 윤리적 관점과 선택을 보편적으로 올바르고 모든 사람에게 타당한 것으로 받아들이는지는 더 이상 중요치 않다. 미적 판단과 마찬가지로 윤리적 판단도 예외 없는 원리들을 통해 절대적으로 참이 되는 것으로 입증될 수는 없다. 왜냐하면 미적 결정들과 마찬가지로 윤리적 결정들도 규칙을 엄격히 적용해서 나타난 결과물이 아니라 창조적 · 비판적 상상력의 산물이기 때문이다. 윤리학과 미학은 이러한 의미에서 하나이다. 그리고 윤리적 삶의 투영은 미학적 삶을 실행하는 일이 된다. 아마도 이 점이 볼하임이 윤리학이 "예술처럼" 여겨진다고 짤막하게 암시했을 때 염두에 둔 바일 것이다(*TL* 198).[12]

---

12 윤리학을 창조적 예술로 간주하는 일은 윤리적 행위자도 예술가가 예술 속에서 가지는 자유 및 힘과 똑같은 종류의 것을 삶 속에서 가진다는 점을 암시한다. 그러나 이 점이 사회의 모든 성원들에게 해당되는 것은 아니라는 반론이 제기될 수도 있다. 그러므로 예술처럼 살아 있는 삶이라는 윤리적 이상을 더욱 접근가능하게 공유되는 선택으로 만들기 위해서는 미학적 개혁뿐만 아니라 사회적 개혁이 필요하다.

3

윤리적인 것의 이러한 심미화가 올바른 방향으로의 굳건한 내딛음으로 보이기는 하지만, 미적 삶에 대한 로티의 확고한 옹호는 더욱 급진적이고 구체적이다. 우리가 어떤 공통적 본질을 지니고 있는 것이 아니라 자의적이고 개성적인 우연함의 산물이라는 점에 근거하여, 로티는 전통적 도덕 이론을 거부한다. 우리는 우리 스스로를 창조해야 하며 그리고 자아를 풍부하게 하는 미적 재규정을 통해 그렇게 해야만 한다고 로티는 결론 내린다. 자아는 도덕성 중에서도 가장 전통적이고 금욕적인 도덕성을 선택함으로써 창조될 수 있었으므로 자아창조의 필요성이 분별적인 미적 삶의 추구를 수반하거나 규정하는 것은 아니라는 반론이 제기될 수도 있다. 그러나 앞으로 우리가 보게 되듯이, 로티는 자아창조의 삶을 미적 삶과 동일시할 것을 주장한다. 그렇지만 그가 주장하는 특정한 삶이 수세기 또는 금세기 동안 철학자들이 옹호해온 미적 삶의 다양성과 일치하는 것은 아니다.

그렇다면 미적 삶에 대한 로티의 관점은 무엇인가? 이 관점이 다른 관점과 어떻게 다른가? 로티의 관점은 안정된 자기인식(self-knowledge)에 근거한 "순수성에 대한 탐구" 및 집중된 단순성을 거부하고, 그 대신에 "자아확장(self-enlargement)" "자아함양(self-enrichment)" 그리고 "자아창조(self-creation)"를 긍정한다(*R* 11, 15; *CIS* 41). "스스로를 확장하려는 바람은 더 더욱 많은 가능성을 품으려는, 부단히 배우려는, 스스로를 호기심에 완전히 내맡기려는, 과거와 미래의 모든 가능성들을 그려볼 때까지 계속하려는 욕망이다"라고 로티는 말한다(*R* 11). 자아함양과 자아창조에 대한 탐구는 "새로운 경험과 새로운 언어에 대한" 이중적인 "미학적 추구"와 연관된다. 즉 그러한 경험과 경험자를 재규정하며 그리고 그를 통해 경험과 경험자를 풍부하게 함양하려는 이중적인 미학적 추구와 연관된다(*R* 15). 마찬가지로, "우리의 바람과 희망을 공식화하는 더욱 풍부하고 완전한 방식의 발달은 그러한 바람과 희망 자체를 그리고 그를 통해 스스로를 더욱 풍부하고 완전하게" 만든다(*R* 11). 미적 목표는 "더 이상 대상들을 정적으로 보거나 대상들 전부를 보거나" 하는 것이 아니라, 대상들을 그리고 우리 스스로를 "변화를 위한 도구로 고안된" 언제나 새로운 "대안적 서술들과 대안적 어휘들"을 통해 본다(*R* 9). 지속적으로 변하는 경향이 있는 이 다층적 어휘들을 생산하고 존재하게 하는 숨 가쁜 속도와 혼동을 따라잡을 수 있는 "예외적 개인들"이 "자신들의 삶을 예술작품"으로 만들 수 있게 될 것이다. 이 때 자기창조의 그러한 작품들은 아주 독창적임에 틀림없다. "이미 존재하는 것에 대한 복사나 모방"도, 이전에 창조된 것들에 대한 "우아한 변용"도 아님에 틀림없다(*R* 11; *CIS* 28).

로티는 미적 삶의 이러한 명인들을 호기심 많은 지적인 "냉소가(ironist)"(아마도 회의적인 폭넓은 문학 비평가가 가장 잘 이에 해당될 것이다)와 "강한 시인"이라는 외관상 상이한 인물들 속에서 찾았다. 그렇지만 그는 그들이 윤리적-미적 탐구를 한다는 점에서 기본적으로 동일하다고 보고 양자를 통합하고자 한다. 양자 모두 자아를 재규정하는 새로운 언어의 사용을 통해 자아함양과 자아창조를 목표로 한다. 그러나 자아창조의 목표와 무한히 호기심 많은 자기 재규정을 통한 자아함양의 목표는 동일한 것이 전혀 아니다. 우리는 둘 중 하나가 없어도 다른 하나를 성취할 수 있을 뿐만 아니라, 두 목표들은 깊은 긴장 속에 놓일 수 있다. 변화에 대한 끝없는 탐구는 스스로를 강하고 만족스러운 방식으로 창조하는 데 필요한 집중을 위협할 수 있다. 호기심 많은 냉소가와 자기창조적인 강한 시인은 미적 삶의 두 가지 아주 다른 형태들을 사실상 대변할 수 있다. 로티는 불행히도 이 두 가지를 혼합하여 자신이 옹호하는 미적 삶으로 간주한다. 혼동의 문제 이외에도, 각 장르는 로티의 서술 속에서 난점을 노출시킨다.

"호기심 많은 지식인" 또는 "냉소가"의 미적 삶은 "끝없는 호기심의 삶, 그 중심을 찾기보다는 그 자신의 경계를 확장하려는 삶"이다. 자기를 재기술하는 더 더욱 다양한 어휘들을 포용함으로써 "더 더욱 많은 가능성들을 포용하려는" 이러한 자들의 바람에는 우리가 우리의 자기규정과 윤리적 정체성을 결정하는 것으로 현재 선택하거나 중시하는 모든 어휘들에 대해 "점점 더 냉소적 · 유희적 · 자유적 · 창조적"일 것을 요구하는 명령이 동반된다(*R* 11, 12). 로티는 이러한 결정력을 지닌 어휘를 우리의 "최종어휘"라고 부른다. 그리고 냉소가를 "자신이 현재 사용하는 최종어휘를 급진적이고 지속적으로 의심하는" 사람으로 그리하여 광범위한 독서를 통해 새롭고 더 나은 어휘를 끊임없이 추구하고 있는 사람으로 정의한다. "냉소가들은 자신들을 배양시킨 어휘 속에" 또는 어떤 단일한 어휘 속에 "갇히게 될 것을 염려한다." 어떤 본질적 자아, 최종적 어휘, 이것들이 수렴되는 거대한 서술 등에 대한 생각을 포기함으로써, 그들은 자기규정을 "다양화하고 새롭게" 하려고 한다. 그리고 "자신들의 고유한 최종적 어휘를 개정함을 통해 자신들의 고유한 도덕적 정체성"을 지속적으로 확장해 나간다. 언제나 호기심 많고, 자아 함양적인 냉소가는 자신이 배울 수 있는 많은 새로운 언어 게임들 속의 대부분의 기교들을 쉽없이 취하려고 노력함으로써 "스스로에게 스스로의 뿌리 없음을 일깨운다" (*CIS* 73, 75, 77, 80).

이와 대조적으로, 강한 시인은 스스로를 명확한 개체로 창조하기 위해 한계를 깨달아야만 하고 또 존중해야만 한다. 그녀는 "과거의 그리고 미래의 모든 가능성들을" 이상적으로 실험하기 위하여 그리하여 가능한 한 많은 서술들과 어휘들을 포용하기 위하여 스스로를 "호기심에 전적으로" 내맡기는, 그러한 일을 하지는 못한다. 왜냐하면, 그렇게 할 경우, 그녀는 특별하고 명확한 것의 의미를 자신의 삶과 언어에 고정시키는 데 그리고 확고히 각인하는 데 필요한 초점을 잃을 위험이 있기 때문이다. 그리고 이것이 자기창조라는 로티의 시적 삶의 핵심이다. 강한 시인은 그녀의 말들이 살아남을지라도 "그 말들 속에서 그 누구도 고유한 어떤 것을 발견하지 못하게 되지" 않을까 두려워한다. "우리는 언어에 우리의 징표를 각인하려고 하는 것이 아니라, 이미 주조된 편린들에 우리의 삶을 끼워 넣으려고 한다. 그 결과, 우리는 하나의 나를 전혀 가지지 못하게 될 것이다"(*CIS* 24). 그렇지만, 이 두려움은 냉소가가 지향하는 자기함양이라는 미적 삶에 대한 강력한 비판을 함축한다.

냉소가의 삶은 장르로 치면 기본적으로 낭만적 도적 이야기이며, 호기심과 새로움을 통해 흥을 고취시키려는 피곤과 만족을 모르는 파우스트적 추구이다. 즉, 중심의 부재를 통해 구조가 해체됨으로써 이루어지는 광범위한 추구이다. 그러나 구조적 중심의 부재는 바람과는 달리 그러한 추구가 교양소설의 한 종류가 되는 것을 막는다. 왜냐하면 자아의 대안적이고 종종 모순되는 어휘들과 서술들을 극대화시키는 일은 모든 안정된 자아를 변화하고 점증하는 다층적 자아로 또는 자아규정으로 해체시키는 일을 목표로 삼음으로써, 통일적으로 유지되는 자아가 가능하리라는 희망을 아주 공허하고 의심스럽게 만들기 때문이다. 그러나 변화 또는 변화하는 자아 규정을 거치면서도 정체성을 유지할 수 있는 그러한 자아가 없다면, 자기함양이나 개발을 할 수 있는 자아는 존재할 수 없을 것이다. 그리고 이는 자기함양을 무의미하게 만듦으로써, 자기함양이라는 로티식의 미적 삶을 무화시켜 버린다. 마찬가지로, 새로운 어휘들을 통해 무한히 재기술되면서 지속적으로 대체되는 자아로서가 아니라 확고하게 구분되는 자아로서의 고유한 자아라는 개념을 포기하는 일은 고유한 자기창조에 대한 희망을 적어도 의문시하게 만든다. 모든 가능성들을 탐구하는 것과는 반대되는 자기 중심적, 자기 구분적 한계를 설정할 필요성이 로티가 자기창조의 미학적 이상을 소개하기 위해 인용한 라킨(Larkin)의 시 구절에서 강력하게 표현된다.

> 그리고 일단 우리 마음의 길이를 다 걷고 나면, 우리
> 휘하는 분명하다 선적 목록처럼.
> 다른 어느 것도, 우리로서는, 존재하는 걸로
> 간주하면 안 되지.
>
> 그러면 무엇이 득이지? 단지 그거, 이윽고.
> 우리가 반쯤 알아본다는 거. 그 맹목의 인상.
> 우리들 온갖 처신에 지워진 인상을, 그 출처를 알 수 있다는 거.
> 그러나 고해 내용이,[13]

13 한글 번역은 필립 라킨 시선집, 김정환 역(문학동네, 2013), 252에서 인용하였다.

자기한계를 설정하는 자기규정은 그 논증을 위해 우리 모두의 토대적 핵심에 존재하는 본질적 자아에 호소하기보다는 통일성과 일관성에 호소한다. 왜냐하면, 본질주의를 올바로 포기했다면, 로티가 주장하듯 우리는 자아를 그 자아에 대한 서술을 통해서 구성할 수밖에 없기 때문이다. 따라서, 이로부터 자아의 통일성과 일관성은 자아에 대한 서술의 통일성과 일관성에 의존한다는 점이 도출된다. 그러므로 로티가 아리스토텔레스적 서술에 대한 매킨타이어(MacIntyre)의 동경을 거부하기는 하지만, "서술의 통일성 속에 그 통일성이 존재하는 자아의 개념"을 주장하는 매킨타이어와 논쟁을 벌일 수는 없다.[14] 왜냐하면, 서술의 통일성과 일관성이 없이는, 미적 냉소가가 함양하거나, 확장하거나 완성할 어떤 지적인 자아도 존재하지 않기 때문이다. 비일관된 "의사(quasi) 자아"를, 즉 대안적이며, 부단히 변화하며, 때론 전혀 공통점이 없는 서술들과 어휘들로 이루어지는 비일관된 "의사 자아"를 주장하는 로티의 목소리에 화답하기 위해 통일되고 일관된 자아서술의 목적을 포기한다면, 자아함양의 계획은 신화적이 되며 그리고 많은 것들을 함께 모으는 통일된 자아라는 신화와 비일관성에 일관적이지 못하게 된다.

자아함양이나 완성을 의미 있게 말하기 위해 필요한 자아의 통일성은 토대적으로 주어지기보다는 실용적으로 그리고 때론 힘들게 주조되거나 구축된다. 자아의 통일성이 발전적 변화나 다원성과 연관됨은 틀림없다. 이는 모든 서술적 통일성이 자신의 통일성 속에서 모순을 드러내어야만 하고 또 드러낼 수 있는 것과 마찬가지이다. 통일된 자아는 불변의 똑같은 자아가 아니다. 그러나 통일된 자아가 동일한 형태의 기계에 존재하는 상충하는 "의사 자아"의 무질서한 집합이 될 수도 없다.

14 Alisdair MacIntyre, *After Virtue* (London: Duckworth, 1982), 191.

로티는 자신이 다음과 같은 주장을 펼쳤을 때 자아의 통일성에 대한 필요성을 깨달은 듯 싶다. 그는 인간의 존엄성에 대한 후기 프로이트적 관점만이 "일관된 자아상"이라고 주장하였으며, "통합성이나 항구성"의 통일된 선(善)이라는 매킨타이어의 개념을 "완성을 추구"하는 미적 삶의 일부로 채택하였다(R 17, 19). 그러나 그는 "믿음과 욕망의 상충되는 체계들에 의해 (구성되는) …… 인간들의 다원성"으로 이루어지는 자아를 옹호함으로써 일관성을 함축적으로 부정한다(R 19). 그리고 그가 냉소적 심미가에게 실제로 처방하는 항구성은 변화의 항구성, 새로운 대안적 자기규정과 서술의 항구성, 자아의 일관성을 기본적으로 무화시키는 비일관성의 항구성이다.

프로이트로부터 아주 많은 것을 배우면서, 로티는 왜 프로이트가 통일된 통합적 자아를 불필요하게 만드는 데 그리 열중하지 않은 듯한 지를 탐구했을 수도 있다. 예컨대, 왜 프로이트는 동일한 신체 속에 존재하는 다수의 무의식이나 인성보다는 지배적 무의식을 상정하려고 하였는가? 왜 프로이트는 우리의 심리학적 구성요소들을 로티의 방식으로 묘사하지 않았는가? 즉, 억압이나 검열 없이 자유로운 대화에 참가하는 "합리적"인 유사 개인들처럼 이상적으로 "평등한" 것으로 묘사하지 않았는가(*R* 7-9)? 다음과 같은 프로이트의 깨달음이 한 가지 이유가 될 수 있을지도 모른다. 그는 자아의 통일성이라는 것이 매우 중요하지만 달성하기에는 매우 어렵다는 점을, 통일된 자아나 자아서술이 구축하기에 매우 어렵고 힘들다는 점을, 그러나 인간사회 속에서 좋은 또는 만족스러운 삶의 그럴 듯한 형태를 영위하기 위해서는 자아의 통일성이 매우 필요하다는 점을 깨달았다. 다수의 자아들에 대한 로티의 포스트모던 이론이 자아의 통일성을 얼마나 부정하는지의 여부를 떠나, 자아의 통일성은 냉소가의 미적 삶이라는 로티의 이상 속에 분명히 전제되어 있다. 사실상,

이러한 삶에 대한 그의 묘사가 일관되고 매력적으로 보이는 이유는 이것이 일종의 자아어휘와 서술을 중심으로, 일종의 호기심 많은 지식인과 지식인의 탐구를 중심으로 이루어지기 때문이다.

로티가 주장하는 미적 삶의 또 다른 가닥, 즉 강한 시인으로 의인화된 자기창조의 삶은 자기 일관성에 대한 이론상으로 자해적인 부정으로부터 자유롭다. 우리는 이러한 삶이 한계에 대한 주목을 어떻게 요구하는지를 이미 보았다. 이 삶은 또한 일정한 종류의 중심적 서술 또는 통일된 유형을 함축한다. 이러한 서술이나 유형은 경험의 광적인 더미들을 "한 전체로서의 …… 개인적인 인간 삶의 드라마" 속으로 조직한다(CIS 29). 그 결과, 이러한 서술이나 유형은 공통점이 없는 어휘들로 이루어지는 상충되는 서술들의 끊임없는 확장이 되지 않는다. 로티는 자기창조를 이러한 유형의 행복한 조립이라고, 즉 우리의 삶과 자아를 한층 만족스럽게 만들어줄 서술의 예술적 구축이라고 적절히 주장한다.

그러나 미적으로 만족스러운 삶과 자기창조를 구성하는 것에 대한 로티의 그림은 너무 폭이 좁다. 왜냐하면, 무한히 변신하는 냉소가의 이상이 확고하고 분명한 독창적 정체성을 창조하는 강한 시인의 이상에 의해 보충되는 경우에서조차도, 미적 삶의 가능성은 너무 제한되어 있기 때문이다. 이러한 제한에 대한 비판은 미적 삶의 두 가지 다른 형태에 주목함으로써 촉진될 것이다.

4

이 중 가장 친숙한 형태의 것은 아름다움을 즐기는 삶일 것이다. 이러한 미적 삶은 금세기의 초반에 그 당시 상류사회의 블룸스베리(Bloomsbury) 동인들을 통해 매우 영향력을 발휘하였다. 이 동인들은 인간 삶의 이상에 관한 G. E. 무어의 설명으로부터 동화를 받았다고 고백하였다. 로티와 마찬가지로, 본질적인 "진정한 자아"라는 생각에 근거한 종류의 윤리학을 거부하는 무어의 경우에 인간 삶의 이상은 "인간교제의 기쁨과 미적 대상의 즐거움으로 묘사될 수 있는 의식의 특정한 상태"로 이루어진다. 왜냐하면 "인간적 애정과 미적 즐거움은 우리가 상상할 수 있는 모든 최상의 그리고 지금까지의 최상의 선들을 포함하기" 때문이다.[15] 미적 삶의 이러한 구성요소들은 산술적 규칙으로 환원될 수 없는 매우 복합적이고 보람 있는 유기적 통일성들로 구성된

15 G. E. Moore, *Principia Ethica* (Cambridge: Cambridge University Press, repr. 1959), 188-9, 이하 *PE*로 약칭.

다. 그렇지만 무어는 인간적 애정의 최상의 기쁨은 "그 대상이 진정으로 아름다워야 할 뿐만 아니라 진정으로 선해야 한다는 점"을 필요로 한다고 주장한다. 또한 그는 인간 아름다움에 대한 적절한 감상은 그 "순수히 물질적" 형태에 대한 그리고 그 정신적 성질의 "구체적 표현"에 대한 감상을 포함해야만 한다고 주장한다(*PE* 203-4).

이러한 미적 삶이 아름다운 사물들과 아름다운 사람들에 대한 우리의 쾌락적 선호와 관련을 맺음으로써 우리에게 현대적으로 보이기는 하지만, 이 삶은 로티가 주장하는 냉소가의 탐구가 그러하듯 낯익은 낭만적 장르를, 특히 심미주의라는 후기 낭만적인 이상을 대변한다. 기계화된 세계관의 보편적 지배를 받아들이는 것이 못마땅하기 때문에, 영혼성에 대한 전통적인 종교적 · 도덕적 주장을 받아들일 수 없기 때문에, 속물적 정치에 의해 그리고 사회적 개혁의 구접스러운 노고에 의해 훼손될 각오가 되어 있지 않기 때문에, 심미가들은 신이나 국가를 통해서가 아니라 예술과 감성의 보석 같은 섬광을 통해 개인적 구원을 추구한다. 미적 삶에 대한 그들의 이상은 지적인 호기심의 부단한 추구에 그리고 독창적 자기창조의 격렬한 고투에 덜 집착한다는 점에서뿐만 아니라 미, 기쁨을 주는 감성, 만족의 여유로운 호사에 더 기운다는 점에서 로티의 이상과는 다르다. 이는 기본적으로 페이터(Pater)와 와일드(Wilde)의 윤리이며, 심미적 데카당스의 섬세한 꽃이다. 이는 여전히 달콤하게 남아 있으며, 사회적 희망의 우리 포스트모던적 황무지에서 여전히 자랄 수 있는 유일한 꽃일지도 모른다.

그렇지만 "삶 자체가 예술이다"라는 와일드의 니체적 경구에서 우리는 대조적이게도 고전적이라고 부를 수 있는 미적 삶의 다른 형태를 발견한다.[16] 여기서 드러나는 생각은 미적 소비의 삶이 아니라, 그 구조와 디자인 면에서 유기적 통일성을 갖춤으로써 미적으로 감상할 만한 산물 그 자체인 삶이다. 많은 옛 생각들이 그러하듯, 이러한 생각 또한 포스트 모던적 사유 속에서 다시 주장되고 재생된다. 예컨대 푸코는 고대 그리스 문화에 대한 분석을 통해 이러한 생각으로 되돌아온다. 그리스의 "윤리학은 …… 존재의 미학이었다." 즉, "아름다운 삶을 살려는, 아름다운 존재의 기억들을 다른 사람들에게도 남겨주려는 의지"의 표현이다.[17]

윌리암스와 볼하임 양자 모두가 윤리적 반성을 논의하면서 언급하였듯이 그리스인들은 좋은 삶을 통일된 전체로 생각하는 경향을 강하게 지녔었다. 개인의 삶이 (집합적이 아닌) 유기적 통일성으로 간주되고, 조직되고, 평가되어야 할 필요가 있다는 생각은 "그 누구도 죽기 전까지는 행복하다고 부르지 말라"라는 솔론(Solon)의 유명한 말에 특별한 힘을 부여

16 O. Wilde, *The Works of Oscar Wilde* (New York: Dutton, 1954), 934. 미적 삶에 대한 Wilde의 옹호는 필자가 구분한 바 있는 세 가지 장르의 측면들 모두를 결합한 듯이 보인다. 그는 (1) 미적 소비의 즐거운 삶; (2) 미적으로 즐거운 전체를 형성하는 삶에 대한 욕구; (3) Rorty가 통일성은 부단한 변화 속에서 발견된다고 권유했을 때의 로티적-파우스트적 미적 삶과 유사한 무엇을 다양하게 주장한다. Wilde는 1890년대에 Rorty가 주장하는 포스트모던적 냉소가의 모델을 언급한 바 있다. 그는 이상적인 심미가는 "많은 형태들 속에서, 수천 가지 다양한 방식으로 스스로를 구현할 것이며, 그리고 새로운 감성과 신선한 관점에 계속 호기심을 가질 것이다. 부단한 변화를 통해, 그리고 부단한 변화만을 통해, 자신의 진정한 통일성을 발견할 것이다"(987).

Pater 또한 Rorty의 파우스트적 미적 삶을 예고하고 있다. 그는 "활기 있고, 다양한 의식"을, 새로움의 흥분에 대한 갈망을, 그리고 지식에 대한 프라그마틱한 경험적 관점을 옹호한다. 지식이란 어떤 영원한 진리를 제공하는 것이 아니라 우리의 경험을 풍부하게 하는 그리고 경험에 대한 식별을 활기차게 하는 "아이디어", "관점" 또는 "비평의 도구"(Rorty식으로 말하면 "어휘")를 제공한다(Walter Pater, *The Renaissance* (London: Macmillan, 1917), vii-xv, 233-9를 참고하기 바란다).

17 Michel Foucault, "On the Genealogy of Ethics: An Overview of Work in Progress," in Paul Rainbow (ed.), *The Foucault Reader* (New York: Pantheon, 1984), 341, 343. 이러한 생각을 상세히 알기 위해서는, Foucault, *The History of Sexuality* (New York: Random House, 1985, 1986), vols 2 and 3을 보기 바란다.

하였다. 왜냐하면, 재앙적인 마지막이 이제껏 만족스러웠던 삶의 통일성을 회복할 수 없을 정도로 왜곡시킬 수 있기 때문이다. 그리스 윤리학의 기본적인 기획 중의 하나는 비통일적인 불행의 위협으로부터 최대한 자유로운 삶을 발견하려는 것이다. 그러한 통일성을 성취하는 한 가지 일반적인 전략은 아치형의 목적이나 상호 연관된 목적들을 통해, 삶을 위한 중심과 윤곽을 수립하는 일이다. 그리고 좁은 범위의 선(善)에 초점을 제한함으로써, 자연적으로 불행에 덜 노출한다.

이러한 종류의 경량화되고, 중앙화되고, 제한된 통일성의 삶에 로티는 "금욕적 삶"(*R* 11)이라는 명칭을 붙이며, 자신이 옹호하는 "미적 삶"과 대비한다. 그러나 그러한 명칭은 잘못되고 불공정한 것이다. 강한 통일성을 강조하는, 그리하여 그에 걸맞은 한계를 설정하는 삶이 미적 삶이 될 수 없다고, 즉 미적으로 만족스러운 것으로 즐겨지고 권장될 수 없다고 가정하는 것은 잘못된 일이다. 우리는 분주하고 이혼한 학자의 삶보다 땅에 뿌리를 두고 가족 연대적인 농부의 삶을 질서, 일관성, 조화를 미적으로 즐긴다는 측면에서 선택할 수 있다. 그리스 윤리학에 대한 연구를 통해 푸코가 깨달은 것처럼, 우리는 명확히 통일된 집중을 통해 스스로를 비범한 개인으로 양식화하기 위해서 한층 더 단순하고 순수한 삶을 추구할 수도 있다. 진정한 금욕주의도 미적으로 유효한 것으로 권장될 수 있다. 이는 덜함이 더함이 된다는 미니멀리스트적 구분 때문만이 아니라 스스로 제한한 자기 연마가 주는 긍정적 기쁨 때문이기도 하다.[18]

미적 삶에 대한 고전적 관점이 금욕주의를 수용할 수 있기는 하지만, 금욕적 편협함에 갇히지는 않는다. 이 관점은 미를 다양성 속의 통일성으로 규정하는 고전적 정의를 구현하며, 그러므로 풍부함이나 다양성

---

18 Foucault, *Care of the Self* (*History of Sexuality*, vol. 3), 40, 65-6.

과 결코 대립하지 않는다. 이 관점이 주장하는 바는 다양성이 어떤 만족스러운 통일성 속에 일관적으로 결속될 수 있는 한도를 넘어서까지 극대화되어서는 안 된다는 것이다. 금욕주의자들은 변화하는 삶의 피할 수 없는 다양함 속에서도 매우 좁은 범위의 통일성에 초점을 맞추고자 한다. 그러나 미적 삶에 대한 고전적 이상은 만일 우리의 미적 취미, 심리적 욕구, 그리고 물질적, 사회적 조건들이 더욱 복합적이고 이완된 통일성들을 허용한다면 경험의 풍부한 다양성을 지지할 수 있다. 그러한 통일성은 토대적으로 주어지지도 정적이지도 않을 것이다. 그러한 통일성은 다양한 서술들의 자아를 이러한 서술들이 더 고도의 통일성으로 결속될 수 있는 한 수용할 수도 있을 것이다.

미적 삶을 살기 위해 우리가 뿌리 없는 냉소가가 될 필요가 없듯이, 스스로를 미적으로 창조하기 위해 강한 시인의 길을 밟을 필요도 없다. 여기서도 로티는 그가 예술적 창조를 고유한 독창성 및 자율성과 혼동하듯이 미적인 것을 극단적으로 새로운 것과 혼동한다. 로티식의 강한 시인에게서, 미적 자기창조는 확연히 새롭고 독특해야 한다. 강한 시인의 목표는 자신의 개성을 강조함으로써 그리고 스스로를 "새로운 언어로," "이전에는 결코 사용하지 않았던 말로" 기술함으로써, "이전에는 결코 꿈꾸지 못했던 것을 만드는 것"이다. 만일 우리의 창조와 자아가 "익숙한 유형의 그만그만한 사례들에," "이전에 쓰여진 시의 우아한 변종"에 불과하다면, 위와 같은 미적 탐구는 실패하고 말 것이다(*CIS* 13, 24, 28-9). 그러나 서술적 자기창조의 윤리적 목표가 미적 예술작품의 창조를 모델로 한다고 할지라도, 그러한 창조가 극단적으로 새롭고 아주 고유해야만 한다는 점이 뒤따르는 것은 여전히 아니다. 왜냐하면 고전예술과 중세예술에서 가장 분명히 볼 수 있듯이, 예술작품들은 미적으로 만족스러운 것이 되려고 극단적이고 개성적인 독창성을 요구하지는 않기 때문이다. 참된 예술적 창조가 관례화 된 유형이나 그에 대한 변종을 배제한다고 생각하는 것은 예술을 낭만적 개인주의의 예술적 이데올로기 및 모더니스트 아방가르드와 혼동하는 것이다. 로티는 이러한 혼동의 희생자이다. 우리는 낯익은 역할들과 생활스타일들을 채택하여 개작함으로써, 이러한 일반적 형태들을 우리의 개별적인 우연적 환경에 적응시킴으로써, 우리 자신을 미적으로 유형화할 수 있으며, 우리의 삶을 예술작품으로 창조할 수 있다.

푸코가 깨달았듯이, 이는 삶에 대한 그리스 식의 미적 구성이었다. 이러한 구성은 윤리적 주제를 사회적으로 이미 타당하다고 받아들여진 일반적인 형태나 이상에 근거한 삶의 예술이라는 의미를 통해 구성하였다. 절대화된 도덕적 규정을 통해 구성한 것이 아니었다. 전적으로 새로운 형태를 만들 필요가 없었다. 낯익은 것을 우아하게 변형시킬 때 비예술적인 것은 없었다. 물론, 오늘날은 추천되는 삶의 유형들이 훨씬 더 광범위하며, 가장 타당한 것에 대한 합의도 훨씬 덜 이루어진다. 그러나 이는 예술적 자기 형성을 위한 재료들과 모델들을 우리에게 더 많이 제공하기도 한다. 그리고 예술을 혁신적 독창성과 개성적 고유함으로 너무 좁게 규정하는 근대적 습성에 우리가 여전히 시달리고 있기는 하지만, 포스트모더니즘은 이러한 미학을 점점 더 의문시 만들고 있다.

강한 시인이라는 로티의 개념이 예술적 창조와 혁신적 고유함을 혼동할 뿐만 아니라 자율성과 독창적 자아 규정, 자유와 고유함도 혼동한다. 로티에 따르면 우리가 스스로를 자유로운 개인으로 규정할 수 있는 유일한 방식은 자아를 "과거에는 결코 몰랐던" 새로운 방식과 새로운 언어로 재기술하고 재구성함으로써 전래된 자아기술(self-description)로부터 도망치는 일이다. 그러나 왜 우리의 자율성이 우리 스스로를 기존의 생활양식이나 언어를 통해 정의하는 자유 속에서는 표현될 수 없는가? 자율성과 극단적 개인주의를 혼동하지 않는 이상, 자기 자신이 되려는 자유가 왜 다른 사람들처럼 되는 것과 부합할 수 없는 지에 대한 이유가 존재하지 않는다. 새로운 형태로 자기 자신을 창조하려는 로티적 강박관념 그 자체가 새롭고 개인적인 것에 속박된 비자율성의 한 형태로 간주될 수 있다. 복사판이 되는 것에 대한 두려움은 매우 빈약한 의미의 자아를 암시한다. 이러한 자아는 고유한 개성과 개별적 구분에 의해 스스로를 표현해야 하는 절박한 필요가 있다. 사회적 연대의 감추어진 층을 통해 표현되고 함양되는 것으로서가 아니라 사적인 차원에서 "돌출된" 것으로서의 자아와 자아완성이라는 생각은 자아에 대한 매우 일면적이고 남성중심적 개념이다.[19]

더욱이, 이는 편협한 엘리트에게 한정된 자율성과 미적 삶의 형식이다. "이는 어떤 특별한 인간들이 자아창조를 통해 성취하고자 하는 그리고 소수가 실제로 하는 무엇이다"(*CIS* 65). 그러므로 아주 혁신적인 자아를 창조하려는 기획은 미적 삶의 일반적 모델로, 모든 사람이 개인적 완성과 행복을 추구하기 위해 취해야만 하는 방향으로 추천하기 힘들다. 그러나 다양한 형식의 미적 삶을 인정하는 전도유망한 다원주의적 선택을 하는 대신에,[20] 로티는 모든 사람을 그들의 무의식 속에서 혁신적이고

---

19 시각상 돌출된 것에 대한 우리 문화의 집착은 자아를 남근상과 동일시하는 남성 중심주의의 결과이다. 남근의 돌출적 시각성과 통일성을 결여하고 있기는 하지만 중첩적이고 다원적인 층으로 구성되어 있는 여성적 성은 자아와 사회의 또 다른 모델을 제시할 수 있다. Luce Iriguray, *This Sex Which Is Not One* (Ithaca: Cornell University Press, 1985), 23-33을 참고하기 바란다.

20 이러한 다원주의는 "다원성과 더불어 살려고 하는 점증하는 의지"에 대한 그리고 "개인적 목적의 극단적인 다양성이 지닌 점증하는 중요성"에 대한 로티의 옹호와 사실상 조화된다. 그러나 로티는 이 다양성을 강한 시인과 냉소가의 야심스런 독창적인 자기창조, "개인적 삶의 극히 시적인 특성"과 너무 좁게 동일시한다(*CIS* 67). 이보다 더 일관된 프라그마티즘적 다원론은 사적인 목적들의 다원성 속에서 단체의 일원으로 받아들여지고픈 욕망, 극단적 구분과 개인적 독창성으로부터 벗어나 동류의식과 소속감을 지니고픈 욕망을 또한 인정한다.

개인주의적인 강한 시인으로 만듦으로써 강한 시인의 추구를 보편화하고 일반화하려고 한다. 프로이트에 근거하여, 로티는 가장 단조로운 산문적 사람들도 표현하고픈 상상적인 환상스런 삶을 지니고 있기 때문에 우리는 강한 시인의 의식적 욕구를, 즉 "자신이 모든 사람이 지닌 무의식적 욕구의 한 특수한 형태에 불과한 복사판이 아니라는 점을 보여주려는 강한 시인의 의식적 욕구를 보아"야만 한다(*CIS* 35-6, 43). 그러나 모든 사람의 고유한 무의식이 표현을 추구한다는 사실이 그러한 무의식이 추구하는 것이 자신의 고유성을 표현하는 것이라는 점을 의미하지 않는다. 즉, 확연히 독창적이고 혁신적인 무엇으로써 스스로를 표현하는 것이라는 점을 의미하지 않는다.

5

개인적 구분에 대한 로티의 강조는 미적 삶을 사적 윤리로, 즉 사회적 삶의 공적 윤리로부터 기본적으로 독립된 사적 윤리로 바라보는 그의 관점을 반영한다. 그리고 실제로 그는 어떤 철학이나 이론도 자아창조라는 "사적" 목표를 사회적 연대의 공적 목표와 종합시킬 수 없다고 주장한다(*CIS* xiii-xiv). 이 주장은 깊게 공고화된 자유주의적 이데올로기의 그리고 낭만적 미학의 잘못된 산물이라고 반박될 수 있었다. 자유주의적 이데올로기가 자아를 사적인 것으로 규정할 때, 낭만적 미학이 미적 창조를 극히 개인적인 것으로 간주할 때, 자아와 사회가 부조화스럽게 보인다. 우리는 기존의 사회문화적 구획구조를 본질적인 철학적 구분으로 해석하지 않도록 주의해야 한다. 그러나 우리 사회가 이러한 자유주의적, 낭만적 기조를 공유한다면, 만족스러운 종합이 불가능하다는 로티의 주장이 맞을지도 모른다. 사적 세계와 공적 세계를 통일하는 미적 삶을 건설하는 일은 우리의 윤리학과 정치학뿐만 아니라 예술적 창조의 본성과 혁신적 독창성을 다시 생각할 것을 요구한다. 그러한 종합의 모습을 지금 그려내기는 어렵다. 그러나 예술에 대한 우리의 개념을 아방가르드적 개인주의로부터 해방시키는 일은 적절한 준비과정일 것이다.

여하튼, 자아완성과 사회적 연대라는 목표가 우리 자유사회에서는 단일한 윤리관 속에 적절히 융합될 수 없다는 점을 인정한다고 할지라도, 미적 삶에 대한 로티의 관점이 지나치게 사적이라는 비판은 여전히 유효하다. 그의 관점은 "사적인 것과 공적인 것 사이의 확고한 구분에" 근거하고 있다(*CIS* 83). 이 구분은 전자에 대한 후자의 형성적 영향력을 가로막는다. 왜냐하면, 자아와 타자 간의 낯익은 변증법을 받아들일 경우, 로티가 창조하고 완성하고자 하는 사적인 자아는 넓게는 언제나 공적 영역의 산물이기 때문이다. 즉, 사적인 자아는 항시 이미 사회적이며, 그리고 사적인 사유를 위한 언어를 가지는 즉시 사회적일 수밖에 없다. 로티의 특정한 사적인 도덕뿐만 아니라 도덕에 대한 그의 사유화도 그의 사유를 형성한 공적이고 광범위한 특정 사회를, 후기 자본주의 자유사회의 지적 영역과 소비세계를 반영하고 있다.

강한 시인의 사적인 추구가 지닌 기본적인 공적 차원을 우선 살펴보자. 첫째, 로티가 인정하듯, 그녀의 새로운 언어는 새로움을 발전시키고 강조하기 위해서 과거의 공용어로부터 차용되어야 한다. 이는 그녀의 언어가 지속적으로 이해되려면 미래의 공용어에 의존해야 하는 것과 마찬가지이다. 더욱이, 그녀의 사적인 추구의 성공은 공적인 깨달음에 기본적으로 의존한다. 왜냐하면, 로티가 언급했듯이, 이러한 공적인 깨달음이 독창적 "천재"와 단순한 일탈적 "기괴함"을 구분시켜주기 때문이다(*CIS*, 29, 37). 그리고 가장 중요한 점은 사적인 자기창조라는 그녀의 이상 자체가, 즉 개인적 구분과 독창성에 대한 그녀의 욕망 자체가 기존 공적 영역이 부과한 압력의 산물이라는 사실이다. 이 영역은 예술적 · 지적 경쟁의 영역이다. 피에르 부르디외(Pierre Bourdieu)는 합법성, 구획성, 시장성을 보존하려는 개체화의 사회적 논리를 상세히 분석하였다.[21] 자기 자신 고유의 사상이나 예술을 생산하지 못하는 사람은 진정한 사상가나 예술가가 아니다. 그러므로 개인 자신의 차이를 나타내고 긍정하고 강조함으로써 자신의 위치를 두드러지게 하려는 압력이 존재한다.

냉소적 심미가의 사적 추구는 공적인 압력과 분위기에 의해 채워진다. 새로운 것에 대한 심미가의 찬양과 추구 속에서, "새로운 경험과 새로운 언어에 대한 심미가의 미적 추구" 속에서, 우리는 후기 자본주의 사회에서 이루어지는 상품소비의 빠르고도 냉혹한 속도를 불 지피는 새로운 것에 대한 오래 된 숭배를 쉽게 발견할 수 있다. 상품미학에 대한 비판가들이 보여주었듯이, 지속적인 미적 혁신에 대한 요구는 사용가치를 위장하거나 왜곡함으로써, 즉 이미 구입해서 여전히 사용할 수 있는 물건을 구식으로 보이게 하여 새로운 구매를 자극함으로써 교환가치를 증진하려는 교묘한 체계이다.[22] 이러한 이윤추구적 혁신은 우리의 전체 소비자사회에 그리고 불가피하게 이 사회의 윤리적 생각에 스며든다. 한층 더 새로운 어휘들을 획득하려는 냉소가의 추구는 소비를 극대화하려는 소비자의 추구에 대한 철학적 짝이다. 양자 모두 거대한 판매와 거대한 이윤을 꿈꾸는 자본의 지배자들이 흘려 놓은 행복을 몽상하는 듯이 보인다.

더욱이, 도덕을 단순한 개인적 함양의 문제로 사유화하는 것 자체가 공적 도덕을 반영하는 것이다. 자율적인 사적 개인을 우대하는 공적 도

---

21 Pierre Bourdieu, "The Market of Symbolic Goods," *Poetics* 14 (1985), 13-44, 그리고 "The Production of Belief" in R. Collins 등, *Media, Culture, and Society: A Critical Reader* (London: Sage, 1986), 131-63.

22 W. F. Haug, *Critique of Commodity Aesthetics: Appearance, Sexuality, and Advertising in Capitalist Society* (Minneapolis: University of Minnesota Press, 1986)를 보기 바란다.

덕은 자본주의와 자유주의의 집단적 성장에 중심이 되었다. 그렇지만 모순이든 또는 자체의 내재적 비판이든, 자아의 이러한 자율성은 후기 자본주의의 파편적 사회에 의해 위축되고 침해당하였다. 경쟁적 개인주의와 이에 수반되는 사회적 왜곡은 자아에 통합적이고 견고한 구조를 제공했던 안정되고 연관된 사회적 역할을 해체해버렸다. 이러한 사회 윤리적 공백 속에서, 그리고 어떻게 최상의 미적 삶을 구축할 것인가라는 점에 대한 진지한 사유의 부재 속에서, 자아의 형성과 성공은 단순히 시장의 변덕에 맡겨진다. 자기완성과 만족에 대한 잘 광고된 이윤 추구적 개념의 변동에 우리는 내맡겨진다. 완성할 어떤 안정된 의미의 자아도 결여한다. 모든 사람이 삶의 유형을 자유롭게 선택하여 스스로를 고유한 개인으로 채색해야 한다는 광고화된 생각은 다음과 같은 사실을 숨길 수 없다. 즉, 가능한 삶의 유형에 대한 선택범위뿐만 아니라 개인의 의식과 선택 자체도 개인의 저항이나 통제를 훨씬 벗어난 사회적 힘에 의해 심각하게 제한받고 냉혹하게 입안된다는 사실을 숨길 수 없다.

자아완성에 대한 사유화된 탐구가 자아의 진정한 자율성과 통합성을 상실하는 결과를 낳는 이러한 후기 자본주의적 역설은 냉소가의 자아함양을 권장하면서 결과적으로는 그녀에게서 함양될 자아의 존재를 부인하는 로티의 깊은 모순 속에 철저하게 반영되어 있다. 다양하게 변화하는 어휘들을 구사하기에 여념이 없는 모순된 "의사 자아들"로 이루어진 로티의 비(非)자아는 소비사회를 지배하는 권력들에게는 더할 나위 없는 이상적 자아일 것이다. 즉, 그러한 자아는 가능한 한 새로운 많은 상품들을 획득하는데 굶주린 파편화되고 혼란된 자아이다. 이 자아는 자신의 소비습관에 또는 그 습관들을 조정하여 그로부터 이윤을 얻으려는 체제에 도전할 만한 자제된 통합성을 결여하고 있다.

도덕을 극단적으로 사유화시킨다는 점에서, 사회의 기풍이 사적 완성에 대한 우리의 다양한 추구라는 개념 자체를 얼마나 깊이 그리고 불가피하게 구조화하는지를 깨닫지 못한다는 점에서, 미적 삶에 대한 로티의 관점은 사회적인 것을 더 많이 포용하기 위해 확장될 필요가 있다. 그리고 더 광범위한 장르의 미적 삶과 자기창조를 포용하기 위해 확장될 필요가 있다. 필자는 인간본성과 자아 완성에 대한 로티의 관점이 너무 협소해 보이는 또 다른 차원, 즉 그의 환원적인 언어적 본질론을 지적함으로써 비판을 마무리하려 한다.

로티는 본질론을 반박하는 데는 아주 거리낌이 없다. 그리고 그는 언어라고 불리는 공통된 것을 공유함으로써 우리가 인간의 본질을 공유한다는 관점을 특히 부인한다. 그러나 자아를 어휘와 서술의 복합적 그물망으로 보는 그의 관점은 인간의 본성을 전적으로 언어적으로 보는 본질주의의 관점과 가깝다. 자아와 인간존재에 중요한 것 일체가 언어이다: "인간존재들은 언어의 구현체이다"; "우리를 우리이게 만드는 …… 것은 언어들"이다(*CIS* 88, 117). 그러므로 니체는 "스스로를 스스로의 용어로 기술함으로써 …… 스스로를 창조한" 사람으로 칭송받는다. 왜냐하면, "그는 …… 그 자신의 마음을 구성함으로써 중요한 자신의 부분만을 창조하기" 때문이다. "스스로의 마음을 창조하는 일은 스스로의 언어를 창조하는 일이다"(*CIS* 27). 왜냐하면, 인간들은 "문장적 태도(sentential attitudes)에 다름"이 아니다. 즉, "역사적으로 조건화된 어휘로 표현되는 문장들을 사용하려는 경향의 존재나 부재에 다름이 아니다"(*CIS* 88).

이러한 언급들은 인간은 본질적으로 마음이며, 마음은 본질적으로 언어적이다라는 점을 분명히 제시한다. 그러나 이 언급들이 지닌 명백한 본질주의보다 더 곤혹스러운 점은 이들이 육체의 역할과 가치를 강조하는 니체와는 반대로 인간본성에 대해 근본적으로 심리주의적 관점을 지지한다는 사실이다. 이러한 언어적 심리주의와 육체에 대한 경시는 미적 삶을 증진시키려는 철학자에게는 아주 비생산적이다. 왜냐하면, 미적인 것이 육체적 감각 및 즐거움과 맺는 그리고 비언어적 지각과 맺는 연관은 전통적 미학이론을 홀리는 그리고 로티의 미학이론을 유혹하여 덫에 빠뜨리는 이성적 편견을 제거할 경우 명백해지기 때문이다.

로티가 인간적이고 미적인 것으로부터 문장적인 것을 배제하려고는 하지만, 그가 자유주의라는 자신의 개념을 "잔혹과 고통을 피하려는 바람"으로 설명하기 시작할 때, 비담화적인 것은 고통의 형식이 되어버린다. 즉, 가장 공통적인 인간의 요소인 언어를 내몰려고 하는 "비언어적인" 고통의 형식이 되어버린다. "(한 개인을) 다른 사람들과 묶는 것은 …… 공통적 언어가 아니라 고통에 대한 민감함이다. 특히, 짐승들이 인간과 공유하지 못하는 특정의 고통, 즉 굴욕감에 대한 민감함이다"(*CIS* 65, 92, 94, 177-8). 그런데 로티는 이 고통을 언어의 상실과 동일시하였다. 실로, 로티에게서 고통은 폭력과 더불어 우리의 변형적 서술을 통해서는 물리칠 수 없는 근본적인 세상의 실재이다.

왜냐하면, 세상에 대한, 폭력과 고통에 대한 우리의 관계는 우리가 사람에 대해 갖는 관계의 일종이 아니다. 비인간적 · 비언어적인 것과 마주 대했을 때, 우리는 (언어에 대한) 차용과 변형을 통해 우연과 고통을 극복할 수 있는 능력을 더 이상 지니지 못한다. 단지, 우연과 고통을 깨달을 수 있는 능력을 지닐 뿐이다. 고대에 철학과 벌인 논쟁에서의 시의 최종적 승리 — 발견의 은유에 대해 자기 창조의 은유가 거둔 최종적 승리 — 는 전자가 우리가 지니고자 희망할 수 있는 세계를 관할하는 유일한 종류의 힘이라는 생각에 대한 점진적인 묵인이다. 왜냐하면, 후자는 힘과 고통뿐만 아니라 진리도 "거기에서" 발견될 것이라는 생각에 대한 최종적인 포기선언이기 때문이다(*CIS* 40).

기본이 되는 변형 불가능한 실재가 "오직 힘과 고통"이라는 주장은 형이상학에 대한 로티의 반박이 지닌 특성으로부터 나온 철저한 형이상학적 주장인 듯이 보인다. 그러나 우리가 어떻게 해석하든지 간에, 이것은 미적 삶에 대한 로티의 관점 속에 존재하는 깊고 곤혹스런 결점을 드러낸다. 왜냐하면, 비언어적 고통의 존재는 인정하면서 감각적인 육체적 즐거움을 무시하는 것은 매우 슬프고 불만족스러운 심미주의이기 때문이다. 감각적인 육체적 즐거움도 "거기에서" 존재한다. 그리고 이 즐거움은 삶을 살만한 가치가 있게 만드는 것의 거대한 부분을 형성할 뿐만 아니라, 삶을 더욱 미적으로 풍부하고 보람 있게 만들기 위해 함양될 수도 있다. 그러한 즐거움에 대한 로티의 경시는 그의 심미주의를 알맹이와 생기가 없는 것으로 만든다. 그의 심미주의는 청교도적 · 자본주의적 미국의 산물에 머무른다. 왜냐하면, 그의 심미주의는 풍부한 감각적 만족이나 즐거움을 목적으로 하는 것이 아니라 새로운 어휘와 새로운 서술의 숨가쁜 생산과 축적을 목적으로 하기 때문이다. 그의 심미주의는 완전히 구체화된 즐거움의 미학이 아니라 산업적 제작의 시학이자 이론이다.

미적 삶은 육체의 즐거움과 절제를 함양시켜야만 한다. 그러한 육체적 경험이 언어적 형식으로 환원될 수는 없을지라도, 마음과 자아의 형성에 기여함은 부인될 수 없다. 이 점은 마음과 육체를 독립된 실체로 간주하는 것이, 그리고 자아를 마음과 편협하게 동일시하는 것이 근본적으로 잘못되었음을 보여준다. 자아가 어휘에 의해 구성된다는 로티의 말도 옳지만, 자아가 육체에 각인되는 활동들의 산물이기도 하다고 강조하는 푸코의 말 또한 옳다. 그리고 우리가 자아를 새로운 언어를 통해 해방시키고 변형시킬 수 있다면, 새로운 육체적 활동을 통해서도 그러할 수 있을 것이다.

필자는 육체를 통한 활동이 사적인 완성과 자기창조로 나아가는 자동적인 길을 제공할 수 있다고 주장하고 싶지 않다. 강한 시인의 언어와 마찬가지로, 육체는 완전히 사적인 일이 아니다. 육체는 역사의 지배적인 사회적 활동들과 이데올로기들에 의해 의미 있게 형성되고 억압적으로 상처받아 왔다. 이는 언어적 표식으로부터 자유롭지 않다는 점을 또한 뜻한다. 그러나, 육체적인 것이 육체를 꾸짖는 이데올로기와 담화에 의해 구조화된다는 사실이 이 육체적인 것이 다른 육체적 활동과 확장된 육체적 각성을 통해 그러한 이데올로기와 담화에 대한 도전으로 기능할 수 없다는 점을 의미하지는 않는다. 우리는 육체를 더욱 주의 깊게 읽고 들어야만 할지도 모른다. 우리는 읽기와 듣기의 언어적 은유를 극복하고, 육체를 느끼는 법을 더 잘 배워야만 할지도 모른다. 물론, 우리의 육체를 통해 우리의 자아를 활동시키는 일이 그 자체로는 자아 및 자아를 기술하는 언어를 형성하는 사회, 정치적 구조에 대한 매우 심각한 도전은 아니다. 그러나 이 일이 사회적 변화를 옹호하고 지지하는 태도들과 행동유형들을 점진적으로 확산시킬 수는 있다.

이상적으로는, 미적 삶에 대한 추구가 육체적 · 언어적 · 인식적 · 사회적 변화를 통해 자아와 사회를 함양시키는 데 관여할 것이다. 그렇지만 육체에 초점을 맞추는 일이 개인적일 수밖에 없기 때문에, 사회적 개혁은 육체에 대한 주목을 통해 방해받을 수 있을 뿐이라고 염려하는 사람들이 있다. 프레드릭 제임슨이 주장하였듯이, 육체에 대한 주목은 "내 자신 육체와의 내 개인적 관계"에만 관심을 갖지 "내 자신이나 내 육체와 다른 사람들 사이의 매우 상이한 관계에" 관심을 갖지 않는다. 그러므로 육체에 대한 주목은 불행한 부르주아 사회가 놓여 있는 위험한 사적 개인주의를 증진시킬 수 있을 뿐이다.[23] 그러나 육체적인 것을 기본적으로

23 Fredric Jameson, *The Ideologies of Theory* (Minneapolis: University of Minnesota

사적인 것으로 바라보는 것 자체가 부르주아 이데올로기의 단편이다. 육체는 사회적인 것에 의해 형성될 뿐만 아니라 사회적인 것에 기여하기도 한다. 우리는 우리의 육체와 육체적 즐거움을 우리의 마음에 대해 그러한 만큼 공유할 수 있으며, 우리의 사유만큼이나 공적일 수 있다.

육체활동을 통한 자아 변형에 대하여 이야기하는 것이 위험하게 단순화되고 표준화된 이미지들을 불러일으킬 가능성이 있다. 예컨대, 약한 사람이 보디빌딩에 의해 발달된 근육을 통해 성취한 설익은 자신감이나 에어로빅을 통해 얻은 선부른 자만감 등을 들 수 있다. 육체적 자아변형이 아놀드 슈워츠네거(Arnold Schwartzenegger)와 제인 폰다(Jane Fonda)의 상에 부합해야만 한다는 생각은 육체의 미학에 대한 사유의 빈곤을 반영하는 유해한 전제이다.[24] 왜냐하면, 육체가 비판적이고 상상적인 미적 사유를 위한 적절한 영역이 아니라고 전제될 때, 육체적 행복은 육체의 표피적 외형에 대한 규격화된 이상을 강권하는 시장의 지배에 맡겨지기 때문이다.

좀더 구체화된 프라그마티스트 미학을 옹호하는 일은 미적 수행을 야위고, 햇볕에 태우고, 운동으로 단련한 젊은이에 한정한다는 것을 의미하지 않는다. 이는 이러한 프라그마티스트 미학이 미적 성취의 다른 차원들을 인정하기 때문만이 아니라 육체의 미학이 표면적 형식과 장식적 화장에 국한되지 않기 때문이기도 하다. 육체의 미학은 육체가 움직

Press, 1988), vol. 2, 70.

24 Fonda의 에어로빅 비디오가 육체와 자아에 미치는 결함과 위험을 비판하는 좋은 논문으로는 Elizabeth Kagan and Margaret Morse, "The Body Electronic, Aerobic Exercise on Video: Women's Search for Empowerment and Self-Transformation," *The Drama Review* 32 (1988), 164-80. 신체의 외형을 사회적으로 특권화된 모델들에 맞추려는 우리 문화의 집착에 대한 좀더 광범위한 페미니스트 비평에 대해서는, Susan Bordo, " 'Material Girl': The Effacements of Postmodern Culture," *Michigan Quarterly Review*, 1990, 653-77를 참조하기 바란다.

이는 그리고 육체가 스스로를 경험하는 방식에도 관심을 가진다. 우리의 합리주의적 미적 전통이 확고한 외적 형식과 무관심적 감상을 중시한다면, 듀이적 접근은 육체적 미학 속에서 역동적이고 경험적인 것을 인정하고 고취시킬 필요가 있다. 이러한 접근은 균형화된 호흡과 자세, 역동적 조화, 육체적 의식 등과 같은 요소들이 어떻게 우리의 삶을 미적으로 함양시킬 수 있는지를 고려할 것이다. 이 접근은 또한 이들 영향들을 성취하는 육체적 활동들이 심리적 균형, 지각적 감수성, 열린 관용 등을 확산시킴으로써 정서적 · 인식적 · 윤리적으로 자아를 어떻게 변형시키는가를 탐구할 것이다.

이러한 언급들이 지나치게 "뉴 에이지(New Age)"로 들릴지도 모르지만, 많은 부분들이 요가와 태극권 같은 고대동양의 전통에까지 거슬러 올라갈 수 있다. 그리고 이 언급들이 탐구할 만한 가치를 지닌 것으로 들린다면, 또 다른 책을 기다려야만 한다. 살아 있는 아름다움을 추구하는 한층 구체적인 미학에 대한 우리의 생각은 제임스가 옹호한 프라그마티스트 이론의 기능을 받아들인다: 이론은 최종적인 해결을 제공하기보다는 "진전된 연구를 위한 계획"을 제공한다.[25]

---

25 William James, *Pragmatism and Other Essays* (New York: Simon and Schuster, 1963), 26.

옮긴이의 말

이 책의 원판은 *Pragmatist Aesthetics: Living Beauty, Rethinking Art*이다. 초판이 Blackwell 출판사에서 1992년 출간되었고, 개정판이 Rowman & Littlefield 출판사에서 2000년 출간되었다. 개정판은 초판에 "몸의 미학: 하나의 교과적 제안"이라는 논문을 덧붙여 출간되었다. 한글판은 개정판에 근거하여 2002년 예전사에서 《프라그마티스트 미학》으로 출간되었으며, 2009년 북코리아에서 《프라그마티즘 미학》으로 재출간되었다.

이 책은 한글판에서 1, 6, 7, 8, 9장을 따로 모은 것이다. 처음 번역할 때 의도한 판본으로 돌아왔다. 대중예술에 대한 미학적 논의에 초점을 맞추는 것이 애초의 기획이었다. 귀환을 가능하게 해준 북코리아에 감사드린다. 원문에 대한 전역을 원칙으로 하였으나, 8장과 9장의 경우에는 번역문의 흐름을 매끄럽게 하기 위해 몇몇 주석과 문장을 생략하였다.

2020년 5월

역자 김진엽

찾아보기

ㅇ

ㅈ